成渝地区双城经济圈体育融合发展的理论与实践

陈林会 ◎ 著

人民体育出版社

图书在版编目（CIP）数据

成渝地区双城经济圈体育融合发展的理论与实践 / 陈林会著. —— 北京：人民体育出版社，2023
ISBN 978-7-5009-6383-7

Ⅰ.①成… Ⅱ.①陈… Ⅲ.①城市 – 体育产业 – 产业发展 – 研究 – 成都②城市 – 体育产业 – 产业发展 – 研究 – 重庆 Ⅳ.①G812.771.1②G812.771.9

中国国家版本馆 CIP 数据核字（2023）第 224240 号

*

人 民 体 育 出 版 社 出 版 发 行
北京建宏印刷有限公司印刷
新 华 书 店 经 销

*

787×1092　16 开本　13.25 印张　206 千字
2023 年 11 月第 1 版　2023 年 11 月第 1 次印刷

*

ISBN 978-7-5009-6383-7
定价：87.00 元

社址：北京市东城区体育馆路 8 号（天坛公园东门）
电话：67151482（发行部）　　　邮编：100061
传真：67151483　　　　　　　　邮购：67118491
网址：www.psphpress.com

（购买本社图书，如遇有缺损页可与邮购部联系）

前言

2020年1月，习近平总书记主持召开中央财经委员会第六次会议时强调要推动成渝地区双城经济圈建设，在西部形成高质量发展的重要增长极。建设成渝地区双城经济圈是习近平总书记立足国家发展大局，亲自研究、亲自部署、亲自推动的重大战略决策；是继长三角和粤港澳大湾区之后党中央积极有力地统筹推进区域协调发展、推动地理邻近城市间的合作，以产生更为广阔的协同效应为目标的又一重要布局。2023年，习近平总书记来四川视察指导时强调"要坚持'川渝一盘棋'，加强成渝区域协同发展"，为高水平推进成渝地区双城经济圈各领域融合发展提供了根本遵循。

充分发挥体育在成渝地区双城经济圈中的作用具有重要意义。《体育强国建设纲要》明确了"人民身体素养和健康水平、体育综合实力和国际影响力居于世界前列，体育成为中华民族伟大复兴的标志性事业"的体育发展目标任务。在党的二十大报告中，习近平总书记指出要"促进群众体育和竞技体育全面发展，加快建设体育强国"，擘画了全面建成社会主义现代化体育强国的宏伟蓝图和行动路径。我国体育事业如何抓住并融入区域经济社会融合发展的战略机遇，不断培育新增长点、实现高质量发展，是值得学者们思考的学术问题；如何发挥资源优势，加强区域间体育交流合作，推动成渝地区双城经济圈体育融合发展迈上新台阶，是体育界回应党和国家重大决策的实践问题。

我是较早关注并研习成渝地区双城经济圈融合发展的理论并参与相关学术研究的体育学者。2005—2007年，我在成都体育学院修读体育人文社会学期间，开始研究成渝地区竞技体育后备人才协同培养问题；博士毕业到成都体育学院工作后，先后主持完成了成渝地区双城经济圈体育融合发展的相关科研项目。在这些学习和研究工作中，我收获了不少区域体育融合发展的心得和体悟。

本书是成渝地区双城经济圈体育理论界积极抓住成渝地区双城经济圈建设战略机遇，推出的体育领域的代表性成果，回应国家发展战略、服务区域体育发展实践。对成渝地区双城经济圈体育融合发展的相关问题进行了细致刻画，并在此基础上提出了加快推进成渝地区双城经济圈体育融合发展的学术观点和政策主张。具体来说，本书对成渝地区双城经济圈体育融合发展的基本理论、关键领域、实施方案等进行了全面的理论剖析和实证分析，并提出了具体的政策建议；通过对 2021 年这一成渝地区双城经济圈建设关键年份中体育融合发展的关键事件进行梳理，全面审视成渝地区双城经济圈体育融合发展的进展，揭示 2021 年成渝地区双城经济圈体育融合发展的真实面貌。

希冀本书能够为学术界进一步深化区域体育融合发展的研究提供参考，吸引更多高等体育院校师生、体育科研机构的研究人员关注成渝地区双城经济圈体育融合发展的理论研究和实践创新，唤起对区域体育融合发展的批判性研究，启发更多新研究为区域体育融合发展赋能。此外，希冀本书能为区域体育融合发展实践提供些许参考，作为体育行政部门工作人员、体育企业高层管理人员及对此问题有兴趣的人士了解和分析成渝地区双城经济圈体育融合发展的重要参考资料。

目 录

1 绪论 ········· 1

1.1 促进成渝地区双城经济圈体育融合发展的必要性 ········· 1
1.2 促进成渝地区双城经济圈体育融合发展的现实意义 ········· 3
1.2.1 有助于促进体育高质量发展 ········· 4
1.2.2 有助于培育区域经济社会发展新动能 ········· 4
1.2.3 为成渝地区双城经济圈建设实践提供参考 ········· 5
1.3 学术史梳理及研究动态 ········· 6
1.3.1 关于成渝地区双城经济圈发展的研究 ········· 6
1.3.2 关于区域体育发展的研究 ········· 7
1.3.3 关于区域群众体育发展的研究 ········· 10
1.3.4 关于区域竞技体育发展的研究 ········· 12
1.3.5 关于区域体育产业发展的研究 ········· 15
1.3.6 关于区域体育特色挖掘和塑造的研究 ········· 19
1.3.7 已有研究评述 ········· 21
1.4 研究对象与目标 ········· 22
1.5 研究重点与难点 ········· 22
1.5.1 研究重点 ········· 22
1.5.2 研究难点 ········· 23
1.6 研究方法 ········· 23
1.6.1 比较分析法 ········· 24
1.6.2 文献资料法 ········· 24
1.6.3 专家访谈法 ········· 25

    1.6.4 问卷调查法 ··· 25
    1.6.5 案例分析法 ··· 26
    1.6.6 社会网络分析法 ····································· 26
  1.7 研究思路与框架 ··· 27
  1.8 本书的学术价值和应用价值 ······························· 29
    1.8.1 本书的学术价值 ····································· 29
    1.8.2 本书的应用价值 ····································· 30

2 成渝地区双城经济圈体育融合发展的理论研究 ············· 32

  2.1 成渝地区双城经济圈体育融合发展的理论依据 ············· 32
    2.1.1 协同治理理论及其指导意义 ··························· 32
    2.1.2 机制设计理论及其指导意义 ··························· 37
    2.1.3 规制经济学理论及其指导意义 ························· 44
    2.1.4 增长极理论及其指导意义 ····························· 51
  2.2 成渝地区双城经济圈体育融合发展的分析框架 ············· 57
    2.2.1 成渝地区双城经济圈体育融合发展的要素及其关系 ····· 57
    2.2.2 成渝地区双城经济圈体育融合发展的发生机制 ········· 61
    2.2.3 成渝地区双城经济圈体育融合发展的逻辑 ············· 63
    2.2.4 成渝地区双城经济圈体育融合发展的现实动因 ········· 67

3 成渝地区双城经济圈体育融合发展概述 ··················· 70

  3.1 成渝地区双城经济圈建设及其演进历程 ··················· 70
  3.2 成渝地区双城经济圈体育融合发展的现实基础 ············· 73
    3.2.1 相关领域的合作已为全面融合发展奠定了基础 ········· 73
    3.2.2 便利的交通改变了区域居民体育生活及消费场景 ······· 74
    3.2.3 休闲生活观念及风尚助力体育消费习惯养成 ··········· 75
    3.2.4 政策倾斜提升了区域体育融合发展潜力 ··············· 75
    3.2.5 较高经济社会发展水平为体育发展奠定了基础 ········· 75

  3.2.6 丰富的资源为体育发展提供了基本保障 …………………… 76
 3.3 成渝地区双城经济圈体育融合发展的主要困境 …………………… 78
  3.3.1 区域之间发展水平差异巨大 …………………………………… 78
  3.3.2 区域之间体育发展协同程度有待提升 ………………………… 79
  3.3.3 区域体育影响力有待进一步增强 ……………………………… 80
 3.4 成渝地区双城经济圈体育融合发展的目标 ………………………… 81
  3.4.1 深入推进区域体育产业联动 …………………………………… 81
  3.4.2 加快推进区域群众体育融合 …………………………………… 83
  3.4.3 加快推进区域竞技体育协同 …………………………………… 85
  3.4.4 打造区域体育特色"名片" …………………………………… 87
  3.4.5 促进区域"三大球"发展 …………………………………… 88
 3.5 成渝地区双城经济圈体育融合发展的路径 ………………………… 89
  3.5.1 树立融合发展的理念和思维 …………………………………… 89
  3.5.2 建立健全体育融合发展的联动机制 …………………………… 90
  3.5.3 破除体育融合发展的政策性约束 ……………………………… 92
  3.5.4 激发市场配置体育资源的活力 ………………………………… 93

4 成渝地区双城经济圈体育融合发展的顶层设计 …………… 95

 4.1 成渝地区双城经济圈体育融合发展的内涵与原则 ………………… 95
  4.1.1 成渝地区双城经济圈体育融合发展的内涵 …………………… 95
  4.1.2 成渝地区双城经济圈体育融合发展的原则 …………………… 96
 4.2 成渝地区双城经济圈体育融合发展的主要屏障 …………………… 98
  4.2.1 区域行政分割屏障 ……………………………………………… 98
  4.2.2 绩效评价方式屏障 ……………………………………………… 99
  4.2.3 资金投入渠道屏障 ……………………………………………… 100
 4.3 成渝地区双城经济圈体育融合发展的总体思路 …………………… 100
  4.3.1 发挥政府的引导作用 …………………………………………… 100
  4.3.2 以市场机制为主要推动力 ……………………………………… 101

  4.3.3 以双核城市为发展支撑 ………………………………… 101
  4.3.4 统筹优化体育发展布局 ………………………………… 102
  4.3.5 逐步提升融合发展水平 ………………………………… 103
 4.4 成渝地区双城经济圈体育融合发展的战略设计 ………… 103
  4.4.1 设立成渝地区双城经济圈体育融合发展机构 ………… 104
  4.4.2 加强跨区域体育融合发展管控与合作 ………………… 104
  4.4.3 推进成渝地区双城经济圈体育发展规划对接 ………… 105
  4.4.4 建立以核心城市和都市圈为支撑的融合发展网络 …… 107

5 成渝地区双城经济圈体育产业融合发展 ……………… 109

 5.1 成渝地区双城经济圈体育产业融合发展的重点 ………… 109
  5.1.1 发挥体育产业融合发展主体的作用 …………………… 109
  5.1.2 以引导体育产业融合发展为主要方向 ………………… 110
  5.1.3 建设体育产业融合发展示范区 ………………………… 112
  5.1.4 打造体育产业融合发展示范品牌 ……………………… 113
  5.1.5 完善体育产业融合发展政策 …………………………… 113
 5.2 促进成渝地区双城经济圈体育产业融合发展的对策 …… 114
  5.2.1 树立区域体育产业融合发展的理念 …………………… 114
  5.2.2 研制区域体育产业融合发展战略规划 ………………… 115
  5.2.3 优化区域体育产业资源配置机制 ……………………… 116
  5.2.4 破除区域体育产业项目合作障碍 ……………………… 116
  5.2.5 完善区域体育产业融合发展政策 ……………………… 117
 5.3 成渝地区双城经济圈体育产业融合发展的主要抓手 …… 118
  5.3.1 发挥体育竞赛表演业的带动作用 ……………………… 118
  5.3.2 联合打造区域特色体育品牌 …………………………… 123
  5.3.3 开展成渝足球发展振兴行动 …………………………… 132

6 成渝地区双城经济圈群众体育融合发展 ………… 135

6.1 成渝地区双城经济圈群众体育融合发展的基础 ………… 135
6.1.1 丰富的群众体育基础设施 ………… 135
6.1.2 区域体育场馆整合利用已起步 ………… 142
6.1.3 联合开展的群众性体育活动持续增加 ………… 143
6.1.4 便利的区域间交通网络 ………… 146

6.2 成渝地区双城经济圈群众体育融合发展的重点任务 ……… 148
6.2.1 树立"共建""共享"理念 ………… 148
6.2.2 培育社会大众的健身热情和兴趣 ………… 148
6.2.3 构建区域全民健身组织体系 ………… 149

6.3 促进成渝地区双城经济圈群众体育融合发展的策略 ……… 149
6.3.1 增加体育场地器材供给 ………… 149
6.3.2 优化区域公共体育服务供给 ………… 151
6.3.3 数字赋能成渝地区双城经济圈体育发展 ………… 151
6.3.4 提升川渝两地体育公共服务对接共享水平 ………… 152

7 成渝地区双城经济圈竞技体育融合发展 ………… 154

7.1 成渝地区双城经济圈竞技体育融合发展的基础 ………… 154
7.1.1 四川及重庆的竞技实力及面临的形势分析 ………… 154
7.1.2 成渝地区竞技体育融合发展面临的主要问题 ………… 159

7.2 成渝地区双城经济圈竞技体育融合发展的系统构成 ……… 164
7.2.1 竞技体育项目布局的互补 ………… 164
7.2.2 竞技体育人才市场的一体化 ………… 165
7.2.3 竞技体育信息的积极共享 ………… 165
7.2.4 竞技体育发展制度的有效衔接 ………… 166

7.3 成渝地区双城经济圈竞技体育融合发展的可行性 ………… 166
7.3.1 成渝两地已经达成了"双赢"合作的共识 ………… 166

       7.3.2　川渝两地竞技体育文化具有同一性 …………………… 167
       7.3.3　川渝两地竞技体育资源具有互补性 …………………… 167
       7.3.4　川渝合作是区域竞技体育发展的客观趋势 …………… 168
    7.4　成渝地区双城经济圈竞技体育融合发展的模式 …………… 169
       7.4.1　成渝地区双城经济圈竞技体育融合发展的理论模式 … 169
       7.4.2　成渝地区双城经济圈竞技体育融合发展的运作模式 … 170
    7.5　成渝地区双城经济圈竞技体育后备人才一体化培养的
        策略 ……………………………………………………………… 173
       7.5.1　推进理念创新，树立协同与融合的后备人才培养理念 … 173
       7.5.2　加强政府合作，建构体育行政管理部门间的合作机制 … 173
       7.5.3　培育主导项目，推进区域竞技体育项目布局优化 …… 176
       7.5.4　整合区域资源，夯实区域竞技体育后备人才基础 …… 178
       7.5.5　优化科研合作，提高竞技体育后备人才的培养效益 … 179

8　促进成渝地区双城经济圈体育融合发展的政策建议 … 180

    8.1　促进成渝地区双城经济圈体育融合发展的政策逻辑 ……… 180
       8.1.1　要转变观念，树立融合和创新的区域体育发展思维 … 180
       8.1.2　要超越边界，健全区域体育融合发展协调联动机制 … 181
       8.1.3　要释放活力，发挥市场在区域体育资源配置中的作用 … 182
       8.1.4　要创新机制，推进区域体育融合发展体制机制创新 … 183
    8.2　成渝地区双城经济圈体育融合发展的推进路径 …………… 184
       8.2.1　让市场机制主导体育资源配置 ………………………… 185
       8.2.2　减少选择性的地方主导型体育发展政策 ……………… 186
       8.2.3　优化保障体育产业高质量发展的政策设计 …………… 187
       8.2.4　提升成渝地区双城经济圈体育政策的耦合度 ………… 188
       8.2.5　提升成渝地区双城经济圈体育政策的协同度 ………… 188
       8.2.6　深化区域体育融合发展体制机制改革创新 …………… 189

9 研究结论与展望 ·· 190

9.1 研究结论 ·· 190
9.2 研究展望 ·· 193

主要参考文献 ·· 195

附件 ·· 197

后记 ·· 198

绪 论 1

在教育文化卫生体育领域专家代表座谈会上,习近平总书记强调,"体育是提高人民健康水平的重要途径,是满足人民群众对美好生活向往、促进人的全面发展的重要手段"。成渝地区双城经济圈建设为区域体育创新发展提供了重要契机。

1.1 促进成渝地区双城经济圈体育融合发展的必要性

2020年1月3日,习近平总书记主持召开中央财经委员会第六次会议,做出推动成渝地区双城经济圈建设、打造高质量发展重要增长极的重大决策部署。2020年10月16日,中共中央政治局召开会议,审议《成渝地区双城经济圈建设规划纲要》。成渝地区双城经济圈涵盖了重庆市的中心城区,万州、涪陵等27个区(县),开州、云阳的部分地区,以及四川的成都、自贡、泸州、德阳等15个市;总面积为18.5万平方千米。成渝地区双城经济圈在国家发展大局中具有独特而重要的战略地位;成渝地区双城经济圈建设有助于发挥成渝地区在国家"一带一路"陆海联动发展格局中的带动作用。

推动成渝地区双城经济圈建设,是继《粤港澳大湾区发展规划纲要》和《长江三角洲区域一体化发展规划纲要》之后党中央积极有力地"采用行政手段推动地理邻近城市间的合作"、我国"统筹推进区域协调发展"、以产生更为广阔的协同效应为目标的又一战略布局和重大举措。由"成渝经济走廊"(1994年)到"成渝经济区"(2003年),再到"成渝城市群"(2006年),以及现在的"成渝双城地区经济圈"（2020年），体现了党和国家顶层设计对成渝地区发展重视程度的不断提升。建设成渝地区双城经济圈是"双循环"新格局下促进国内各个区域之间协同发展与融合发展的现实举措，对引领西南地区实现更高质量发展，甚至对引领我国广大中西部地区实现更高水平发展等都具有重要现实意义。

促进成渝地区双城经济圈体育融合发展将有助于提升区域体育整体发展水平。国家对体育事业进一步高质量发展寄予厚望，《体育强国建设纲要》中指出：我国体育产业应该抓住一切发展机遇快速成长，成为"国民经济支柱性产业""中华民族伟大复兴的标志性事业"。我国体育产业、群众体育、竞技体育及体育事业的其他各个领域都需要抓住并融入区域经济社会纵深发展的战略机遇期，不断实现高质量发展。充分利用丰富的区域体育产业资源，推进体育与文化及旅游等相关行业融合发展，整合区域体育市场，推动区域体育产业协同发展并成长为区域经济的新的增长点；利用"公园城市"建设、区域"同城化"战略、区域发展共同体打造及城镇化由规模扩张到质量提升等叠加带来的战略机遇，让体育更亲民、更便利、更普及，并助力区域人民群众身体素养和健康水平的不断提升；联合培养区域竞技体育优秀后备人才，整合区域职业体育与专业体育资源，实现体育项目均衡发展的同时提升高水平选手综合实力、竞争力和国际影响力，让区域竞技体育更好、更快、更高、更强，整体实力居于全国前列；在区域体育发展中充分融入巴蜀文化特色和巴蜀文化特质，有助于形成具有时代特征、巴蜀区域内涵和巴蜀地方特色的体育产业产品及服务，有助于进一步丰富中华特色区域体育文化。

以"城市群"融合发展为代表的区域一体化对于提振国内需求、推进要素市场一体化改革、实现经济社会高质量发展等具有重要意义，具体政策实施和推进策略也变得尤为迫切。成渝地区双城经济圈建设上升为国家战略，对推进成渝地区"具有全国影响力的重要经济中心、科技创新中心、改革开放新高地、高品质生活宜居地"的"两地两中心"建设意义重大。如何实现成渝地区双城经济圈区域内行业及产业融合发展成为学术界和政策界研究关注的重点问题，对相关重大问题进行研究具有重要理论及现实意义，不仅有利于寻求区域体育融合发展理论创新方向，对相关问题的探讨还有利于进行区域体育融合发展实践层面的系统性设计。

在新形势及新格局下，"协调既是发展手段又是发展目标，还是评价发展的标准和尺度"[①]，但成渝地区双城经济圈的行政架构包含直辖市、副省级城市、地级市、县级市、县、市辖区等多个层级，府际关系具有碎片化、独立化特征，要形成协同发展布局，意味着区域内各地发展定位和发展理论的转向，呼唤着城市间新的发展逻辑框架、概念模型、动力机制和转型策略。因此，本书尝试对成渝地区双城经济圈体育融合发展的思路、资源整合及实施方案等进行系统盘点和全新思考；分析新时代体育及体育产业空间形态如何突破传统行政边界，在成渝地区形成多个体育资源共聚的体育及体育集群综合体，逐步形成两地间多城市协同发展的体育发展空间新格局。这既是值得学术界思考的学术问题，也是体育领域回应党和国家重大决策的实践问题。

1.2 促进成渝地区双城经济圈体育融合发展的现实意义

成渝地区双城经济圈体育融合发展指进一步提高区域发展整体协同程度和发展站位，让体育事业及体育产业等各领域发展融入成渝地区双城经济圈建设，在尊重川渝两省市体育发展差异及发展现实条件的基础之上，打破行政壁垒等多重限制，通过多层级合作重构区域体育发展格局，发挥各类力量的积极性整合两地体育资源，重塑区域体育优势，最终实现区域体育高质量发展并助力成渝地区双城经济圈城市核心竞争力和能级提升。

川渝体育融合发展，既不是体育同一化，也不是体育同质化，而是为了追求体育目标和价值的统一、体育资源的交流和互补、体育功能和结构的协同。川渝

---

① 周艳，钟昌标. 大湾区"三群"联动协调发展的动力机制与促进政策[J]. 经济体制改革，2020（2）：46-52.

两地的体育既存在历史经验及发展体系的差异,也存在体育发展条件和水平的差别。差异和差别是两地体育领域此前各自独立、彼此平行地发展的历史前提,更是推进成渝地区双城经济圈建设背景下探寻川渝两省市体育合作对策的现实基础。

1.2.1 有助于促进体育高质量发展

积极调动川渝两地各类体育资源,主动把体育工作融入成渝地区双城经济圈发展大局,促进体育消费产品和服务的供给模式创新,推动体育产业结构优化和升级,以促进区域社会大众身体素养和健康水平不断提升、竞技体育综合竞争力进一步增强、体育产业实现高质量发展,不仅体现体育人的使命担当,还是实现《体育强国建设纲要》中提出的"建立与全面建成小康社会相适应的体育发展新机制,体育领域创新发展取得新成果"和"充分发挥体育在全面建设社会主义现代化国家新征程中的重要作用"目标的现实之举。此外,成渝地区如何"基于产业的规模经济特性和国内外技术差距制定更为周详的市场开放政策"[①]并积极根据区域经济社会发展条件因势利导地选择最优的方式推进体育产业升级,是体育经济理论界需要重点关注的问题。

1.2.2 有助于培育区域经济社会发展新动能

(1)挖掘区域经济发展的体育消费动力,释放区域经济发展新动能。探索区域体育产业融合发展有助于培育区域经济发展的新动能。在拉动经济增长的"三驾马车"中,若"投资"和"出口"的拉动效应减弱,"消费"就成为"需求导向"宏观经济政策的抓手。随着收入水平提升,城乡居民"消费结构从物质消费、必需品消费、发展消费向舒适消费、健康消费、快乐消费延伸拓展"[②],体育消费将成为新型消费中的重要组成部分。探索体育消费如何助力体育产业乃至区域经济

---

① 王寓凡,江立华. 空间再造与易地搬迁贫困户的社会适应——基于江西省 X 县的调查[J]. 社会科学研究,2020(1):125-131.
② 江小涓. 体育产业发展:新的机遇与挑战[J]. 体育科学,2019,39(7):3-11.

转型发展，可以破解当前有效需求不足和体育产业结构的内生性困境，"缓解结构矛盾、减弱经济下行压力"[①]；让体育消费成为国内消费的"生力军"，有助于实现体育产业持续高速度、高质量发展，甚至实现"弯道超车"，并担当起国民经济新增长点的大任。川渝区域是我国西部地区城镇化率较高且人口密集的区域，研究表明，小镇青年在文化消费领域展现出巨大的潜力"[②]，中小城市及小城镇居民具有巨大的体育及文化消费潜力。促进川渝体育融合发展、激发成渝地区中小城市及小城镇青年体育消费潜力和活力，既是让体育消费拉动区域体育产业增长的现实之举，又是区域乃至我国社会结构的变革和生产关系的调整的重要表征。

（2）发挥体育在城乡转型中的外源驱动和内生响应作用，助力农村社区治理。城乡体育公共产品供给及体育城乡体育场馆设施空间布局优化与结构变化，助力城乡人居环境及生态功能优化、推动城乡居民生活方式及体育观念转变，让体育成为除市场化和工业化外的驱动川渝区域城镇化进程及川渝乡村转型、创新和丰富乡村转型机制的有效途径。让体育成为农村社区"内容"建设的一种形式，促进城市社区运动休闲理念及体育文化生活方式与乡土社会文化相结合，丰富农村社区文化内容和形式，创新农村社区休闲文化内蕴和价值旨归，"重塑农村社区治理的文化内涵，改变目前存在的形式主义甚至空壳状态"[③]。

1.2.3　为成渝地区双城经济圈建设实践提供参考

探索成渝地区双城经济圈体育融合发展，既是引领全国新型城镇化建设的重要抓手，也是提升成渝城市及成渝地区影响力的重要举措。

（1）有助于构建布局合理的双中心、多元化、多层级的区域城市体系。党的十九大报告指出，"以城市群为主体构建大中小城市和小城镇协调发展的城镇格局"。体育发展既涉及场馆资源等基础设施建设，又涵盖体育文化传播及氛围营造，还涉及体育消费潜力激发等多种功能，让体育融入川渝城市群网络建设，有助于

---

① 郭克莎. 中国产业结构调整升级趋势与"十四五"时期政策思路[J]. 中国工业经济, 2019（7）：24-41.
② 蒋淑媛, 罗娴妮. 小镇青年文化消费的演化及其逻辑[J]. 中国青年研究, 2019（11）：4-12.
③ 赵秀玲. 城镇化进程中的农村社区重塑[J]. 东北师大学报（哲学社会科学版）, 2020（1）：1-10.

建构起成都和重庆两个区域核心城市引导下的中小城市广泛参与及小城镇积极融入的区域体育发展空间格局。

（2）推进成渝核心城市融入国家乃至全球城市网络体系竞争之中。成渝地区处于我国连接中东欧、打通"孟-中-印-缅"的关键通道上，处于辐射和影响中亚、南亚、东南亚等国家及地区的重要地理位置上。"一带一路"倡议为沿线国家体育赛事交流提供了良好契机，川渝合作承办高水平体育赛事将有效弥补当前"一带一路"体育赛事尚处于"起步阶段，存在过度本土化"[①]的不足；还将助力成都建设"世界赛事名城"，并有助于通过体育促进成渝地区与相关国家的文化交流，提升"一带一路"沿线国家体育合作水平，对"一带一路"沿线国家体育合作网络的形成有着显著促进作用；有助于让川渝两地积极融入国家乃至全球城市网络体系竞争之中，并提升成都和重庆的国际形象及国际影响力。

（3）助力川渝各领域合作、各类城际合作取得实质性进展。统筹推进成渝地区双城经济圈体育融合发展，既可以服务于成都建设"世界赛事名城"的战略定位，又可以为四川"一干多支"战略和重庆"一区两群"新谋划提供体育支撑。

1.3 学术史梳理及研究动态

1.3.1 关于成渝地区双城经济圈发展的研究

（1）成渝地区双城经济圈发展的研究概况。学术界持续为川渝经济一体化发展贡献社科智慧和力量。2003年，林凌和刘世庆开展了成渝地区双城经济圈发展研究，他们先后完成了"成渝经济区发展思路研究"课题、出版了专著《共建繁荣：成渝经济区发展思路研究报告——面向未来的七点策略和行动计划》等一系

---

① 王子朴，陈秉信，马家鑫，等."一带一路"体育赛事交流构想与策略——以英联邦运动会为参照[J]. 上海体育学院学报，2020，44（4）：61-69，94.

列与成渝地区双城经济圈发展有关的重要成果,他们提出地处我国西部核心地带的成渝地区,"是唯一具备突破省市界限、在更大范围内优化配置资源的地区"[①]。杨继瑞教授及其团队也围绕成渝地区双城经济圈建设的"战略定位与推进策略"[②]等问题开展研究,积极建言献策;认为成渝地区双城经济圈高质量发展是"若干维度的有机统一"[③],提出了将成渝地区双城经济圈建设成为中国西部高质量发展重要增长极的路径抉择;分析了成渝地区双城经济圈建设过程中"成都的战略地位及使命担当"[④]。

(2)成渝地区双城经济圈学术界的合作研究概况。一方面,政府机构积极开展合作。重庆市社科联、四川省社科联积极在加强学术融合、提升研究水平、整合学术资源等方面深化合作,通过联席会议、智库建设、平台共建、学术交流、信息互通、成果共享、专家协作等确立多渠道,为推动成渝地区双城经济圈高质量发展贡献社科力量。2020年6月20日,首届成渝地区双城经济圈发展论坛在成都举办,并成立了成渝地区双城经济圈智库联盟。另一方面,专家学者和科研院所取得了丰硕的研究成果。四川省社会科学院区域经济与城市发展研究所、四川省社会科学院西部大开发研究中心、西南财经大学成渝经济区发展研究院、重庆工商大学等科研院所,以及成都市金沙智库研究会等科研团队,积极组织专家学者参与成渝地区双城经济圈发展研究,为区域经济社会发展建言献策。

1.3.2 关于区域体育发展的研究

学术界关于"区域体育"议题的研究成果颇丰。作者以"区域体育"等为关键词,在中国知网中进行双核心论文遴选,共检索到1224篇。对文献进行系统研读、归纳整理后发现,其中与本书研究内容相关的文献共294篇,作者在此基础

---

① 林凌,刘世庆. 成渝经济区发展战略思考[J]. 西南金融,2006(1):6-9.
② 杨继瑞,杜思远,冯一桃. 成渝地区双城经济圈建设的战略定位与推进策略——"首届成渝地区双城经济圈发展论坛"会议综述[J]. 西部论坛,2020,30(6):62-70.
③ 杨继瑞,杨继瑞:成渝地区双城经济圈高质量发展是若干维度的有机统一[J]. 四川省情,2020,221(7):30-33.
④ 杨继瑞. 成渝地区双城经济圈:成都的作为与担当[J]. 先锋,2020,605(4):37-39.

上运用文献计量软件绘制知识图谱（图1-1）。

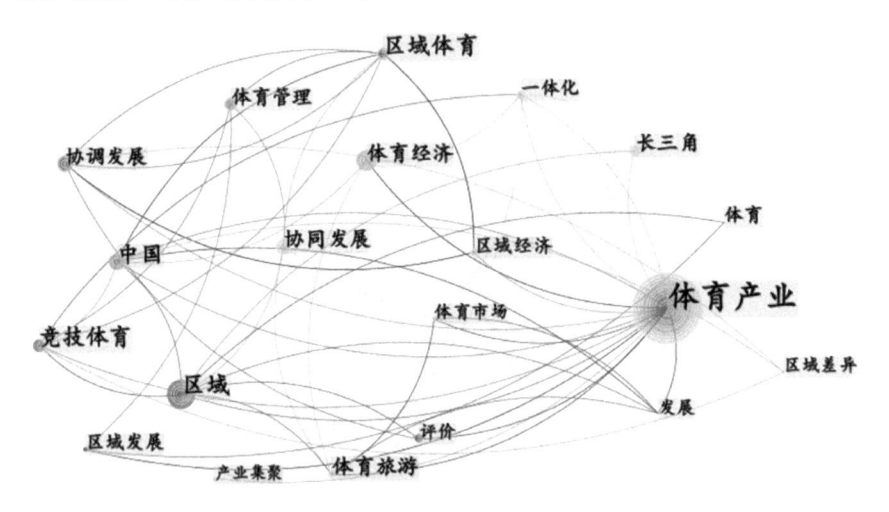

图 1-1　出现次数大于等于 5 的关键词共线图谱

通过梳理已有研究发现，较早的研究中多以"区域体育"的发展构想为研究视角。曹彧和董新光在体育可持续发展与区域可持续发展的分析基础上，提出我国区域体育可持续发展所具有的三层含义，即"人类体育权利的代内平等和代际间平等；体育具有较强的自我生存、自我发展能力；注重效益、效率，兼顾资源、环境，将对体育极限的开发与人的全面发展相连"，进而提出了"体育资源配置、结构调整、文化导向与科技支撑、制度建设与法制保障"四个方面的区域体育发展构想[①]。

随着研究的深入开展，有学者关注到"区域体育"发展的意义。李顺英和杨卫民认为，北京奥运会的举办不仅仅推动了我国竞技体育的发展，更重要的是在全国上下掀起了体育健身热潮，拉动了体育产业及体育旅游等的发展，这足以说明经济推动体育发展，而体育的发展可以体现一个区域的经济水平状况，同时在"缩小地区体育发展中存在的差距、促进传统民族体育项目的发展、协调发展与促进区域体育工作有的放矢"等方面有着重要意义[②]。邹师指出，区域体育发展是实

---

① 曹彧，董新光. 中国区域体育可持续发展理论构想[J]. 天津体育学院学报，2003（2）：1-3.
② 李顺英，杨卫民. 区域体育发展研究[J]. 体育文化导刊，2009（3）：13-16.

现体育强国目标的现实选择，具体表现为，区域体育发展不平衡决定建设体育强国必须将区域作为重点，区域体育与区域经济之间的关联性决定必须将体育强国目标纳入区域发展体系，运用科学发展观的根本方法来统筹兼顾，以区域体育发展战略为根本途径[①]。也有部分学者提炼出"区域体育"协调发展的若干构想，具有代表性的观点是陈剑昌等提出的区域体育协调发展策略，主要包括：对体育政策进行调整，加大对全省区域体育发展的宏观调控力度，运用"举国体制"协调区域体育发展、建立竞技体育项目发展"一条龙"体制，对欠发达地区的援助要"扶强不扶贫"，要建立体育发展奖励机制，也要完善竞赛体制改革，加大对经济欠发达地区体育工作者的培养力度，以学校体育作为协调发展的突破口等[②]。

胡锦涛 2008 年明确了"推动我国由体育大国向体育强国迈进"的奋斗目标。党的十八大以来，我国体育事业发展蓬勃向上，各项体育事业均取得骄人成绩，稳步向建设"体育强国"目标迈进。体育发展与体育科学研究之间表现出紧密的互动关系，即现实需求总可以转化为学术问题加以探讨。不难发现，学术界开展关于"区域体育"的研究呈现出均质状态，该特征从图 1-1 表现出的关键词偶联分析中亦可得到印证。通过系统梳理并深入研读与本选题相关的研究成果，发现学术界对"区域体育"的研究及关注主要聚焦在"区域群众体育""区域竞技体育""区域体育产业""区域体育文化"等维度，因此对这些维度的研究问题进行分类梳理，以期找寻已有研究的薄弱之处，并提出有效的边际创新。有学者认为（邹师），区域体育发展战略是实现体育强国目标的必然途径[③]，并以政府职能转型为视角，分析了"区域体育发展差异与其战略选择"[④]，为我国东部、中部、西部地区体育发展提供了有益参考。

新时代下，关于区域体育发展的学术研究持续增加，既有关于区域体育发展

---

① 邹师. 区域体育发展战略：实现体育强国目标的必然途径[J]. 体育文化导刊，2012（4）：1-4.
② 陈剑昌，宋允清，张爱平. 广东省区域体育的协调发展[J]. 体育学刊，2005，12（4）：43-45.
③ 邹师. 区域体育发展战略：实现体育强国目标的必然途径[J]. 体育文化导刊，2012（4）：1-4.
④ 邹师，李安娜. 区域体育发展差异与其战略选择——基于政府职能转型的视角[J]. 成都体育学院学报，2012，38（1）：7-12.

战略、路径及模式的研究，也有相关学术研究回顾与综述。邹蕾等回顾了我国区域体育发展战略研究中区域经济学理论应用的相关学术研究[①]；丛冬梅通过总结东部地区体育事业发展优势和潜力，构建了区域体育发展模式[②]；卢志成运用泰尔指数分别以人口、GDP（Gross Domestic Product，国内生产总值）为权重，探讨了我国区域体育财政支出公平性[③]；李红艳对我国居民生活质量对区域体育发展的影响的相关问题进行了研究[④]；张培宁分析了区域体育特色项目发展建设及策略问题[⑤]；黄海燕和曾鑫峰以长三角地区为案例分析了"以中国式现代化推进区域体育一体化"的理论逻辑[⑥]。

1.3.3 关于区域群众体育发展的研究

习近平总书记高度重视群众体育工作，从多方面多视角对我国群众体育事业的发展提出了新思想和新要求。党的十八大以来，习近平总书记高度关心和重视体育事业，做出一系列重要指示、批示，习近平总书记发表的重要讲话及相关重要论述中多次提及群众体育。深入挖掘群众体育工作开展的落脚点和着力点，发现日渐形成的国家发展重点城市群等国家战略部署，成为有力推进群众体育工作落地见效的制度保障，因此系统梳理关于区域群众体育发展的学术研究，以期使我国群众体育工作迈上更高的发展阶段。

研究发现，制约我国区域群众体育发展的影响因素众多，第一类是经济社会发展阶段赋予群众体育工作开展的价值意义，第二类是体育参与者对群众体育参与度的具体需求情况，学术界对于这两类影响因素的研究成果颇丰。朱永梅分析了我国珠江三角洲群众体育发展存在的四个突出问题，即潜在体育人口不多、区

---

① 邹蕾，钱建蓉，王志文. 我国区域体育发展战略研究中区域经济学理论应用综述[J]. 成都体育学院学报，2013，39（7）：23-28.
② 丛冬梅. 我国东部区域体育事业发展优势与发展战略分析[J]. 体育与科学，2013，34（4）：74-78.
③ 卢志成. 我国区域体育财政支出公平性分析[J]. 首都体育学院学报，2015，27（4）：311-315.
④ 李红艳. 我国居民生活质量对区域体育发展的影响研究[J]. 体育文化导刊，2015（1）：37-39，46.
⑤ 张培宁. 浅谈区域体育特色项目发展建设[J]. 体育世界（学术版），2017（2）：157-158.
⑥ 黄海燕，曾鑫峰. 以中国式现代化推进区域体育一体化：长三角的理念与实践[J]. 天津体育学院学报，2022，37（6）：697-703，710.

域间群众体育发展不平衡、群众体育（全民健身）未有配套立法、社会体育指导员缺乏[1]。李卫平等发现山东省的群众体育发展与经济发展不符，表现为体育人口处于全国总体水平中等偏下、体育项目单调、新兴项目未能普及、体育指导员缺乏和体育消费意识不强等[2]。与此同时，我国群众体育发展面临的梗阻问题直接反映在区域群众体育发展不平衡不充分的客观表现上，归其原因，林显鹏指出：一来，由于国家背负中国体育的所有义务，政府对体育事业实行高度集中的行政管理，阻塞了社会团体对体育提供支持的渠道；二来，由于旧有体制的束缚，我国群众体育行为不是经由体育功能及价值规律的"看不见的手"去完成的，而是通过行政命令去完成的[3]。另外，学术界关注到区域群众体育管理体制面临诸多挑战亟待审视，吕树庭等、倪同云等、楚继军对我国诸多经济发达地区基层群众体育管理体制和运行机制进行了深入分析，达成了"经费不足和缺乏场地设施仍是困扰我国群众体育发展的两大主要因素，其次是有关的管理法规不完善及管理人才和指导人才的缺乏，这说明政府在社会转型期间对作为社会公益事业的群众体育的投入与扶持力度不足"的研究共识[4][5][6]。高力翔基于江苏省情和江苏群众体育发展的实际特点，分析了造成江苏群众体育非均衡发展的深层次原因及策略[7]。杨小明和田雨普通过研究发现，我国东、中、西部区域城乡群众体育发展存在非均衡性[8]，并提出了不同区域城乡群众体育统筹发展的相关对策。李国强等从我国区域经济、体育产业和群众体育综合协调发展视角开展研究，对三者综合发展度和协调度进行度量，并探讨影响综合发展度和协调度的关键因素[9]，进一步丰富了区

---

[1] 朱永梅. 珠江三角洲群众体育的特点和发展前景[J]. 体育与科学, 2000, 21（1）: 35-39, 52.
[2] 李卫平, 归明, 任保国. 山东省群众体育现状及发展对等研究[J] 体育科学, 2001, 21（1）: 12-15, 21.
[3] 林显鹏. 2010年中国群众体育发展趋势的研究[J]. 中国体育科技, 2001, 37（11）: 10-13.
[4] 吕树庭, 胡活伦, 楚继军. 我国经济发达地区基层群众体育管理体制及其运行机制的研究[J]. 广州体育学院学报, 2002, 22（3）: 1-6.
[5] 倪同云, 林显鹏, 陈琳, 等. 我国基层群众体育管理体制及其运行机制的研究[J]. 中国体育科技, 2003, 39（1）: 1-6.
[6] 楚继军. 深圳市基层群众体育管理体制模式的思考[J]. 武汉体育学院学报, 2003（1）: 163-166.
[7] 高力翔. 江苏省群众体育发展区域失衡的社会学分析[J]. 南京体育学院学报（自然科学版）, 2009, 8（4）: 15-16.
[8] 杨小明, 田雨普. 不同区域城乡群众体育统筹发展的比较研究[J]. 武汉体育学院学报, 2013, 47（8）: 11-15.
[9] 李国强, 章碧玉, 赵猛. 我国区域经济、体育产业和群众体育综合协调发展研究[J]. 天津体育学院学报, 2015, 30（1）: 87-92.

域群众体育融合发展的相关理论，为实践提供了有益参考。

1.3.4 关于区域竞技体育发展的研究

在推进我国竞技体育整体水平迈上更高发展阶段的过程中，首先要促进区域间协同发展，区域间的整体发展及进步与我国的发展水平直接相关。目前，我国各省、自治区、直辖市的竞技体育发展之间存在显著的不平衡现象，这将直接影响我国竞技体育总体的发展水平。

（1）关于影响区域竞技体育发展主要因素的研究。陈林会和刘青强调，我国体育欠发达地区竞技体育落后的关键在于缺乏主导项目，特别是那些为区域竞技体育作出突出贡献的项目，那些在赛事中所得的金牌数（总分）占该区域金牌总数（总分）比重较大的项目，含金量比较高的、具有一定发展潜力并对其他项目的发展具有引导作用的项目[1]。翁家银和韩新君指出，一个地区的经济发展水平对各自区域竞技体育发展水平有显著的影响，因为区域经济社会发展水平在很大程度上影响并决定了社会和大众对竞技体育的需求程度，对地方政府制定的区域发展战略、出台的相关政策（管理办法）等起到制约的作用，还影响了竞技体育培养体系的建设[2]。陈颀等探讨区域竞技体育发展与社会人口结构的相关关系，发现传统型人口产业结构是制约我国竞技体育发展的重要因素，发展型和现代型人口产业结构对竞技体育发展具有积极影响[3]。周红妹等指出，我国区域竞技体育发展不平衡的问题由来已久，已成为制约我国区域体育协调发展的一个主要障碍，其根本原因在于我国竞技体育实行的是"举国体制"的发展战略，各区域将体育资源大量配置到竞技体育之中，但不同区域投入竞技体育中的资源所产生的效益差异很大[4]。高鸿辉以项群为单位，以区域划分为依据，探讨了第6~10届全运会期

---

[1] 陈林会，刘青. 我国区域竞技体育"主导项目"培育的研究[J]. 西安体育学院学报，2006，23（3）：13-16.
[2] 翁家银，韩新君. 区域经济发展水平对我国竞技体育可持续发展的影响及对策[J]. 西安体育学院学报，2006，23（3）：27-30.
[3] 陈颀，秦中梅，殷樱，等. 区域竞技体育发展现状与社会人口结构的相关研究[J]. 北京体育大学学报，2007，30（12）：1610-1613.
[4] 周红妹，陈一曦，林向阳. 我国区域竞技体育资源现状与效益的比较分析[J]. 福建师范大学学报（自然科学版），2008，24（5）：101-105.

间各项群竞技体育实力区域发展态势的均衡性问题,并指出东、中、西部竞技体育实力不均衡是由我国区域经济与各竞技体育发展规模的区域非均衡性所造成的[①]。张世林和张辉发现,江苏省区域竞技体育很多领域不同程度地存在着"马太效应",进而指出影响江苏省区域竞技体育"马太效应"的因素大致可划分为内部因素和外部因素,具体表现为运动员、教练员、经济、政策和社会体育环境等[②]。洪伟发现,在地区经济实力增强的同时,各省、自治区、直辖市的地域性差异呈现出扩大趋势,其中就包括区域间的竞技体育发展的差距,以甘肃为例,该区域竞技体育所依赖的外部环境比较恶劣,经济基础薄弱,农业比例偏高,工业现代化水平、科技文化水平和城市化水平低,社会生产和生活的科技含量低、产品的商品化程度低等,这些社会经济环境制约了甘肃竞技体育的发展[③]。匡淑平和虞重干的实证研究阐释了文化对地区竞技体育的影响及启示[④]。祁明德和许晓音指出,竞技体育之争实质上是区域之间的社会、经济、教育、文化、科技等诸多方面因素的综合竞争,因此可以将影响区域竞技体育发展的关键因素归纳为资源禀赋、区域发展实力、竞技体育需求状况、竞技体育文化、管理体制、技术创新能力六类[⑤]。吴黎等运用数理统计和 GIS(Geographic Information System,地理信息系统)分析方法,分析中国区域竞技体育的竞争格局及影响因素,多元线性回归的结果表明,地区经济发展和人力资源水平是区域竞技体育竞争格局差异的主要影响因素,其他因素的影响不显著[⑥]。王三保深入剖析中国竞技体育发展战略的困境时表示,竞技体育事业的发展存在着地域差异,同时在由计划经济向市场经济转型的过程中受到多维因素影响,较为突出的影响有"区域经济非均衡型格局对竞技体育发展的制约性、各区域竞技体育布局调控缺乏且存在盲目性和攀比性、市场制度的不

---

① 高鸿辉. 我国全运区域竞技实力发展的非均衡历程与对策[J]. 武汉体育学院学报, 2008, 42(6): 26-31.
② 张世林, 张辉. 区域竞技体育发展的"马太效应"之研究——江苏省区域竞技体育"马太效应"现状及成因分析[J]. 南京体育学院学报(社会科学版), 2009, 23(4): 17-23.
③ 洪伟. 甘肃竞技体育发展特征研究[J]. 体育文化导刊, 2009(1): 26-28.
④ 匡淑平, 虞重干. 湖湘文化对湖南竞技体育的影响及启示[J]. 上海体育学院学报, 2010, 34(1): 83-86, 94.
⑤ 祁明德, 许晓音. 区域竞技体育核心竞争力培育研究[J]. 广州体育学院学报, 2012, 32(2): 9-13, 19.
⑥ 吴黎, 马丽娜, 李细归, 等. 中国区域竞技体育的竞争格局及其影响因素分析[J]. 广州体育学院学报, 2017, 37(4): 16-19, 23.

健全导致竞技体育资源得不到有效发挥、传统区域理论主导背景下区域竞技体育的发展举步维艰、竞技体育资源分配不均并伴随资源整合有待优化、处于计划与市场双控体制中的中国竞技体育事业综合社会效益难以提升"[①]。

（2）关于提升区域竞技体育发展水平的研究。能否提升区域竞技体育发展水平的关键在于竞技体育后备人才梯队的建设工作是否落到实处，所面临的诸多困境是否得到有效纾解，提出的竞技体育后备人才建设的政策建议是否得到科学实践，等等，学术界就此诸多维度的议题开展了有益探讨。陈林会和刘青深入探讨了改革川渝地区竞技体育后备人才培养模式的必要性，提出要树立一体化的竞技体育后备人才培养观念，规范政府职能，建立区域协调机构和完善考核机制，培育市场主体调控区域竞技体育后备人才市场等[②]。金玉等论述了我国区域竞技体育后备人才培养现状与对策，提出要进一步完善我国现行的体育竞赛体制，发挥体育竞赛在竞技体育后备人才培养中的"杠杆作用"等[③]。陈颇指出，竞技体育作为我国社会主义事业不可分割的重要组成部分，其可持续协调发展在很大程度上取决于竞技体育项目人才资源的合理开发与配置，即人才资源的培养已成为竞技体育实现可持续协调发展的关键环节。因此政府部门要切实做好竞技体育人才流动的宏观调控和微观调节，减少政府在竞技体育人才资源流动中的行政色彩，不排斥社会和市场的作用，变政府的主导作用为宏观调控。竞技体育人才市场要向着有进有出、来去自由的方向发展，从而逐渐缩小竞技体育人才资源的区域差异性，实现我国竞技体育的可持续协调发展[④]。谢玉琴等提议建立体育院校与各省（区）及国家田径管理中心间的协作机制，不断适应新时期竞技体育发展的新要求，以本地区高等院校（尤其是体育院校）的科技实力为依托，走高水平田径后备人才培养教学、训练、科研一体化和集约化发展的道路，加强西北地区的区域合作，

---

① 王三保. 中国竞技体育发展战略的困境及突破路径研究[J]. 北京体育大学学报，2019，42（10）：72-81，101.
② 陈林会，刘青. 区域经济一体化条件下川渝地区竞技体育后备人才培养模式构想[J]. 成都体育学院学报，2007，33（4）：14-18.
③ 金玉，潘绍伟，彭杰，等. 我国竞技体育后备人才培养现状与对策[J]. 体育与科学，2006，27（5）：82-86.
④ 陈颇. 我国竞技体育人才资源区域差异研究[J]. 体育文化导刊，2009（1）：15-22.

实现各省（区）及协作单位的共同发展[1]。刘彬等指出，我国竞技体育人才的培养受到区域差异性的客观影响和限制，并提出缓解我国竞技体育人才资源区域差异性的策略主要包括进一步加强政策引导以期促进区域间的平衡发展、逐步改革和完善竞技体育人才选拔模式、扩大区域间的交流进一步缩小差距等[2]。明大阳认为，在国家统一规划下，走与本地区社会、经济水平相适应、相协调的具有区域特色的竞技体育人才发展道路已成为全社会的共识，建议辽宁竞技体育人才培养政策应在发挥高等院校体育科研优势、重视全民健身运动、合理分配体育资源、完善体育项目布局四个方面进一步提高与改善[3]。

1.3.5 关于区域体育产业发展的研究

国家对体育产业发展寄予厚望。2019年8月，国务院办公厅印发的《体育强国建设纲要》指出，到2035年，我国体育产业要更大、更活、更优，成为国民经济支柱性产业。我国体育产业需要抓住区域经济社会纵深发展的战略机遇，不断培育新增长点，实现高质量发展目标。体育产业在国民经济中的重要地位逐步显现，对调整经济结构、增长就业、带动相关产业发展具有十分重要的意义。在我国一些发达的地区，体育产业的总体水平已经接近一些西方中等发达国家21世纪初的水平，体育产业的增加值逐年上升，成为区域经济的新增长点，这也是学术界广泛关注的重要议题。

学术界围绕区域体育产业发展的水平、增长动力、体育产业与区域经济社会发展水平等开展研究，取得了较为丰硕的研究成果。张丽琳和杨倩构建了区域体育服务业竞争力评价模型[4]；钟华梅等用国内18个省份的相关数据，讨论了区域

---

[1] 谢玉琴，许崇高，张勇，等. 竞技体育资源区域一体化开发与运行模式研究——西北地区田径高水平后备人才基地建设的理论探索[J]. 西安体育学院学报，2010，27（3）：308-312.
[2] 刘彬，左斌，洪旺. 浅谈我国竞技体育人才资源的区域差异性[J]. 中国人才，2011（14）：209-210.
[3] 明大阳. 我国发展具有区域特色的竞技体育人才政策评析——以《辽宁竞技体育人才培养办法》为例[J]. 沈阳体育学院学报，2013，32（2）：74-78.
[4] 张丽琳，杨倩. 区域体育服务业竞争力评价模型构建研究[J]. 体育科学，2021，41（10）：60-75.

体育产业的专业化与同构化对区域体育产业发展的影响[①]；田建强从多元价值、主要任务与推进路径三个方面，讨论了我国区域体育产业高质量协调发展[②]。张颖和翁银以长三角和京津冀两个典型区域为案例，分析了区域体育产业转型升级的逻辑理路，提出了推进区域体育产业转型升级的实现路径[③]。刘兵和董春华以"钻石模型"为理论依据，结合大量产业集群构建的相关理论，构建了体育产业集群模型，将体育产业集群作为隐性变量，首先通过探索性因子分析得出的体育产业要素等六个显性因子推导体育产业集群的形成，然后通过路径系数分析六个显性因子对当前构建体育产业集群的作用大小，同时设立区域发展的六个显性因子，通过模型能够判断出体育产业集群构建与区域发展之间存在因果关系[④]。姚松伯和刘颖基于我国2005—2015年的省级数据，利用静态和动态面板模型实证分析我国体育产业集聚对区域经济增长的影响。研究发现，体育产业集聚与区域经济增长之间存在显著的非线性关系，呈现出倒U型的结构，即适度的体育产业集聚有助于区域经济增长，但过度的体育产业集聚不利于区域经济增长[⑤]。陈清等针对区域经济、社会环境与体育产业的协调发展问题，构建了协调度指标体系，发现区域经济和体育产业对协调度指标体系的作用更大，区域经济和体育产业两者之间存在着密切的联系，同时社会环境又是区域经济和体育产业发展的有效支撑[⑥]。钟华梅和王兆红采用区域竞合关系模型测度26个省份体育产业竞合关系，并实证研究区域体育产业竞合关系的影响因素。研究发现，我国区域体育产业同时存在互补合作关系和竞争关系，但互补合作关系多于竞争关系。我国体育产业区域分工水平

[①] 钟华梅，陈立，许寒冰，等. 区域体育产业的专业化与同构化对区域体育产业发展的影响：基于中国18个省份的实证研究[J]. 首都体育学院学报，2021，33（4）：438-446.
[②] 田建强. 我国区域体育产业高质量协调发展的多元价值、主要任务与推进路径[J]. 山东体育学院学报，2022，38（6）：39-45.
[③] 张颖，翁银. 区域体育产业转型升级的逻辑理路、案例实证与实现路径——基于主体行为视角[J]. 北京体育大学学报，2023，46（3）：62-72.
[④] 刘兵，董春华. 体育产业集群形成与区域发展关系研究[J]. 体育科学，2010，30（2）：48-54.
[⑤] 姚松伯，刘颖. 体育产业集聚对区域经济增长影响的实证分析——基于静态和动态面板数据模型[J]. 体育科学，2017，37（11）：21-29，39.
[⑥] 陈清，张梓瑞，谢义平，等. 基于熵—耦合模型的区域经济、社会环境与体育产业的协调度研究[J]. 武汉体育学院学报，2018，52（7）：49-55.

和区域间经济发展水平差异对区域体育产业竞合关系的影响不显著,但区域间体育产业集聚水平差异越大、区域间距离越远则越容易导致区域体育产业竞争,而区域间体育产业发展水平差异越大、交通运输水平差异越大、劳动力成本差异越大则越容易促进区域体育产业合作[①]。

目前国内学术界对区域体育产业融合发展的研究逐渐增多,研究成果逐步丰富,主要以京津冀、长三角、粤港澳大湾区、成渝地区双城经济圈等国内一体化发展代表性区域为研究对象,开展区域体育产业发展研究。

(1) 关于京津冀体育产业发展的研究。钟华梅和黎雨薇指出,京津冀协同发展为京津冀休闲体育产业的联动发展带来机遇,京津冀三地休闲体育资源优势不同,联动发展能实现京津冀休闲体育资源的优势互补,特别是自然资源、资金资源、场馆资源和消费需求等,带动京津冀休闲体育产业的发展[②]。李艳荣和张长念指出,推动京津冀体育产业一体化发展,就是推进京津冀协同发展的重要内涵,也是体育领域落实区域协调发展的具体实践。研究表明,京津冀体育产业一体化发展面临的挑战在于整体结构发展失衡、市场发育不足、资源环境恶化、合作机制缺失等,提出基于区域协调的发展战略:应优化空间布局,推动体育产业错位发展;培育消费市场,推动体育产业创新发展;加快转型升级,推动体育产业低碳发展;完善合作机制,推动体育产业协同发展[③]。

(2) 关于长三角体育产业发展的研究。孙锋分析了长三角地区体育产业融合发展的财政配套与投融资融合等策略,他强调可以通过将政府拨款型和社会筹资型两种融资形式结合起来,在短期内完成经济的扩展和规模的增长。同时,在集化区的体育主导产业基础比较稳定的时候,积蓄的经济能量就应迅速地对外释放,发挥辐射与扩散效应[④]。廉涛和黄海燕通过分析长三角体育产业高质量一体化的理

---

① 钟华梅,王兆红. 我国区域体育产业竞合关系及影响因素研究[J]. 地域研究与开发, 2021, 40 (1): 29-33, 39.
② 钟华梅,黎雨薇. 京津冀休闲体育产业联动发展策略研究[J]. 南京体育学院学报(自然科学版), 2016, 15 (3): 151-155.
③ 李艳荣,张长念. 区域协同发展战略下京津冀体育产业一体化发展研究[J]. 广州体育学院学报, 2019, 39 (1): 40-44.
④ 孙锋. "一带一路"背景下长三角地区体育产业融合路径研究[J]. 广州体育学院学报, 2019, 39 (2): 64-67, 110.

论内涵、实践基础与发展困境，发现长三角体育产业高质量一体化是阶段升级自然演化和应对国家经济发展模式变化的结果，当前面临外部环境刚性约束、制度创新现实瓶颈和时代发展质量诉求等新旧问题的制约，提出将体育产业融入示范区建设、引领区域体育产业有序发展、建构统一协调的市场竞争规则、加强合作项目建设和构建与国际经济规则相接轨的现代体育市场体系等长三角体育产业一体化策略[1]。王晨曦和李海杰分析了长三角体育产业一体化的经济增长新动能成效[2]。钟华梅和王兆红根据长三角三省一市的相关数据，测度了长三角区域体育产业分工与合作情况[3]。方春妮和潘磊以京津冀地区、长三角地区和粤港澳大湾区三个区域为案例，分析了我国体育市场一体化水平及影响因素[4]。李海杰等的研究认为，长三角体育产业一体化对地区经济协调与均衡具有显著正向影响，其推动作用显著，并且随时间推移呈现递增趋势[5]。

（3）关于粤港澳大湾区体育产业发展的研究。肖婧莹和周良君探讨了粤港澳大湾区体育产业协同发展的五大困境与出路，研究认为粤港澳大湾区体育产业协同存在协同治理缺位、发展定位模糊、深层次协作不足、发展不均衡和要素流动受阻五大困境，提出未来应创新粤港澳大湾区体育产业协同发展的体制机制，建构完善的创新体育产业生态圈，打造多中心和多主体联动发展的体育产业新模式，形成"引进来"与"走出去"双向联动的体育产业对外发展格局[6]。苏敷志等分析了粤港澳大湾区体育产业融合发展的现状与问题，提出了粤港澳大湾区体育产业协同发展的思路，指出粤港澳大湾区体育产业融合发展的意义在于促进区域经济协同发展、促进社会发展、形成体育产业集群化。研究指出，粤港澳大湾区体育

---

[1] 廉涛，黄海燕．长三角体育产业高质量一体化发展研究[J]．中国体育科技，2020，56（1）：67-74．
[2] 王晨曦，李海杰．长三角体育产业一体化的经济增长新动能成效——基于政策效应与集聚经济的判断[J]．天津体育学院学报，2021，36（5）：581-589．
[3] 钟华梅，王兆红．长三角区域体育产业分工与合作研究[J]．中国体育科技，2021，57（3）：80-86．
[4] 方春妮，潘磊．我国体育市场一体化水平及影响因素研究——基于京津冀地区、长三角地区和粤港澳大湾区的实证考察[J]．体育科学，2022，42（4）：22-30，42．
[5] 李海杰，张颖，王晨曦．协调与均衡：区域体育产业一体化发展的新趋向——兼论长三角体育产业一体化的实施效应[J]．沈阳体育学院学报，2023，42（1）：123-130．
[6] 肖婧莹，周良君．粤港澳大湾区体育产业协同发展：困境与出路[J]．中国体育科技，2019，55（12）：5-11．

产业协同发展应该调整体育产业布局,大力推进产业联动发展;发挥体育产业优势,协同举办高端体育赛事;鼓励跨区域合作,培养大型体育企业和大型团体;政府多方协同配合,创新粤港澳大湾区多地体育产业制度[①]。

(4)关于成渝地区双城经济圈体育产业发展的研究。2020年初,习近平总书记在中央财经委员会第六次会议上强调,要推动成渝地区双城经济圈建设,在西部形成高质量发展的重要增长极。在此战略背景下,探讨建设成渝地区双城经济圈为区域体育产业转型发展提供所需的逻辑框架和转型策略实为现实之需。周清明和周咏松针对成渝地区体育产业一体化发展的内涵展开探讨,指出成渝地区体育产业一体化发展依托体育产业资源一体化的资源结构性调整,扩大资源规模以求实现规模经济并提升体育产业的竞争力和影响力,有效开展两地区域体育产业资金、技术、人才等领域的共享[②]。陈林会和刘青指出,成渝地区双城经济圈建设为成渝体育产业融合发展带来了重大契机,较高的经济社会发展水平、丰富的体育产业资源及便利的交通条件等为川渝两省市体育产业领域的融合发展提供可能。研究强调,成渝地区双城经济圈体育产业融合发展的关键是发挥相关主体的积极作用,以引导体育产业融合发展为方向,建设体育产业融合发展示范区,打造成渝地区的体育产业融合发展"示范"品牌,完善川渝两地的体育产业融合发展政策[③]。

1.3.6 关于区域体育特色挖掘和塑造的研究

(1)区域体育文化对区域体育发展的影响研究。不同区域必然携带其地缘性文化根基,那么根植于不同文化特色背景下的区域体育文化发展形态必然呈现不同特征,有学者分析了区域体育文化之发展反哺经济社会的作用。芦平生对西北少数民族地区的体育文化资源进行分类,并认为提高区域经济社会发展应当充分

[①] 苏敬志,郎峰,赵兰. 粤港澳大湾区体育产业融合发展现状、问题及对策[J]. 体育文化导刊,2019(10):105-110.
[②] 周清明,周咏松. 成渝地区体育产业一体化开发的政府合作机制研究[J]. 成都体育学院学报,2008,34(11):25-28.
[③] 陈林会,刘青. 成渝地区双城经济圈体育产业融合发展研究[J]. 经济体制改革,2020(6):57-63.

利用其民族体育文化资源的非经济因素[①]。方爱莲认为，体育文化设施建设不但与当地区域经济发展有直接关系，而且与当地政府对文化体育的重视程度及该地区的文化底蕴紧密相关[②]。杨兰生和芦平生探究了西北民族地区传统体育文化对促进区域社会进步的作用[③]。

（2）以区域体育文化为抓手的地区体育品牌塑造研究。区域体育文化从产生到发展并非"自然选择"的结果，而是在人的不断塑造下进行的。挖掘区域体育文化快速成为某一个区域体育发展重要支撑的进阶之路，这一项工作尤为重要。国内学者以某地区区域体育文化的相关研究为切入点，提出了相关地区体育品牌塑造及特色体育项目发展的相关策略。易学对重庆市少数民族体育文化进行分析，并提出建设重庆市少数民族体育文化走廊的构想[④]。张红霞和牛小兵分析了黄河三角洲地区特色体育文化，并提出品牌化发展定位与策略探析[⑤]。李健从闽南区域文化对城市体育文化影响及其历史背景出发，探究闽南城市体育文化特色与发展模式[⑥]。肖红青探讨了区域少数民族民俗体育文化融合的实现路径[⑦]。黄东教和李乃琼探索了中国和东盟的民族体育文化融合发展[⑧]。张德利等认为，地域文化符号与体育文化认同不足是影响区域体育文化产业发展的关键因素，并认为地理资源集聚与文化认同是体育文化产业可持续发展的战略选择[⑨]。

[①] 芦平生. 西北民族传统体育文化对区域经济影响的研究[J]. 中国体育科技，2002，38（11）：6-9.
[②] 方爱莲. 区域经济发展与体育文化设施建设——台州市体育场地调查与分析[J]. 北京体育大学学报，2006，29（5）：614-616.
[③] 杨兰生，芦平生. 西北民族地区传统体育文化对促进区域社会进步的研究[J]. 兰州大学学报（社会科学版），2003，31（1）：136-140.
[④] 易学. 重庆市少数民族体育文化走廊基础建设构想[J]. 北京体育大学学报，2005，28（4）：458-460.
[⑤] 张红霞，牛小兵. 黄河三角洲地区特色体育文化资源开发与品牌化发展探析[J]. 山东体育学院学报，2011，27（5）：24-28.
[⑥] 李健. 闽南城市体育文化特色与发展模式探究[J]. 体育文化导刊，2015（4）：20-23.
[⑦] 肖红青. 区域少数民族民俗体育文化融合发展研究——以武陵山片区苗族、土家族民俗体育文化为例[J]. 贵州民族研究，2016，37（12）：108-111.
[⑧] 黄东教，李乃琼. 中国—东盟民族体育文化融合发展研究[J]. 体育文化导刊，2019（5）：47-52.
[⑨] 张德利，尹维增，李诚刚，等. 资源禀赋与文化认同：区域体育文化产业的可持续发展研究——基于安徽体育产业发展的思考[J]. 体育与科学，2019，40（3）：74-79，93.

1.3.7 已有研究评述

综上，关于"区域体育"的研究成果颇丰，在一定程度上形成了指导实践操作与修正的共同知识，特别是在区域视域下，对包括竞技体育、体育文化、体育产业和群众体育在内的多维度、深层次的交叉学科的研究成果。原本"区域体育"作为一个中观概念被用于理论层面的释义，继而发展出与经济、文化、社会、体育自身之发展相适应的研究命题。这不仅是学术研究之边际贡献的客观体现，还是推动体育理论与应用研究并重的现实佐证。那么，在前人学者研究成果的基础上，取得更具前瞻性、互补性、现实性学术边际贡献的切入点在哪里？从切入点入手，应当如何开展创新研究？对这两个问题的回答成为本书的关注点。第一，前人学者对"区域体育"这一概念的认识和理解各具其词，大体指在一定的行政区划范围的体育研究，但从已有研究的梳理上看，有不同省域组成的范围、不同城市（县）组成的范围、同一省域若干临近城市（县）组成的范围等。尽管确有针对长三角、粤港澳大湾区等成熟型国家战略型城市群的体育研究，但其对于成渝地区双城经济圈建设中的"第四增长极"指导意义究竟有多大，对这个问题的回答还需要拿出更多客观有力的证据。第二，区域体育的融合发展不单是几大战略任务的简单数量叠加，而是要发挥不同构成成分间的功能黏性、价值传递性等特质，即系统分析方法论成为本书的重要方法论。系统论首先强调整体的观点，体育产业的高质量发展绝不只是体育企业在经济社会上取得的会计收入，也不只是依靠体育用品制造业创造出的经济体量。如果没有群众体育、竞技体育对体育用品需求弹性的调整，体育文化在一个区域内形成蔚然成风的生活方式指导，则体育产业很难成为拉动区域经济增长的重要产业。

为数较少的理论探索既不足以为区域体育产业管理改革提供知识积累，也难以为推进成渝地区双城经济圈融合发展实践作出贡献。建设成渝地区双城经济圈为区域体育产业转型发展提供了所需的逻辑框架和转型策略。面对西部大开发新格局和成渝地区双城经济圈建设的机遇，成渝地区体育各领域怎样融合发展？如何推进川渝体育融合发展？这既是值得学术界思考的学术问题，也是体育领域回应党和国家重大决策的实践问题。

1.4 研究对象与目标

本书的研究对象为成渝地区双城经济圈体育融合发展现象及其问题，涉及它的理论溯源、基本内涵、重点领域、实践进程与推进策略等具体内容。

本书从资源整合及统筹协调发展视角对成渝地区双城经济圈体育融合发展的现状、困境的深层根源进行讨论，并尝试构建促进成渝地区双城经济圈体育融合发展的关键领域，提出了推进策略，以供相关部门参考。本书的研究目标可分解为三个方面，具体内容如下。

（1）探寻成渝地区双城经济圈体育融合发展的逻辑及融合发展基础，分析发挥"市场+政府"双重作用配置成渝地区双城经济圈各类体育资源的必要性。

（2）合理解构成渝地区双城经济圈体育融合发展过程中市场与政府协同作用机制，并对其价值取向、要素构成、多元主体有效参与、体育行政治理创新等核心方面和具体内容进行有效阐释。

（3）进一步优化顶层设计，形成共建共享的协同发展格局，并从体育产业、群众体育、竞技体育、体育后备人才培养、区域体育品牌塑造等方面"协同"发力，寻找成渝地区双城经济圈体育融合发展策略。

1.5 研究重点与难点

1.5.1 研究重点

本书要回答的重大问题是，如何充分发挥市场和政府在区域体育资源配置中的协同作用以促进成渝地区双城经济圈体育融合发展。一方面,从理论上深入剖析市场与政府协同作用的区域体育融合发展资源配置机制,并据此系统构建该机制框架;另一方面,结合体育产业、群众体育、区域体育品牌塑造等实践,对成渝地区双城经济圈体育融合发展改革问题、进一步完善的路径进行深入探讨和分析,为成渝地区双城经济圈体育融合发展及川渝两地各级运动项目协会促进运动项目发展改革提供理论支持、思路和建议。

1.5.2 研究难点

川渝两地的行政架构中包含省、直辖市、副省级城市、地级市、县级市、县、市辖区等多个层级,府际关系具有碎片化、独立化特征。因此,"冲突与协调"和"规划与治理"是跨区域融合发展的关键,成渝地区双城经济圈体育融合发展的难点在于协调好这一组核心关系。这就既需要在川渝两地现行的体育管理制度、组织机构设置、构成体系及实践方式并未发生根本性改变的情况下,双方根据一体化的思维,围绕体育发展中的特定领域和拟合作事项等,进行协同合作的宏观战略设计、体育体系及结构调整、专项的制度制定;又需要在体育融合发展过程中,发挥市场的调节与配置体育资源的作用,阐释清楚跨行政区的市场机制在成渝地区双城经济圈体育融合发展中如何发挥作用。

1.6 研究方法

关于研究方法,作者做到了以下几点。

(1)文献研究与实地调查相结合。作者梳理相关文献的同时,在川渝两地选取成都、绵阳、德阳、重庆、永川、江津等多个具有代表性的城市和地区进行调研,采取问卷调查、组织座谈、组织访谈、实地考察等方法进行调查,为研究成渝地区双城经济圈体育融合发展问题提供数据和资料。

（2）定性分析与定量分析相结合。作者考察成渝地区双城经济圈体育融合发展现状，整理 1997 年至 2021 年 6 月 30 日期间涉及"成渝经济区""成渝城市群""成渝地区双城经济圈"的不同层级的政策文本和府际协议，建立成渝地区双城经济圈区域协同治理及体育协同治理政策文本数据库并进行内容编码分析。透视成渝地区双城经济圈体育融合发展的"协同"进程，揭示成渝地区双城经济圈体育融合发展"轨迹"。

（3）质性研究与话语分析相结合。作者运用基线资料对成渝地区双城经济圈体育融合发展的政策及体育协同治理问题进行探究，并运用话语分析法分析政策中的独白式对话，发现隐蔽性利益剥夺等现象及其根源，从而揭示成渝地区双城经济圈体育融合发展的发生机理。

（4）比较分析与政策分析相结合。作者考察成渝地区双城经济圈体育产业等领域体育融合发展实践，论证成渝地区双城经济圈体育融合发展政策合理性，为提出相关路径寻找政策依据。汲取长三角、粤港澳大湾区等区域体育融合发展经验，以设计成渝地区双城经济圈体育融合发展的型塑路径。

1.6.1　比较分析法

一方面，作者认真梳理、比较分析长三角区域体育融合发展、长三角区域体育一体化发展、粤港澳大湾区体育融合发展、粤港澳大湾区体育一体化发展等，为成渝地区双城经济圈体育融合发展提供有价值的参考和借鉴。另一方面，作者对 1997—2020 年川渝两地体育领域的协调发展、合作发展模式及特点等进行整理和比较分析，找准区域体育融合发展的困境与难点所在，以期为"十四五"时期及今后更长一段时间内川渝两地体育融合发展模式创新等提供更可靠的数据支撑。

1.6.2　文献资料法

作者认真研读机制设计理论、系统论、区域经济学理论、产业经济学理论、融合发展理论、规制经济学理论等经典理论，以建构本书的分析框架，统摄研究工作。作者查阅并收集有关体育公共服务、体育文化培育、社会体育组织、体育产业、体育产业融合发展等方面的政策法令文件、图书、权威期刊论文、学位论文、报刊资料等，对相关领域研究进展有较为系统的了解和把握，为整体研究提供理论基础、数据资料。

1.6.3 专家访谈法

作者对川渝两地体育局、竞技体育处（科、室）、群众体育处（科、室）、体育产业处（科、室）、体卫艺处（科、室）、体育组织等领域的相关领导进行结构性或非结构性访谈，听取他们对成渝地区双城经济圈体育融合发展的意见与建议；对区域体育治理研究、区域体育文化传播研究、区域体育产业发展研究及体育产业与相关产业融合发展研究等相关领域的专家学者等进行结构性或非结构性访谈，征求他们对本书所研究问题的意见和建议，听取他们对成渝地区双城经济圈体育融合发展的困境等相关问题的看法和见解，为本书的研究内容提供参考。

此外，作者利用筹备及举办"成渝地区双城经济圈建设首届体育高峰论坛"（2020年9月）的机会，与来自西南大学、四川省社会科学院、南京大学、四川大学、上海体育学院、南京师范大学、武汉体育学院等国内高等院校的体育学、管理学、经济学、社会学等相关学科的专家与学者就成渝地区双城经济圈建设战略背景下区域体育融合发展的机遇与挑战、布局与创新，建构区域体育发展共同体，如何做到区域体育发展的包容互鉴、扬长避短、优势互补、保护竞争、合作共赢、促进联合，以及成渝地区双城经济圈体育融合发展的关键领域等进行了结构性访谈和交流，听取了他们的意见和看法，为本书的研究内容提供了重要参考。

1.6.4 问卷调查法

针对市场机制和行政力量在推进区域体育发展中的作用方式与作用逻辑、川渝两地体育融合发展的关键领域等研究中的核心问题，作者精心设计相关问卷，向体育理论研究专家、体育行政管理人员等发放，征求他们对本书相关问题的意见和建议。

1.6.5 案例分析法

本书以川渝毗邻的丘陵地带为案例，建立由内江、遂宁、南充、荣昌、永川、江津等二、三线城市构成的区域体育发展"多点"支撑网络，形成川渝区域体育融合发展的整体布局及分工合作格局。本书还以成渝地区双城经济圈中部（川东、渝西）地区为案例，分析成渝地区双城经济圈中部"塌陷"地区体育发展水平整体提升的模式与路径；以成德眉资"同城化"地区为案例，分析关联度较高地区的区域体育融合发展策略，分析地区"融合化"的基础设施等对体育融合发展的影响；并与"塌陷"地区进行比较分析，梳理在统筹调配资源过程中的政府行为及市场行为。

1.6.6 社会网络分析法

本书使用制度集体行动（Institutional Collective Action，ICA）理论框架中的"网络结构分析维度"，对成渝地区双城经济圈不同层级融合发展文件（政策）文本和府际合作协议（规划、意见）、成渝地区双城经济圈不同层级及不同领域体育融合发展文件（政策）文本和府际合作协议（规划、意见）进行"府际合作行为"的选择和动机分析，分析这些文件在政策网络结构中降低川渝各地发展协作风险、减少区域体育交易成本的情况。

本书用博易 DiVoMiner 数据挖掘平台建立成渝地区双城经济圈文件（政策）文本和府际合作协议（规划、意见）数据库并进行编码，以分析不同历史阶段成渝地区融合发展的发文数量，研判不同阶段川渝各地府际之间、行业之间的协作是弱连带还是强连带；从整体上把握成渝地区双城经济圈协同治理密度、聚类系数；透视协同治理过程中成渝地区双城经济圈资源交换速率、中介水平和相关重要节点参与融入态势等。

1.7 研究思路与框架

在对四川和重庆各个市、区、州进行实地走访调查及座谈调研，以及对相关文献进行研究的基础上，根据机制设计理论等五个相关理论的演绎，并借鉴长三角地区及粤港澳大湾区区域体育融合发展有关做法，本书构建涵盖"经济—行业—资源—制度"四个视角、"顶层设计—体育产业—群众体育—竞技体育"四个板块、"驱动力—参与主体—结构关系—协作模式"四个内容的综合框架。

本书在分析成渝地区双城经济圈体育融合发展的关键领域时，结合体育工作实际，将项目影响力大、社会关注度高、国家顶层设计完善的足球项目的融合发展融入区域竞技体育、群众体育、体育产业等相关领域中，兼论成渝地区足球竞技水平跃升、足球产业壮大、足球人口扩张；结合成渝地区双城经济圈独特的地域特质、资源禀赋、竞技特点、社会文化，兼论群众体育、体育产业、竞技体育等领域的特色品牌塑造，提升区域体育影响力、知名度和美誉度。

本书的研究思路与框架如图1-2所示。

根据研究思路与框架，本书将九章内容分为四个层次，试图勾勒出成渝地区双城经济圈体育融合发展的全景图，厘清成渝地区双城经济圈体育融合发展关键领域，探究成渝地区双城经济圈体育融合发展的发生机理及实施路径。

第一层次（第1部分）：提出本书研究的科学问题与研究的推进思路。从促进成渝地区双城经济圈体育融合发展的必要性与现实意义、学术史梳理及研究动态、研究对象与目标、研究重点与难点、研究方法、研究思路与框架、本书的学术价值和应用价值等方面进行阐释，科学提出成渝地区双城经济圈体育融合发展问题。

第二层次（第2~3部分）：成渝地区双城经济圈体育融合发展理论。第2部分主要阐释了协同治理理论、机制设计理论、规制经济学理论、增长极理论和融合发展理论及其对成渝地区双城经济圈体育融合发展问题的指导意义，基于这五个理论构建成渝地区双城经济圈体育融合发展的分析框架。第 3 部分梳理了成渝地区双城经济圈建设及其演进历程，以及成渝地区双城经济圈体育融合发展的现实基础、主要困境、目标、路径。

```
成渝地区双城经济圈体育融合发展的理论逻辑与实现路径
                    │
        ┌───────────┴───────────┐
        │  文献分析 ⇄ 理论研究    │
        └───────────┬───────────┘
    ┌───────────────┴───────────────┐
    │ 分析框架构建        融合发展发生机制 │
    │ ┌─────┐ ┌协同发展理论┐  ┌内部┐ ┌外部┐ │
    │ │协同 │ │机制设计理论│  │动力│ │空间结构与│ │
    │ │治理 │⇄│规制经济学理论│⇄│结构│ │行业结构 │ │
    │ │理论 │ │增长极理论  │  │行为│ │融合发展的│ │
    │ └─────┘ └───────────┘  │主体│ │路径与模式│ │
    └───────────────┬───────────────┘
                    │
    ┌───────────────┴─────────────────┐
    │ 成渝地区双城经济圈体育融合发展的关键领域│
    │ 顶层设计 ⇄ 体育产业 ⇄ 群众体育 ⇄ 竞技体育│
    │            体育特色品牌塑造              │
    └───────────────┬─────────────────┘
                    │
        ┌───────────┴───────────┐
        │成渝地区双城经济圈体育融合发展的政策建议│
        └───────────────────────┘
```

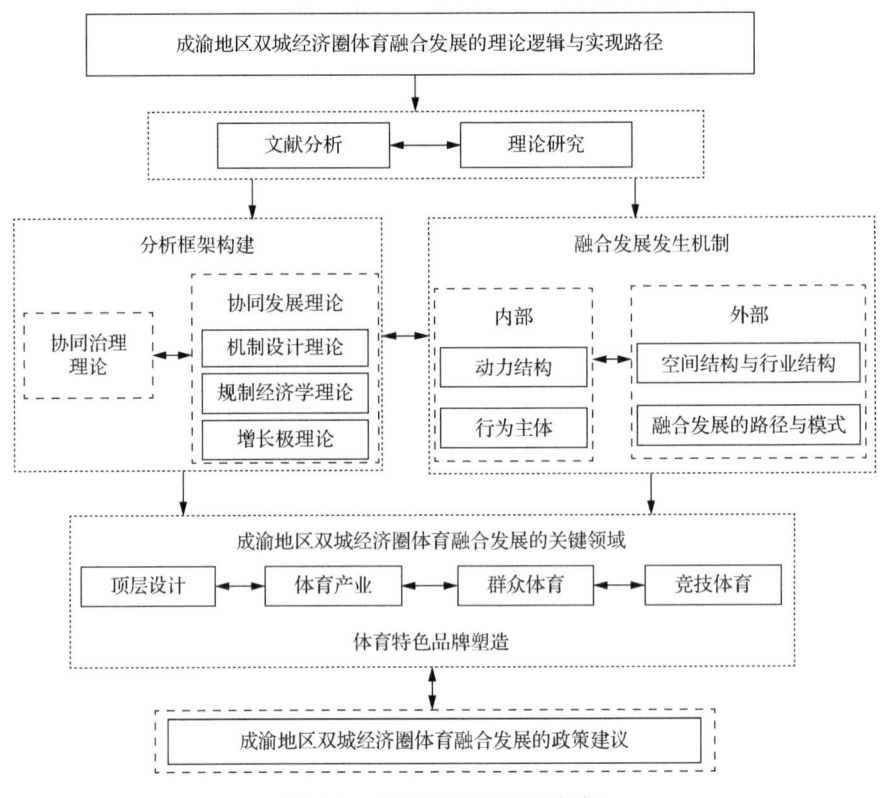

图 1-2　本书的研究思路与框架

第三层次（第 4～7 部分）：运用成渝地区双城经济圈体育融合发展分析框架，对成渝地区双城经济圈体育融合发展每个关键领域及推进路径进行研究。第 4 部分主要探寻成渝地区双城经济圈体育融合发展的顶层设计，从内涵与原则、主要屏障、总体思路、战略设计等方面阐释了成渝地区双城经济圈体育融合发展的关键领域。第 5～7 部分分别明晰了成渝地区双城经济圈体育产业融合发展、成渝地区双城经济圈群众体育融合发展、成渝地区双城经济圈竞技体育融合发展等区域体育融合发展的推进路径。

第四层次（第 8～9 部分）：政策建议及研究结论与展望。在对实证分析和案例研究进行总结归纳的基础上，提出了促进成渝地区双城经济圈体育融合发展的政策建议，得出研究结论与展望。

1.8 本书的学术价值和应用价值

1.8.1 本书的学术价值

1. 新问题

成渝地区双城经济圈体育融合发展研究刚刚起步，已有研究主要关注竞技体育和体育产业融合发展（一体化发展），而在宏观上探索区域体育融合发展机理与推进机制的研究和作为寥寥。将区域融合发展理论运用于指导成渝地区双城经济圈体育融合发展，在学术上具有一定的示范价值，并且可以拓展该领域的研究。

2. 新视角

如何将区域融合发展理论运用于指导成渝地区双城经济圈体育融合发展，既是值得学术界思考的学术问题，也是体育领域回应党和国家重大决策的实践问题。本书拟从机制构建的视角，对建设成渝地区双城经济圈背景下的两地体育融合发展现状、困境进行客观的分析和判断，同时提出川渝两地实现体育融合发展和区域体育可持续发展的走向问题。毋庸置疑，这对推动我国区域体育进一步融合发展、实现体育发展资源有效整合和证实"1+1>2"效应颇有现实价值及理论意义。

3. 新对象

国内学术界对区域体育融合发展的研究成果不多，并且主要以长三角和粤港澳大湾区为研究对象；成渝地区双城经济圈建设已经上升为国家战略，探寻成渝地区双城经济圈体育融合发展的逻辑理路，既可以为中国区域协同治理提供成渝经验，也有助于学术界及相关政策部门精准施策。

4. 新工具

机制设计理论等五个分析工具很好地适应了本书研究问题的动态性、非线性分析过程，以及构建成渝地区双城经济圈体育融合发展机制的过程，既有利于研判区域体育融合发展问题的症结点，又能进一步探微其发生机制，还能指导区域体育融合发展实践。

5. 新框架

由于当前国内关于区域与区域之间体育融合发展的研究刚刚起步，研究呈现出零散化和碎片化特征，尚未形成完整而系统的分析框架。本书尝试构建一个区域体育融合发展的分析框架，丰富该领域的研究。

6. 新见解

成渝地区双城经济圈体育融合发展问题究竟如何剖析？其形成动因是什么？又具有怎样的理论内涵？成渝地区双城经济圈体育怎样融合发展？本书尝试搭建成渝地区双城经济圈体育融合发展的理论分析框架，揭示其理论内涵。

1.8.2 本书的应用价值

1. 统筹推进川渝体育融合工作，有助于促进区域体育高质量发展

积极调动川渝两地各类体育资源，主动把体育工作融入成渝地区双城经济圈发展大局，促进体育消费产品和服务的供给模式创新、推动体育产业结构优化和升级等，以促进全民族身体素养和健康水平持续提高、竞技体育综合实力进一步增强、体育产业实现高质量发展。

2. 助力川渝各领域合作、各类城际合作取得实质性进展

成渝地区体育融合发展模式及川渝体育融合发展的体制机制创新实践，将为

成渝城市群一体化发展及川渝城镇化提供体育力量,也将为成渝地区双城经济圈及两地现代服务业融合发展提供参考,推进川渝各地政府、企业、社会组织等多层次的实质性合作。成渝地区双城经济圈群众体育、竞技体育、体育产业等领域的融合发展及其融合发展创新平台,可以发挥很好的示范带动作用,为区域内文化、旅游、"三大球"项目等相关产业融合发展提供借鉴,并为区域经济社会其他领域融合发展和融合发展模式创新等提供借鉴及参考,从而为共建富有活力和竞争力的城市群作出更大贡献。

3. 为成渝地区双城经济圈体育融合发展政策研制提供参考

区域之间协同发展、行业之间融合发展很好地顺应了国家战略和国家倡导的重要的发展方向。但现有的关于区域体育融合发展的国家层面或区域层面的管理文件、专项规划等相对缺乏,关于操作层面的推进策略更是少之又少。另外,在成渝地区双城经济圈建设背景下,川渝两地基础设施、市场监管等相关部门的协同发展正在积极推进,相关协同发展举措也在不断优化;反观体育领域,既缺少系统性规划,也缺乏具有实质性创新的举措。为此,本书可为成渝地区双城经济圈制定区域体育协同发展规划、编制相关政策提供有益参考。

4. 支撑体育强国建设和成渝地区双城经济圈建设两大国家战略

本书主题是基于党中央、国务院做出的体育强国建设和成渝地区双城经济圈建设两大国家战略选定的。成渝地区双城经济圈体育融合发展正逐步成为成渝地区双城经济圈建设国家战略实施的新支点和新动能。本书致力于探索推动成渝地区双城经济圈体育融合发展的路径模式与实现途径,所形成的研究成果将在支撑体育强国建设和成渝地区双城经济圈建设方面形成助力。

2 成渝地区双城经济圈体育融合发展的理论研究

区域体育发展需要坚持理论先行。管理学、经济学等学科的协同治理理论、机制设计理论等可以作为分析成渝地区双城经济圈体育融合发展的理论工具。

2.1 成渝地区双城经济圈体育融合发展的理论依据

2.1.1 协同治理理论及其指导意义

1. 协同治理理论概述

治理（Governance）是在传统公共管理（Management）或行政管理（Administration）的理论及实践基础上提出的多主体之间通过合作与协商等形式实现跨部门、跨行业的公共事务管理的过程。从"管理"到"治理"，体现的是思想观念的深层次转变，以及参与公共事务的权力主体、权力性质、权力来源、权力运行向度、权力作用范畴等多维度的变化，是实现公共利益最大化的过程[1]。

协同治理（Collaborative Governance）是自然科学中协同学（Synergetics）和社会科学中治理理论的交叉领域。协同治理是指公共机构、社会组织及公民个人等多元治理主体，通过运用公共权威、协同规则、治理机制及方式来协同运作，形成自组织系统[2]，从而实现公共事务资源配置优化及公共利益最大化，并最终提升治理能力和治理水平的过程。协同治理本质是多元治理主体根据特定的规则共

---

[1] 俞可平. 推进国家治理体系和治理能力现代化[J]. 前线, 2014（1）: 5-8, 13.
[2] 董丽晶, 谢志远. 协同治理视角下城市新型公共阅读空间建设研究[J]. 出版发行研究, 2020（1）: 74-77, 45.

同处理复杂社会公共事务，实现共同行动、资源共享、系统协调，从根本上弥补单一主体治理的局限性。协同治理强调的是多元主体形成集体行动，要形成集体行动，就需要各参与主体承担好各自的职责，而且在各主体之间建立起紧密的相互协作、相互支持的关系。

2. 协同治理理论的演化

协同学是系统科学的重要分支，主要研究不同事物之间的协同作用及其机理，它形成和发展于20世纪70年代。德国著名物理学家赫尔曼·哈肯（Hermann Haken）于1971年率先提出了"协同"的概念，后来他又系统地论述了协同理论，并于1977年出版了《协同学导论》（Synergetics An Introduction）一书，系统论述了从微生物甚至从混沌态而自发形成"很有组织的结构"的过程，并把它运用于解释物理现象、生物现象甚至是社会现象[1]。

随着公共管理实践的不断深入，协同治理的内涵来源和结果应用分散于公共管理学、政治学及经济学等多个学科范畴。国外学者开始大量地关注各类公共机构和管理者应该采取什么措施来建立并优化跨部门、多层次、网状化的公共事务治理系统，提升公共事务治理网络内部各个主体之间的协同效率和公共事务治理效能。国外学者持续关注协同学并把其要义用于研究社会公共事务、解释社会公共事务参与主体之间的相互作用关系。Ansell和Gash认为，协同治理是一种多元主体参与的安排，他们开展正式的协商对话，以达成共识或形成集体决策[2]。

美国学者Donahue和Zeckhauser在他们参编的《牛津公共政策手册》（The Oxford Handbook of Public Policy）第24章公私协作（Public-Private Collaboration）部分提出：每个参与主体为实现官方选定的公共事务目标共同努力，并与政府等参与主体共同就目标的实现方式参与决策[3]。

---

[1] 经士仁．H·哈肯著《协同学导论》一书介绍[J]．系统工程理论与实践，1982（1）：61-64．
[2] ANSELL C, GASH A.Collaborative governance in theory and practice[J]. Journal of public administration research and theory, 2008, 18(4): 543-571.
[3] DONAHUE J D, ZECKHAUSER R J.Public-private collaboration[M]// MORAN M, REIN M, GOODIN R E. The Oxford handbook of public policy. Oxford: Oxford University Press, 2006.

卡尔佩珀（Culpepper）在入选哈佛大学肯尼迪政府学院编辑的《教师研究工作论文系列》（*Faculty Research Working Papers Series*）中提出，协同治理是政府组织和非政府组织在"一个既定的政策领域内进行日常性的互动"的过程；在这个过程中，各参与主体以平等的伙伴身份参与合作，一起制定、执行和管理规则，一起为共同面对的相关挑战提供长期解决方案。

近年来，国内学术界持续开展了关于协同治理理论的探讨，相关研究成果不断涌现。郑恒峰提出，唯有"强化公共服务导向理念，并积极引入市场竞争机制"，才有助于发展社会协同治理组织并培育其自治能力[1]。朱纪华则认为，建立政府、市场、第三部门等积极参与的三维框架下的"多中心协同治理体制"是关键[2]。

关于协同治理，学术界的共识如下。①以政府为中心的一元化模式，可能引发治理失效，继而需要政府做出变革或创新形式，从多元（多维）协同的视角让政府、市场和社会组织多元参与将成为这种变革的一种战略选择。②推动社会组织更好地参与公共事务，并建立起稳定的合作伙伴关系，需要政府部门权力下放，需要社会组织自立自强、提升自治能力和服务社会公共事务的能力。

促进协同治理，关键在于以下几点。①参与主体的多元性。国内外关于协同治理的理论研究表明，协同治理的前提是推动多元治理，即各层级政府组织、非政府组织、企业、公民等都是参与公共事务治理的主体，都应以各种形式参与决策。公共事务治理涉及区域广阔、细节繁杂、参与主体众多、治理组织结构多样、利益关系复杂，只有建立起横向、纵向及交错"网络化"关系协调结构，才能促进公共事务治理结构逐步完善、治理效能良性发展。②发展目标的一致性。在协同治理框架下，共同利益或共同目标，是政府及社会组织等多元主体协同合作的基础和前提；在协同治理框架下，只有这些多元主体积极配合并采取一致的行动，才能有效配置公共事务资源，实现良性治理。也就是说，协同治理就是各主体之间以"公共利益"最大化为目标开展协作。③治理手段的多样性。在协同治理框

---

[1] 郑恒峰. 协同治理视野下我国政府公共服务供给机制创新研究[J]. 理论研究，2009（4）：25-28.
[2] 朱纪华. 协同治理：新时期我国公共管理范式的创新与路径[J]. 上海市经济管理干部学院学报，2010，8（1）：5-10.

架下，传统单一主体的线性计划或行政治理手段被多元参与的党委领导、政府负责、社会参与治理体系下的协商、法治、经济、技术、社会监督等多种手段相结合的治理手段取代。④治理机制的协调性。在协同治理框架下，需要建立起多主体之间的行为及协作秩序，避免多主体之间各自为政，避免不同层级主体之间重复行动及资源内耗。因此，必须建立和健全各主体之间的矛盾协调机制、纠纷化解机制、信息共享机制、利益协调机制；还要"健全部门协调配合机制，防止政出多门、政策效应相互抵消"[①]，整合利用不同主体持有的相关资源，实现协同增效。

3. 区域协同治理理论

伴随着跨区域公共事务发展实践，某些资源在区域间的分布呈现非均衡性及稀缺性，区域间因资源及市场相互依赖导致的跨区域协同治理议题逐渐出现；随着国家区域协同发展战略和区域性同城化发展战略的纵深推进，更好地实现跨区域协同治理势在必行。

关于区域间的协同治理，Scott 和 Thomas 分析了协同治理出现的原因，以及个人和组织参与自愿的、非约束性的合作的原因[②]；Ansell 和 Gash 认为，公共问题的外溢性和复杂性与传统属地管辖之间的矛盾也是催生跨区域协同治理的重要因素[③]，因此区域协同治理事件可能是问题导向或目标导向的；Feiock 认为，应该根据跨区域公共事务的复杂性，选择适宜的机制以破解集体行动困境[④]；Emerson 等尝试构建不同规模、不同政策领域和不同复杂程度的跨区域协同治理分析综合框架[⑤]。

国内学者根据我国跨区域协同治理实践和跨区域协同治理情境，分析讨论了

---

① 中共中央. 关于坚持和完善中国特色社会主义制度推进国家治理体系和治理能力现代化若干重大问题的决定（2019年10月31日中国共产党第十九届中央委员会第四次全体会议通过）[N]. 人民日报, 2019-11-06（1）.
② SCOTT T A, THOMAS C W. Unpacking the collaborative toolbox: Why and when do public managers choose collaborative governance strategies?[J]. Policy studies journal, 2017, 45(1): 191-214.
③ ANSELL C, GASH A. Collaborative governance in theory and practice[J]. Journal of public administration research and theory, 2008, 18(4): 543-571.
④ FEIOCK R C. The institutional collective action framework[J]. Policy studies journal, 2013, 41(3): 397-425.
⑤ EMERSON K, NABATCHI T, BALOGH S. An integrative framework for collaborative governance[J]. Journal of public administration research and theory, 2012, 22(1): 1-29.

跨区域协同治理的价值，研究设计了跨区域协同治理的机制，讨论了跨区域协同治理路径选择等相关问题，如如何催生跨区域协同治理的广泛参与[①]，如何整合与协作推进碎片化的行政事务[②]，如何突破属地治理模式的瓶颈[③]，如何实现利益输入和输出的区域平衡[④]，等等。

总体来看，国内外学者针对跨区域协同治理的特定议题、参与者和行动者之间的关系结构、作用机理进行了较为丰富的研究，形成了较为完善的跨区域协同治理分析架构。

4. 协同治理理论对成渝地区双城经济圈体育融合发展的启示

协同治理理论给成渝地区双城经济圈体育融合发展的诸多方法论、理论内容和工作模式等带来启示，具体内容如下。

从方法论看，需要系统地看待成渝地区双城经济圈体育各要素发展、成渝地区双城经济圈体育事业及体育产业与区域经济社会发展、成渝地区双城经济圈川渝各区（市、县、州）之间的体育发展，以及成渝地区双城经济圈体育与文化、旅游、教育、卫生、健康等相关行业的发展。

从理论内容看，需要对成渝地区双城经济圈经济社会系统的复杂性、体育融合发展的动态性和多样性有清楚的认知。张学良等选取成渝城市群中 16 座地级及以上城市作为研究样本，统计发现：除成都和重庆市区外，成渝城市群有 13 座城市的人口增长率为负，具有明显的"收缩"现象[③]。从经济社会发展水平看，既包括重庆主城区、成都中心城区，又包括成都市和重庆主城区的中间"塌陷地带"；该中间"塌陷地带"即川东和渝西，这一区域以丘陵为主要地形地貌，经济社会发展水平有待进一步提升，体育基础设施条件较差、体育产业发展水平较低，如何发挥两个核心城市的辐射带动效应，让中间"塌陷地带"快速发展是实现成渝

---

① 锁利铭,阚艳秋,李雪.制度性集体行动、领域差异与府际协作治理[J].公共管理与政策评论,2020,9（4）：3-14.
② 叶林,宋星洲.粤港澳大湾区区域协同创新系统：基于规划纲要的视角[J].行政论坛,2019,26（3）：87-94.
③ 张学良,张明斗,肖航.成渝城市群城市收缩的空间格局与形成机制研究[J].重庆大学学报（社会科学版）,2018, 24（6）：1-14.
④ 何雄浪,朱旭光.成渝经济区产业结构调整与经济发展研究[J].软科学,2010,24（6）：74-79.

地区双城经济圈体育融合发展的关键。也就是说,成渝地区双城经济圈的经济社会发展现实是,成都和重庆两个核心城市对周边生产资源、经济要素具有巨大的"虹吸效应"和不利影响,川渝毗邻的中部地区存在明显的"收缩"和"塌陷",导致核心城市快速发展与周边城市发展发育不足并存。

从工作模式看,成渝地区双城经济圈体育融合发展需要多类力量协同推进,协同治理理论对于川渝两地体育融合发展下的多元体育发展主体协作与区域间体育事业协同发展具有较强的指导意义。协同治理有助于运动项目协会及其他各类体育发展主体民主意识的增强和参与区域体育发展能力的提升。参与体育发展的各层级政府部门、运动项目协会、青少年体育俱乐部、各类学校、青少年体育运动学校、企业、家庭等在成渝地区双城经济圈体育融合进程中既享有表达各自利益诉求的机会和权利,也需要充分倾听其他组织和个人的利益表达,并秉持民主和平等原则参与及促进区域群众体育、体育产业等各领域发展,并在这一进程中不断通过理性对话和调试,围绕区域体育高质量发展形成一致行动,协调各个主体之间的利益关系、形成相互之间的动态平衡。另外,鉴于成渝地区双城经济圈经济社会发展现状及区域资源禀赋条件,成渝地区双城经济圈区域体育融合发展需要各层级政府部门积极主导和推进,因此协同治理理论有助于探索新时期政府体育行政管理职能转变,也有助于川渝两地政府各部门形成协同工作机制,为体育发展提供全方位服务,有助于区域体育发展政策优化及区域体育发展政策效能提升。

2.1.2 机制设计理论及其指导意义

1. 机制设计理论概述

成渝地区双城经济圈体育融合发展及区域体育资源整合利用的系列改革措施,取决于参与性约束条件和激励相容约束条件,让大众从改革中获利,形成上下一致的改革共识、势能和动力[1]。这两个约束条件都来源于机制设计理论。在过

---

[1] 田国强.机制设计理论对中国改革的借鉴意义[J].中国中小企业,2016(11):62-63.

去十余年间,诺贝尔经济学奖被授予十位研究机制设计理论的经济学家(表2-1),该理论的重要性及对经济社会发展相关问题的解释效力可见一斑。由瑞典皇家科学院对利奥尼德·赫维奇(Leonid Hurwicz)等三位经济学家的颁奖词可知,机制设计理论是"同时代的经济学和政治科学的核心所在",超越了亚当·斯密(Adam Smith)的"看不见的手"理论,也超越了萨缪尔森(Samuelson)的"公共支出的纯理论"[①]。

表2-1 研究机制设计理论的经济学家获得诺尔贝经济学奖的情况

时间	获奖人	理论贡献
2016年	本特·霍姆斯特罗姆(Bengt Holmstrom)、奥利弗·哈特(Oliver Hart)	对最优合约理论的贡献
2014年	让·梯若尔(Jean Tirole)	对市场力量和管制的研究分析
2012年	埃尔文·罗斯(Alvin Roth)、罗伊德·沙普利(Lloyd Shapley)	在稳定配置理论及市场设计实践方面作出贡献
2009年	奥利弗·威廉姆森(Oliver Williamson)、埃莉诺·奥斯特罗姆(Elinor Ostrom)	对经济治理行为的卓越分析
2007年	赫维奇、埃里克·马斯金(Eric Maskin)、罗杰·迈尔森(Roger Myerson)	为机制设计理论奠定基础

Tian 的研究也对机制设计理论给出了肯定的答案及严格的证明[②]。

2. 机制设计理论的源起

2007年诺贝尔经济学奖获得者赫维奇从20世纪70年代以来就持续对经济机制理论及经济机制的均衡设计进行开创性研究,他运用博弈论、新制度经济学理论和社会选择理论分析在信息不对称情况下,如何设计出一套经济机制,实现资源的有效配置、信息的有效利用,以及激励兼容、利益调试和既定目标。机制设计理论有效揭示资源配置中的相关安排和资源配置的全过程。

赫维奇认为,在技术、禀赋和偏好等的影响下,参与者通过某种信息交流机制进行信息传递和交换;而资源配置机制就是其中的信息交流体制,信息交流的

---

① SAMUELSO P.The pure theory of public expenditure[J].Review of economics and statistics,1954,36(4):387-389.
② TIAN G Q. The unique informational efficiency of the competitive mechanism in economies with production [J]. Social choice and welfare,2006,26(1):155-182.

平稳状态在很大程度上决定了资源配置结果[①]。赫维奇20世纪70—80年代发表的一系列研究成果证明了产生帕累托最优的机制[②③]，赫维奇认为，机制中的制度安排应该"限制可以接受的机制的种类"[④]，认为有效性、激励相容性等是衡量制度安排好坏的标准。机制设计理论也很好地解释了参与者的信念、偏好、知识、信息、沟通、激励和经济人的信息处理能力在资源配置中的作用[⑤]。

根据赫维奇的分析框架，机制设计理论可以用于解释大到国与国之间的资源配置，小到单位之间或个人之间的资源配置，还可以用于厘清和理顺各类治理中的治理边界及治理关系。

3. 机制设计理论的发展

继赫维奇正式提出机制设计理论及其核心思想和基本框架之后，马斯金和迈尔森对机制设计理论进行了推广、发展和运用，并对其进行了扩充和完善；他们对机制设计理论作出了各自的贡献。他们的研究团队及他们指导的博士研究生等也对机制设计理论开展了研究，进一步优化、传播、推广了该理论，直至获奖，让该理论广为人知，并被应用到现实经济生活中。

马斯金和迈尔森讨论分析了在多元主体参与的情况下哪些机制最优，如实现拍卖活动中卖方效益最优的相关条件与情况。马斯金给出了机制设计理论中可执行社会选择函数的一般性描述[⑥]。除了便于分析和理解市场机制，一些学者还用机制设计理论对定价与税收、规制与审计、公司治理等相关领域进行了研究并取

[①] HURWICZ L. Optimality and informational efficiency in resource allocation processes [A]//ARROW K J, KARLIN S, SUPPES P. Mathematical methods in the social sciences . Stanford: Stanford University Press, 1960: 27-36.

[②] HURWICZ L. The design of resource allocation mechanisms[J]. American economic review, 1973,63(2): 1-30.

[③] HURWICZ L. On informational decentralization and efficiency in resource allocation mechanisms [C]//REITER S. Studies in mathematical economics. Washington DC: The Mathematical Association of America, 1986: 238-350.

[④] HURWICZ L.Toward a framework for analyzing institutions and institutional change[C]//BOWLES S, GINTIS H, GUSTAFSSON B. Markets and democracy: participation, accountability and efficiency. Cambridge: Cambridge University Press, 1993: 51-67.

[⑤] 田国强，陈旭东. 制度的本质、变迁与选择——赫维茨制度经济思想诠释及其现实意义[J]. 学术月刊，2018，50（1）：63-77.

[⑥] MASKIN E, RILEY J. Optimal auctions with risk averse buyers[J]. Econometrica, 1984, 52(6): 1473-1518.

得了突破[1][2][3][4]。Groves 的研究纯粹强调激励问题[5]，Segal 则强调激励和信息交流成本[6]。与赫维奇一样，Jordan 也认为竞争性市场机制有助于实现资源最有效配置[7]。

4. 机制设计理论的核心议题

机制设计理论的核心议题是如何设计一套规则，使得在给定经济或社会环境条件下，能够得出均衡的结果、实现目标。围绕该议题，众多诺贝尔经济学奖获得者及其团队围绕激励相容理论、占优策略均衡、执行理论、政府边界理论等进行了研究。

（1）激励相容理论。赫维奇提出了激励相容（Incentive Compatibility）的概念，他将其表述为每个参与者都真实报告其私人信息是占优策略的机制[8]，也就是需要机制设计者在不了解全部参与者个体信息的情况下，设计出一个能给予每个参与者激励的机制，使参与者在实现自身利益最大化的同时助力实现整体目标。要设计出这一机制，关键是限制可以接受的机制的种类，也就是说，机制设计者要明确哪一种选择域和结果函数是可接受的[9]。赫维奇将这一信息调整机制定义为（M, μ, h），其中 M 代表信息空间（又译为语言空间），μ 代表均衡信息对应（又译为响应函数），h 代表结果函数。McFadden 认为，赫维奇激励相容理论中将参与者

---

[1] MIRRLEES J A. Optimal tax theory: a synthesis[J].Journal of public economics,1976, 6(4): 327-358.

[2] ATKINSO A B, STIGLITZ J E. Lectures on public economics[M]. New York: McGraw-Hill, 1980.

[3] LAFFONT J J, TIROLE J. A theory of incentives in procurement and regulation[M].Cambridge: MIT Press, 1993.

[4] TIROLE J.The theory of corporate finance[M].Princeton: Princeton University Press, 2005.

[5] GROVES T. Incentives in teams[J].Econometrica, 1973, 41(4): 617-631.

[6] SEGAL I. The communication requirements of social choice rules and supporting budget sets[J]. Journal of economic theory, 2007, 136(1): 341-378.

[7] JORDAN JS. The competitive allocation process is informationally efficient uniquely[J]. Journal of economic theory, 1982, 28(1): 1-18.

[8] HURWICZ L. Optimality and informational efficiency in resource allocation processes [A]//ARROW K J, KARLIN S, SUPPES P. Mathematical methods in the social sciences. Stanford: Stanford University Press, 1960: 27-36.

[9] HURWICZ L. Toward a framework for analyzing institutions and institutional change[C]//BOWLES S, GINTIS H, GUSTAFSSON B. Markets and democracy: participation, accountability and efficiency. Cambridge: Cambridge University Press, 1993: 51-67.

收集处理信息和对激励做出反应的行为是机制设计的人性面(Human Side)所在[1]。因此,"均衡"结果可以通过设计一套科学的激励机制来实现。正如 2007 年诺贝尔经济学奖获得者迈尔森所言,某一机制及其一个均衡所构成的共同体等价于一个直接激励机制。

(2)占优策略均衡。Gibbard 提出占优策略均衡[2],他的研究后来被拓展和丰富成为贝叶斯纳什均衡(Bayesian Nash Equilibrium)。Aumann 分析了基于隐藏行动环境的显示原理[3]。这些诺贝尔经济学奖获得者或者经济学家运用了不同的方法,从不同的角度对多元参与及其私人信息,以及他们在多阶段动态博弈下的有效性及实现目标函数的相关问题进行了研究。

(3)执行理论。设计机制使其所有均衡结果对给定目标而言均最优,很合理和重要,这就是执行问题[4]。1977 年,马斯金完成了《纳什均衡和福利最优化》(*Nash Equilibrium and Welfare Optimality*)一文,并于 1999 年将其发表在《经济研究评论》(*Review of Economic Studies*)杂志上。在该文中,他提出社会选择规则(Social Choice Rule,SCR)是实现纳什均衡的充分必要条件,即完全信息博弈下的纳什均衡;提出了实施理论(Implementation Theory)[5],即在具有三个或三个以上参与者时,只有符合马斯金单调性和无否决权的机制,才是纳什可执行的、社会规则选定的最好结果。他认为,社会选择规则可能更易执行[6];此外,执行理论还对不完全契约(Incomplete Contracts)理论[7]和社会选择理论[8]的提出产生影响。

---

[1] MCFADDEN D. The human side of mechanism design: a tribute to Leo Hurwicz and Jean-Jacque Laffont[J]. Review of economic design, 2009, 13(1): 77-100.
[2] GIBBARD A. Manipulation of voting schemes: a general result[J]. Econometrica, 1973, 41(4): 587-602.
[3] AUMANN R J. Subjectivity and correlation in randomized strategies[J]. Journal of mathematical economics, 1974, 1(1): 67-96.
[4] 方燕,张昕竹. 机制设计理论:一个综述[J]. 产业经济评论(山东),2011,10(4):13-35.
[5] MASKIN E. Nash equilibrium and welfare optimality[J]. Review of economic studies,1999, 66(1): 23-38.
[6] MASKIN E, SJOSTROM T. Implementation theory[C]//ARROW K J. SEN A K, SUZUMURA K. Handbook of social choice and welfare: volume 1. London: North Holland, 2002: 237-288.
[7] MASKIN E, TIROLE J. Unforeseen contingencies and incomplete contracts[J]. Review of economic studies, 1999, 66(1): 83-114.
[8] MOULIN H. On strategy-proofness and single peakedness [J]. Public choice, 1980, 35(4): 437-455.

（4）政府边界理论。2016 年，诺贝尔经济学奖获得者哈特明确了"政府的适当范围"[1]，在后续的研究中论述了谈判中的"遮遮掩掩"（Shading）[2]，即谈判中某一方会认为谈判没有按照其认为应当的方式进行，进而导致缺乏合作和低效率。他还认为在已有经济学的相关模型中，激励和控制权总是捆绑在一起的，因此设法将激励和控制权配置分离[3]，并认为私人部门可以通过低能激励（Low-Powered Incentives）以减轻激励效应（Incentive Effects），公共部门应该进行高能激励（High-Powered Incentives）[4]；最理想的状态是让公共部门和管理公共设施的人形成一致偏好[5]；在面临新冠疫情等特殊情况（或者危机情况）时"集中化的权力可能相当有用"[6]。

此外，哈特及其团队还系统地研究了不完全契约理论，确立了不完全契约理论的整体性分析框架[7]，并使之成为一个重要的产权理论；该理论也被作为分析工具广泛地运用到政治经济学、国际贸易学、组织经济学等经济学的各个分支。他科学且系统地回答了企业契约为什么是不完全的和作为参照点的契约[8]，认为通过为交易提供参照或为缔约方提供权利感受的参照，可以解决 GHM 模型（Grossman-Hart-Moore 模型，又被称作"所有权-控制权模型"）存在的缺陷；他在减让理论的基础上，提出权威的运用具有核心作用[9]，以及非正式契约可以降低刚性与灵活性之间的平衡性[10]。

---

[1] HART O, SHLEIFER A, VISHNY R W.The proper scope of government: theory and an application to prisons[J].The quarterly journal of economics,1997, 112(4): 1127-1161.

[2] HART O, MOORE J. Contracts as reference points[J]. The quarterly journal of economics, 2008, 123(1): 1-48.

[3] HART O. Incomplete contracts and control[J].American economic review, 2017, 107(7): 1731-1752.

[4] HART O. Incomplete contracts and public ownership: remarks, and an application to public private partnerships[J].The economic journal, 2003, 113 (486): C69-C76.

[5] HART O. Hold-up, asset ownership, and reference points[J]. The quarterly journal of economics, 2009, 124 (1): 267-300.

[6] 哈特，翁笙和."政府的适当范围"：25 年来的理论发展与应用[J].比较，2021（2）：40-61.

[7] 倪娟．奥利弗·哈特对不完全契约理论的贡献——2016 年度诺贝尔经济学奖得主学术贡献评介[J].经济学动态，2016（10）：98-107.

[8] HART O, MOORE J.Contracts as reference points[J].The quarterly journal of economics, 2008, 123(1):1-48.

[9] HART O, HOLMSTROM B. A theory of firm scope[J].The quarterly journal of economics, 2010, 125(2): 483-513.

[10] FEHR E, HART O, ZEHNDER C. How do informal agreements and revision shape contractual reference points?[J].Journal of the European economic association, 2015, 13(1):1-28.

5. 机制设计理论对成渝地区双城经济圈体育融合发展的启示

综上，重视发展目标和过程的机制设计理论可以为我国经济社会发展提供重要参考。对于成渝地区双城经济圈体育融合发展而言，机制设计理论在区域融合发展的制度选择、区域体育融合发展的推进机制等多个层面都具有重要指导意义；同时，机制设计理论对成渝地区双城经济圈体育融合发展实施策略及其优化有重要借鉴作用。因此，机制设计理论既可用来研究整个成渝地区双城经济圈层面的体育融合发展及体育融合发展的顶层设计，也可用来研究川渝两地体育俱乐部、两地体育场馆共建共享或两地联合办赛的机制设计问题。根据机制设计理论，成渝地区双城经济圈体育融合发展应该做到以下两点。

（1）成渝地区双城经济圈体育融合发展既要满足各类体育发展参与主体的参与性约束条件，又要满足参与主体之间的激励相容约束条件。激励相容，即相关改革措施、相关政策安排能够最大限度地调动每类体育发展参与主体的积极性。在各个主体及主体之间利益最优的同时，助力区域体育整体发展，实现融合发展目标。参与成渝地区双城经济圈体育融合发展的主体涵盖地方政府、地方政府体育行政管理部门、地方政府其他相关部门、各级体育协会、体育企业、各类学校、各类体校、普通社会大众。成渝地区双城经济圈体育融合发展相关制度及措施需要统筹兼顾，唯有调整地区政府部门之间的利益关系及利益格局，兼顾同一地区政府各个部门之间的利益，创新政府体育部门与体育协会之间、社会与普通社会大众之间的利益表达及利益选择等，才能达到促进区域体育融合发展的预期效果。成渝地区双城经济圈体育融合发展相关制度及措施需要理顺：地区相关政府部门与地方各类体育社会组织应有合理边界，需要明确地方相关政府部门与市场之间的作用范围，只有这样才能建立起完善的区域、体育、政府、学校、社会、体校、大众等多方基本协调的机制，并很好地规制相关部门行为，引导学校、社会、个人的体育行为，以推进成渝地区双城经济圈体育融合发展的综合治理。

（2）成渝地区双城经济圈体育融合发展要设计好核心主体之间的协作机制。在成渝地区双城经济圈体育融合发展过程中，需要构建起政府、市场和社会这三类核心主体之间的协作机制。这三类核心主体正好对应机制设计理论框架中治理主体、监督主体、约束规范主体三个关键要素；这三个关键要素构成强制性的公共治理机制、激励性的市场机制、约束性的社会监督机制等正式或非正式的治理安排；这些治理安排之间相互交叉重叠，会进一步对区域各类体育发展中的规范性的非正式制度安排起到导向作用和型塑作用，进一步增强区域体育融合发展中各类生产经营活动的可预见性和确定性，进而大大节约交易成本。

2.1.3 规制经济学理论及其指导意义

1. 规制经济学理论概述

规制（Regulation）的含义既包括如何用权力对市场进行干预，又包括政策等规制手段对市场的激励作用及效率。1982年诺贝尔经济学奖获得者乔治·斯蒂格勒（George Stigler）、梯若尔等将博弈论、激励理论、信息论应用于规制理论研究，探讨了在知晓规制者和被规制企业的信息结构、约束条件、可行工具的前提下，分析双方的行为和最优权衡，实现被规制者利润最大化、社会福利最大化，提高经济运行效率。North认为，制度是"人为制定的用以规范人们互动行为的约束条件"[1]。这种约束条件可以由追求各自利益的不同利益集团通过长期互动来实现。但要形成这种约束条件，需要治理（Governance）、激励（Incentive）和社会规范（Social Norms）三个基础制度要件的协调配合[2]。

2. 规制经济学理论的核心议题

（1）斯蒂格勒等的贡献。1971年，斯蒂格勒发表的《经济规制理论》(*The Theory of Economic Regulation*) 一文分析了公共资源和权力的潜在用途[3]，以及改善经济

---

[1] NORTH D C. Institutions, institutional change and economic performance[M]. Cambridge: Cambridge University Press, 1990.
[2] 田国强，陈旭东. 制度的本质、变迁与选择——赫维茨制度经济思想诠释及其现实意义[J]. 学术月刊，2018，50（1）：63-77.
[3] STIGLER G J. The theory of economic regulation[J]. The bell journal of economics and management science, 1971, 2(1): 3-21.

集团经济地位等的监管方案,并给出了各种经验证据和例证,开创了规制经济学。另外,约瑟夫·斯蒂格利茨(Joseph Stiglitz)强调政府在宏观调控中的作用,因为市场参与者不一定能够获得充分的信息,不对称的信息让市场具有不同特征,而且市场的功能也有待完善,所以提出政府与市场之间的适当平衡可以更好地促进增长,使人人受益。他笔耕不辍,近年来还持续有著作出版,其中有代表性的包括《自由市场的坠落:美国、自由市场,以及全球经济的沉没》(*Freefall:America, Free Markets, and the Sinking of the World Economy*)[①]、《人民、权力与利润:不满时代的进步资本主义》(*People,Power and Profits:Progressive Capitalism for an Age of Discontent*,又译《美国真相》)等,向世界阐释他的规制经济学思想。

(2)理查德·波斯纳(Richard Posner)和萨姆·佩尔兹曼(Sam Peltzman)的贡献。波斯纳于1969年提出了自然垄断是否为政府干预提供了充分理由的问题,明确了监管在控制自然垄断方面的有效性值得商榷及放松规制的可能性[②],并进行了反垄断执法的统计研究[③]、税收监管问题研究[④]、监管机构的监管行为研究[⑤]、经济规制理论研究[⑥]、垄断与规制的社会成本研究[⑦]、法律的经济分析[⑧]。波斯纳发表了众多高质量的著述,他已撰写了近40本专著、300多篇论文、1600多篇司法意见[⑨]。

波斯纳和佩尔兹曼学术研究的核心是有效规制理论。佩尔兹曼对斯蒂格勒的规制理论进行了模型化,形成了"佩尔兹曼效应",他以汽车行业规制政策的微观

[①] STIGLITZ J. Freefall: America, free markets, and the sinking of the world economy[M]. New York: W. W. Norton & Company, 2010.

[②] POSNER R A. Natural monopoly and its regulation: a reply[J]. Stanford law review, 1970, 22(3): 540-576.

[③] POSNER R A. A statistical study of antitrust enforcement[J].Journal of law and economics,1970,13 (2):365-419.

[④] POSNER R A. Taxation by regulation[J]. The bell journal of economics and management science,1971,2(1):22-50.

[⑤] POSNER R A.The behavior of administrative agencies[J]. The journal of legal studies,1972,1(2):305-347.

[⑥] POSNER R A.Theories of economic regulation[J].The bell journal of economics and management science, 1974, 5(2): 335-358.

[⑦] POSNER R A.The social costs of monopoly and regulation[J].The journal of political economy, 1975, 83(4): 807-827.

[⑧] POSNER R A. Economic analysis of law(eighth edition)[M]. New York: Aspen Publishers, 2007.

[⑨] 乔岳,魏建. 波斯纳与佩尔兹曼对规制经济学的贡献[J]. 经济学动态,2019(8):148-160.

实证为例，研究了政策对人类行为的多重激励作用[1]，开创了从微观和实证角度对规制政策进行分析及政策实施效果评估研究的先河。1976年，他提出了"有效规制理论"[2]，他假设作为政治人的规制者，如果要寻求民众对自己政治支持的最大化，那么留给规制者的最优选择是"采取两面讨好的策略"，并构建了政治支持函数模型，在《朝向更一般的经济监管理论》（Towards a More General Theory of Economic Regulation）一文中，他详细分析了政治支持函数最大化时的最优管制价格问题。他通过研究还发现，规制方式应该与相关行业生产要素的供给弹性相关[3]。例如，医疗与教育等行业经常选择企业补贴规制方式；航空运输及铁路等行业则经常采取价格规制方式。此外，市场准入、限制产品价格与数量等也可以作为特定行业的规制手段。究竟选择哪一种方式，应视行业/产业发展过程中的垄断情况、竞争激烈情况、产业集团和消费者群体的规制意愿等情况而定。随着新技术和替代产品的不断出现，伴随着取消规制（Deregulation）的全球性经济政策变动，取消规制并没有促进整个经济行业的良好运行。

佩尔兹曼分析后发现，在那些为了应对部分行业社会福利净损失而取消规制的过程中，政治团体扮演了重要的角色[4]，另外一些行业则不然。佩尔兹曼曾经担任《政治经济学杂志》（Journal of Political Economy）主编，这一工作为推动规制经济学研究方法规范化和研究范围全面化的发展提供了便利。如今，佩尔兹曼在规制经济学系列研究中所创建的关于规制效果评估的分析范式已经被主流经济学权威教科书采纳[5]。

（3）梯若尔和拉丰（Laffont）的贡献。才华横溢的梯若尔对规制经济学理论的贡献卓著，并获得了2014年诺贝尔经济学奖。梯若尔具有深厚的数学功底、擅长

---

[1] PELTZMAN S. The effects of automobile safety regulation: reply[J]. Accid. Anal. &Prev, 1976(8): 139-142.
[2] PELTZMAN S. Towards a more general theory of economic regulation[J].Journal of law and economics, 1976, 19(2): 211-240.
[3] PELTZMAN S. Peltzman on regulation and politics: reply[J].Public choice, 1982, 39(2): 299-300.
[4] PELTZMAN S. The economic theory of regulation after a decade of deregulation[J].Brookings papers on economic activity, 1989, 20(1): 1-59.
[5] SOBEL R S, NESBIT T M. Automobile safety regulation and the incentive to drive recklessly: evidence from NASCAR[J]. Southern economic journal, 2007, 74(1): 71-84.

建模分析并师从诺贝尔经济学奖获得者马斯金。20 世纪 80 年代,他与导师朱·弗登博格(Drew Fudenberg)等合作将博弈论引入对垄断竞争问题的分析,并提出了马尔科夫完美均衡(Markov Perfect Equilibrium)[1]、马尔科夫策略(Markov Strategy)[2]、合谋(Collusion)及其监管[3]、拥有垄断能力的企业策略[4]、新技术与优先购买权[5];1991 年,他与弗登博格合作出版了《博弈论》,该书已成为博弈论领域最权威的教材之一,其将博弈论方法用于产业组织研究,构建了产业组织理论分析新框架,认为合谋、内部整合、组织结构调整[6]等非市场的制度安排,可以帮助人们实现组织目标,并将"激励"引入规制经济学分析中来,认为有效规制是做一个最优机制设计,即设计出在既定的信息结构、约束条件和可行工具条件下,规制者和被规制企业的行为及最优权衡。梯若尔将其熟练掌握的博弈论理论、数学方法、经济学工具成功地运用于分析和阐释真实经济世界中的各种现实问题,形成了丰富的新规制经济学理论;作为规制经济学的集大成者,他用统一的理论框架将规制经济学领域统一起来、将规制经济学领域的理论研究和实证研究统一起来,并使其在经济学框架体系占据重要的位置。

拉丰和梯若尔在"松散"的规制理论基础框架之上,从 1986 年发表在《政治经济学杂志》上的《运用成本观察对企业进行监管》(*Using Cost Observation to Regulate Firms*)一文开始[7],他们在规制领域合作开展了系统性研究,联合发表了大量的规制经济学学术成果,如契约激励的动态性与企业避免棘轮效应(Ratchet

---

[1] MASKIN E, TIROLE J. A theory of dynamic oligopoly, Ⅱ: price competition, kinked demand curves and edgeworth cycles[J]. Econometrica, 1988, 56(3):571-599.
[2] MASKIN E, TIROLE J. Markov perfect equilibrium: Ⅰ. observable actions[J].Journal of economic theory, 2001, 100(2):191-219.
[3] TIROLE J. Hierarchies and bureaucracies: On the role of collusion in organizations[J]. The journal of law, economic and organization, 1986, 2(2):181-214.
[4] FUDENBERG D, TIROLE J. Capital as a commitment: Strategic investment to deter mobility[J].Journal of economic theory, 1983, 31(2):227-250.
[5] FUDENBERG D, TIROLE J. Pre-emption and rent equalization in the adoption of new technology[J]. Review of economic studies, 1985, 52(3):383-401.
[6] TIROLE J. The theory of industrial organization[M].Cambridge: MIT Press, 1988.
[7] LAFFONT J J, TIROLE J. Using cost observation to regulate firms[J].Journal of political economy, 1986, 94(3): 614-641.

Effect）[1]；构建了多产品企业规制的规范模型（Normative Model）；提出了"定价-激励二分法"（Pricing-Incentive Dichotomy）成立的必要条件，即使用成本补偿规则（Cost Reimbursement Rule）提供激励的条件等[2]；阐释了竞争环境与政策对多产品企业监管的影响[3]；分析了政府决策中的政治及监管俘获的理论[4]。在他们1993年完成的《政府采购与规制中的激励理论》（*A Theory of Incentives in Procurement and Regulation*）一书中，他们构建了新规制经济学理论框架[5]，并奠定了他们在规制经济学领域的学术领导者地位。梯若尔用激励及契约理论方法，围绕公司治理、审计改革、金融市场、收购及管理层激励方案等的模型[6]开展研究，相关作品成为该领域的里程碑式著作。《电信竞争》一书建立了自然垄断假设的理论模型，分析了监管改革和网络产业中的竞争[7]，为电信及网络产业的竞争与规制问题的分析和政策的制定提供了一个最为权威的理论依据。此外，美国民用航空局主席艾尔弗雷德·卡恩（Alfred Kahn）根据美国公共事业和私人行业的放松管制革命及民用航空局对航空公司的管制实践，明确提出了经济理论和经济管制的制度实践的全面整合，提出不同的行业需要不同的规制制度安排组合[8]。

3. 规制经济学理论对成渝地区双城经济圈体育融合发展的启示

新规制经济学对于我国经济社会各领域正在积极推进的改革具有重要的学术和政策意义[9]。首先，我国关于经济社会各领域发展中的规制手段及规制政策研究仍然处在起步阶段；其次，各领域规制实践中的举措及政策存在一定的不足，拥

---

[1] LAFFONT J J, TIROLE J. The dynamics of incentive contracts[J].Econometrica, 1988, 56(5): 1153-1175.

[2] LAFFONT J J, TIROLE J. The regulation of multiproduct firms: part Ⅰ: theory[J]. Journal of public economics, 1990, 43(1): 1-36.

[3] Laffont J J, TIROLE J. The regulation of multiproduct firms: part Ⅱ: applications to competitive environments and policy analysis[J]. Journal of public economics, 1990, 43(1): 37-66.

[4] LAFFONT J J, TIROLE J. The politics of government decision-making: a theory of regulatory capture[J]. The quarterly journal of economics, 1991, 106(4): 1089-1127.

[5] LAFFONT J J, TIROLE J. A theory of incentives in procurement and regulation[M]. Cambridge: MIT Press, 1993.

[6] TIROLE J. The theory of corporate finance[M]. Princeton: Princeton University Press, 2005.

[7] LAFFONT J J, TIROLE J. Competition in telecommunications[M]. Cambridge: MIT Press, 2001.

[8] KAHN A E. The economics of regulation: Principles and institutions[M]. Cambridge: MIT Press, 1988.

[9] 石磊, 王永钦. 梯若尔与"新规制经济学"[N]. 文汇报, 2014-10-17（T12）.

有完善和提升的空间，需要进一步提升规制效率和效果，减少各类损失；再次，党中央提出了要加快形成"以国内大循环为主体、国内国际双循环相互促进的新发展格局"，这是精准把握我国经济社会发展形势后提出的短期、中长期经济社会发展战略安排。

（1）规制经济学理论可以为成渝地区双城经济圈体育整体融合发展提供新的洞识。在新发展理念的指引下，2020年5月14日，中共中央提出了要积极构建"国内国际双循环相互促进的新发展格局"；习近平总书记强调构建"以国内大循环为主体、国内国际双循环相互促进的新发展格局"；近20年来，我国一以贯之地强调扩大内需战略和进一步加强内需管理，双循环发展格局是我国以"内需推动为主的增长结构"[1]长期政策的延续。"十四五"规划也进一步明确提出，扩大内需是战略基点，并要求通过供给侧结构性改革去补足短板、培育新增长动能进而畅通国内经济循环[2]。但在经济新常态下，地区性体育需求管理如何在扩大内需及以内循环为主体的发展格局下，既通过长期性战略和结构性政策进行有效规制，又通过短期性宏观经济政策进行有效规制，既让体育领域生产活动满足区域内广大居民的各类需求，又让区域体育事业及体育产业发展为地区经济社会发展及文化繁荣等贡献力量，值得体育界思考。另外，扩大内需战略已经被时代赋予了更加重要的战略地位，如何更好地扩大体育领域的内需，如何选用正确且科学的方法和手段扩大体育领域的内需，如何进一步提高体育领域内需的质量和效率，如何将规制经济学的理论具体化为相应的区域体育发展政策内涵，就显得更加重要。为此，将规制经济学相关理念和分析工具引入成渝地区双城经济圈体育发展、引入我国经济社会发展"双循环"的现实土壤中，有助于给我们提供新的洞识。

（2）规制经济学理论可以为成渝地区双城经济圈体育管理改革及创新发展提供新的思路。登记成立于1984年的四川省足球协会于2016年5月19日宣布与四川省体育行政管理部门"脱钩"，成为"全国第一家与地方体育行政主管部门脱钩

---

[1] 徐林.深化改革防止跌入"扩大内需陷阱"[J].比较，2020（4）：67-80.
[2] 黄群慧.论构建新发展格局的有效投资[J].中共中央党校（国家行政学院）学报，2021，25（3）：54-63.

的省级地方足协"；并宣布要进一步改革健全四川省足球协会，提升四川省足球协会造血功能及实体化运营能力（自主聘用工作人员且不享有事业编制、自主筹集运营经费、搬离体委大院、自主寻找办公场所），要积极发展群众足球、校园足球，开展省内足球赛事IP（Intellectual Property，知识产权）塑造、培育浓厚区域足球文化氛围。然后，宣布"脱钩"不久，四川省足球协会因为自身"造血"功能不强、难以支付成都市天府二街高昂的办公场所租赁费用等又搬回了体委大院。成渝地区双城经济圈体育融合发展过程中不可回避的问题是，如何发挥体育行政管理部门的作用并更好地调动和发挥运动项目协会等体育社会组织的主体性作用。然而，现阶段川渝两地的众多奥运会项目协会面临"实体化"改革和"脱钩"后生存发展压力大的问题，非奥运会项目协会面临长期"游离"在体制内外的事业发展资源有限等困境；同时，这些协会都需要处理好规制经济学中的"政府与市场关系"这一核心议题。体育行政管理部门如何为运动项目协会的实体化运营创造条件，运动项目协会"造血"功能如何进一步提升，体育行政管理部门与运动项目协会的"进""退""补位"等关系如何进一步理顺，都是体育理论界必须深入思考的现实问题。因此，引入规制经济学理论和规制经济学分析工具研究体育管理改革问题正大有可为，将为成渝地区双城经济圈体育行政管理改革、运动项目协会实体化运营及体育社会组织自主发展能力提升提供分析框架。在成渝地区双城经济圈体育融合发展中引入规制经济学理论和规制经济学分析工具，可以为川渝两地政府部门及两地各级政府体育行政管理部门进一步提升或补充民间部门的协调能力提供指导，也可以为区域间体育管理部门协同治理能力提升提供指导。在体育管理实践中，不可避免地存在各种形式的内生性的政府官僚行为，这在很大程度上制约了体育管理效率，也阻碍了体育高质量发展。因此，新时期体育发展过程中需要考虑如何进一步优化体育管理部门的激励和问责机制，引入规制经济学理论，为川渝各地体育管理改革及相关部门激励提供指导。

（3）规制经济学理论可以为成渝地区双城经济圈体育发展规划提供新的思路。成渝地区双城经济圈各领域的融合发展，要加强顶层设计和统筹协调。具体包括：

进一步加强各领域发展规划的对接，推进两地各领域发展政策的衔接，推进两地与各领域发展过程中基础设施及功能的链接。另外，成渝地区双城经济圈各领域融合发展，需要考虑两省（市）地理和资源禀赋条件，回到两地具有的"一轴双核两带三区"的空间格局和经济社会发展格局，在发展空间布局方面做到通过成都都市圈和重庆都市圈在发展方向上"相向"而行，进一步融入推动成渝地区双城经济圈的整体发展。规制经济学理论可以为以上两个方面的规划及设计提供理论依据和工作参考。

2.1.4 增长极理论及其指导意义

弗朗索瓦·佩鲁（Francois Perroux）于 20 世纪 50 年代中期创新性地提出了增长极理论，该理论后经雅克·劳尔·布代维尔（Jacques Raoul Boudeville）、冈纳·缪尔达尔（Gunnar Myrdal）、阿尔伯特·赫希曼（Albert Hirschman）等诺贝尔经济学奖获得者的反复修正和不断完善。该理论认为，核心城市（或少数区域）可以带动周边区域发展，主导产业（或少数产业）可以带动相关产业发展，从而实现区域整体和经济整体发展。因此，可以考虑将那些条件较好的地区和少数条件好的产业培育成为增长极，发挥其带动效应和溢出效应，以带动整体发展。在极端情况下，经济增长极可能是一家公司，也可能是一个行业。

1. 增长极理论的提出与演进

（1）增长极理论的提出。20 世纪 50 年代初，全球各地的经济学家开展了一场关于一国（地区）经济平衡增长或不平衡增长的论战，法国经济学家佩鲁于 1949 年首创性地提出了区域非均衡发展的增长极理论。后来，佩鲁在他的论文《略论增长极的概念》（*Note sur la notion de pole de croissance*，英译为 *Notes on the Concept of Growth Poles*）中，系统阐述了其增长极理论[①]及增长极对周边区域的扩散作用机理。这种资本与技术高度集中的增长极本身具有规模经济效益，可以

---

① PERROUX F. Note sur la notion de pole de croissance[J]. Economie appliquée,1955(8): 307-320.

带动和推进相邻地区的共同发展，对整个经济产生最终影响[1]。佩鲁的增长极理论有两个缺陷：将发展建立在抽象的经济空间基础上，缺乏可操作性；同时过分强调增长极的正面效应，对于其负面效应却不置可否。不同地区、不同行业增长极的作用并非总处于平衡状况中[2]。

20世纪60年代初，哈佛-麻省理工城市研究系列联合中心（Harvard-MIT Joint Center for Urban Studies Series）的劳埃德·罗德温（Lloyd Rodwin）将增长极理论用于城市规划，赋予增长极"地理空间"内涵，在《城市增长与区域发展规划》（*Planning Urban Growth and Regional Development*）中提出了增长极的空间含义，考察了城市和区域发展计划与国家增长战略的关联。20世纪60年代中期，布代维尔在1966年出版的《区域经济规划问题》（*Problems of Regional Economic Planning*）专著中进一步对佩鲁的增长极理论进行了丰富和拓展。他强调增长极的空间特征及区域经济增长极出现的条件，还提出了"增长中心"的概念，他认为在扩大范围的过程中，增长极可以"引导经济活动的进一步发展"[3]。比较而言，布代维尔的研究突破了区域增长极的理论界限，并把理论延伸到区域经济发展政策上，在区域发展过程中需要发挥城镇的聚集效应和城镇作为地区经济中心带动周边地区经济增长的作用。

佩鲁等经济学家及城市规划研究专家试图将增长极这个概念建立在外部经济、集聚和联系的概念上：如果一个公司或一个行业的产出变化影响了其他公司的成本，那么外部经济就退出了。外部规模经济可能是负的（如污染成本），也可能是正的（如电子工业中集成电路技术的发展）。在美国，增长极往往强调某一地理区域，亦称增长中心。增长中心与集聚的概念有关。在许多方面，美国关于增长中心的研究独立于佩鲁和法国关于增长极的文献。但这一时期的增长极理论仍

---

[1] 崔功豪，魏清泉，陈宗兴. 区域分析与规划[M]. 北京：高等教育出版社，1999.
[2] THOMAS M D. Growth pole theory, technological change, and regional economic growth[J]. Papers of the regional science association, 1975, 34(1): 3-25.
[3] BOUDEVILLE J R. Problems of Regional Economic Planning[M].Edinburgh：Edinburgh University Press，1966.

存在着一定局限性：佩鲁提出的增长极是抽象的"经济空间"，缺乏可操作性[①]；布代维尔提出的增长极是"地理空间"，过于具体化；关于增长极有重要的带动效应理论，其对周边区域的负面影响被忽视。

（2）增长极理论的演进。瑞典经济学家缪尔达尔丰富和发展了增长极理论。他在《经济理论与欠发达地区》（*Economic Theory and Underdeveloped Regions*）及《亚洲的戏剧：国家贫困问题研究》（*Asian Drama：An Inquiry into the Poverty of Nations*）等论著中提出了"扩散效应"（Diffusion Effect）和"回流效应"（Backwash Effect）的概念，认为增长极可能会加剧区域间的不平衡[②]。国内部分学者也支持缪尔达尔的观点，认为人才、资金、技术流向增长极的过程，加剧了欠发达地区的滞后程度，进而可能"出现下降的循环累积"[③]。政府及相关部门需要出台政策以避免回流效应，避免加剧与周边区域的发展差距[④]。因此，政府部门设计出的自上而下的诱导式的区域经济社会发展机制就显得尤为重要。

20世纪60年代，美国学者杰弗里·威廉姆森（Jeffrey Williamson）以"库兹涅茨曲线"（Kuznets Curve）[⑤]为基础，在《区域不平等和国家发展的过程：模式的描述》（*Regional Inequalities and the Process of National Development：A Description of the Pattern*）中提出了"倒U型理论"（Inverted-U Theory）[⑥]，认为区域间增长差异呈"倒U型"变化。威廉姆森"倒U型理论"揭示了较长时间跨度里区域经济发展差异变化态势，并提出了有益的政策建议，为区域经济发展提供了较好的理论指导。

著名发展经济学家赫希曼在《发展中国家投资政策与"二元性"》（*Investment*

---

① GRAFTON D J. Smallscale growth centres in remote rural regions: the case of Alpine Switzerland[J]. Applied geography, 1984, 4(1): 29-46.
② MYRDAL G. Economic theory and underdeveloped regions[M]. London: Gerald Duckworth, 1957.
③ 李成勋. 区域经济发展战略学[M]. 北京：社会科学文献出版社，2009.
④ BUSCH J H. Asian drama: an inquiry into the poverty of nations(book review)[J]. The Australian quarterly, 1968, 40(4): 118-121.
⑤ STERN D. The rise and fall of the environmental Kuznets curve[J]. World development, 2004, 32(8): 1419-1439.
⑥ WILLIAMSON J G. Regional inequalities and the process of national development: A description of the pattern[J]. Economic development and cultural change, 1965, 13(4): 1-84.

Policies and "Dualism" in Underdeveloped Countries）一文中提出增长极的"极化效应"（Polarized Effect）和"涓滴效应"（Trickling-Down Effect）[1]，极化效应使发达地区与欠发达地区之间的差距增大，涓滴效应使二者的差距缩小。他在1958年出版的《经济发展战略》（*The Strategy of Economic Development*）一书中进一步对其做了阐述，认为均衡增长是一个行业一系列不均衡发展的最终结果[2]，还表示经济发展意味着变革而不是新生的创造：它带来了对传统生活、生产和做事方式的破坏，在这些过程中一直有许多损失。今天的不发达国家迅速工业化的一个主要困难，恰恰在于它们没有准备好承担如此巨大的社会代价。但赫希曼也表明，不论情况如何黯淡，比较而言，涓滴效应都在区域发展中占据优势[3]。因此，落后地区的战略重点是选择若干战略部门投资，创造发展机会[4]。

美国空间规划理论专家约翰·弗里德曼（John Friedmann）在熊彼特（Schumpeter）等人理论的基础上提出了"空间极化理论"并结合其对欠发达国家（地区）空间发展规划的研究，还提出了"核心-边缘（Core and Periphery）理论"，并将政治因素引入增长极模型，认为区域协调发展是一个社会和政治发展的过程[5]。他还将交通基础设施等因素引入增长极模型，进一步丰富和发展了该理论。根据弗里德曼的研究，城市化进程将会加快，交通基础设施将会完善，"核心"与"边缘"的界限将会日趋模糊，甚至消失[6]，区域整体协调发展也必将实现。因此，政府与市场机制是促进区域协调发展的关键。

2. 增长极理论的进一步发展

20世纪70年代，沃尔纳·颂巴特（Werner Sombart）等在增长极理论的基础

---

[1] HIRSCHMAN A O. Investment policies and "dualism" in underdeveloped countries[J]. The American economic review, 1957, 47(5): 550-570.

[2] HIRSCHMAN A O. The strategy of economic development[M]. New Haven: Yale University Press, 1958.

[3] 赵茂林. 增长极理论的发展及借鉴意义[J]. 汉中师范学院学报，1995，13（2）：31-35.

[4] HIRSCHMAN A O. The rise and decline of development economics-essays in trespassing: Economics to politics and beyond[M]. Cambridge: Cambridge University Press, 1981.

[5] FRIEDMANN J. Regional development policy: A case study of Venezuela[M]. Cambridge: MIT Press, 1966.

[6] 陈秀山，张可云. 区域经济理论[M]. 北京：商务印书馆，2003.

上进一步发展了增长极理论，提出了"增长轴"（Growth Axis）模型[1]；"点-轴"发展模式的作用大于仅依赖增长极的发展模式[2]。在实践中，地方往往选择重要交通干线开发"轴"，并对沿线进行扶持，以期覆盖和带动周边区域经济增长。

"竞争战略之父"——迈克尔·波特（Michael Porter）提出的产业集群（Cluster）让增长极从地理空间进一步拓展到产业布局及产业壮大的领域。产业集群是指某一产业发展所需要的相关要素在"地理上的集中"[3]。他认为，尽管地理位置仍然是竞争的根本因素，但如今地理位置所扮演的角色与一代人之前有很大的不同。因为在一个竞争主要由投入成本驱动的时代，拥有一些重要资源的地区（如天然港口或廉价劳动力供应）往往享有一种比较优势，这种优势在竞争中具有决定性作用，而且长期持续存在。基于这些条件的产业集群影响国家内部和跨国的竞争力。因此，集群代表了一种对地理位置的新思考方式，既是对公司配置、大学等机构助力竞争成功、政府促进经济发展和繁荣的挑战，也可以为政府部门提供促进区域发展的思路。

诺贝尔经济学奖获得者保罗·克鲁格曼（Paul Krugman）于1991年采用阿维纳什·迪克西特（Avinash Dixit）和约瑟夫·斯蒂格利茨的垄断竞争理论，构建了核心城市向农业腹地提供制造业产品的空间均衡模型[4]。他认为大都市的位置并不完全取决于资源的位置，还认为城市群在一定程度上产生于生产规模经济和市场规模效应之间的相互作用，并建立了一个简单的空间框架来构建城市区位，明确城市数量和规模及城市化程度的决定因素。

另外，20世纪80年代的新区域主义（New Regionalism）则将技术创新和知识创新[5]引入增长极理论，并提出了区域合作发展，进行回归分析。新区域主义学

---

[1] 珀努尔. 增长点·增长极·增长轴[J]. 开发研究, 1997（1）：28-29.
[2] 叶飞文. 海峡经济区：中国经济新增长极战略构想[M]. 北京：北京大学出版社, 2008.
[3] PORTER M E. Clusters and the new economics of competition[J]. Harvard business review, 1998, 76(6): 77-90.
[4] KRUGMAN P. First nature, second nature, and metropolitan location[J]. Journal of regional science, 1991, 33(3740): 129-144.
[5] 苗长虹, 樊杰, 张文忠. 西方经济地理学区域研究的新视角——论"新区域主义"的兴起[J]. 经济地理, 2002, 22（6）：644-650.

派还引入了公民社会和私人部门等主题，进一步丰富了增长极理论。

3. 增长极理论对成渝地区双城经济圈体育融合发展的启示

增长极理论可以在制定区域政策时发挥重要作用。增长极的关键是一个经济增长可以溢出到其他地区的经济体，"溢出"即在经济体自身增长的过程中，可以帮助其他经济体（区域）增长，通过量化贡献带动整个区域或者更大范围实现经济增长。增长极不但是经济活动的聚集地，而且能够刺激与其有密切联系的地区的经济活动。

增长极理论可以为成渝地区双城经济圈体育融合发展、体育全面改革和体育领域发展试验区的建立提供强有力的理论支持。一方面，成渝地区双城经济圈的功能定位原本就是继京津冀、长三角、粤港澳大湾区之后的我国"经济增长第四极"。在一定程度上，成渝地区双城经济圈要扮演好带动西部地区实现高质量发展的"重要增长极"的全新角色，要担负起破解我国区域发展不平衡与不充分问题"动力源"的历史重任，要充分发挥平衡整个国土的空间格局的历史使命，还要为新一轮西部大开发塑造"支点"、构建创新"策源地"。另一方面，成渝地区双城经济圈已经具有成都和重庆两个重要的体育发展"极核"，成都和重庆的经济体量、人口数量、经济社会发展水平等都远高于周边区域，如何发挥两个核心城市对周边区域的辐射效应、溢出效应及带动效应促进周边区域整体发展，是重要的理论和现实问题。

但不可回避的问题是，成渝地区双城经济圈体育及体育产业的发展，不仅仅要着眼于成都和重庆的体育及体育产业发展，成都和重庆地理上毗邻地区的体育产业发展及地区间的体育产业协同发展也至关重要。因为，从体量来看，成都和重庆的体育产业产值及增加值远超成渝地区双城经济圈中的其他区域；从带动发展程度来看，成都和重庆对其周边区域的体育产业发展并没有突出的带动作用；从未来发展规划来看，成渝地区双城经济圈中其他区域的体育产业发展规划远不如成都和重庆的规划明晰、长远；从区域间协同程度来看，成渝地区双城经济圈各区域间缺少统一谋划、一体部署，区域间的体育产业协同有待进一步深化发展。

基于以上，不管是从发展的过程还是结果来看，成渝地区双城经济圈体育产业想要得到高速发展，并将体育产业建设为成渝地区双城经济圈内国民经济的重要产业乃至支柱产业，都必须充分发挥成都和重庆的引领作用，带动成都都市圈及重庆都市圈发展、带动"两群"协同发力，进而引领中部凹陷区域体育产业协同发展，将成渝地区双城经济圈体育产业发展从"哑铃型"向"橄榄球型"格局转化，从而达到体育产业的高速发展目标。因此，成渝地区双城经济圈中部凹陷区域体育产业协同发展十分重要。

2.2 成渝地区双城经济圈体育融合发展的分析框架

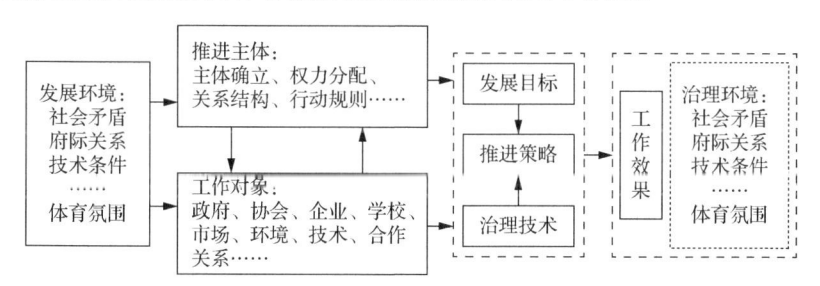

2.2.1 成渝地区双城经济圈体育融合发展的要素及其关系

成渝地区双城经济圈体育融合发展是各类相互关联、彼此影响的主体形成有机统一整体的过程；各主体之间相互竞争、相互合作，合作过程逐渐从无序到有序。成渝地区双城经济圈体育融合发展的要素如图2-1所示。

图2-1 成渝地区双城经济圈体育融合发展的要素

成渝地区双城经济圈体育融合发展的主体构成情况如图2-2所示。

成渝地区双城经济圈体育融合发展的理论与实践

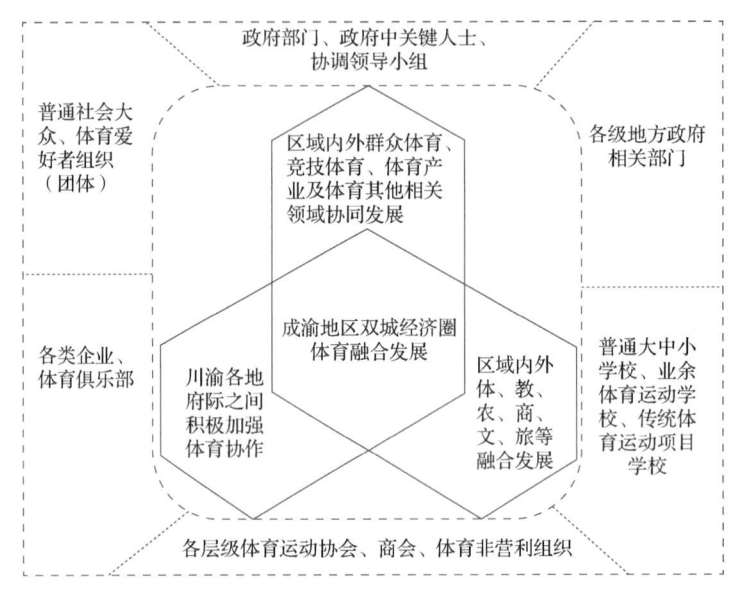

图 2-2 成渝地区双城经济圈体育融合发展的主体构成情况

第一类：政府部门、政府中关键人士、协调领导小组。政府部门要积极探索打破行政区划限制，统筹谋划区域体育布局和发展同城化布局；主要通过出台、制定促进体育发展的相关政策性文件及管理办法引导和促进区域体育融合发展。相关政策性文件及管理办法既包括国家层面政府部门出台的促进体育发展的相关文件及管理办法，如地方（省、自治区、直辖市）层面政府部门出台的关于国家文件的"实施意见""实施办法"等；也包括地方（省、自治区、直辖市）层面政府部门出台的促进地方体育或体育某一领域发展的相关意见或办法，如地方（省、自治区、直辖市）层面政府部门关于地方体育发展的相关"基金""引导资金""专项资金"等的额度及奖励范围等文件及管理办法；还包括地方（省、自治区、直辖市）层面政府部门出台的促进地方体育特色项目等发展的相关意见或办法，如地方（省、自治区、直辖市）层面政府部门出台的关于体育发展的税收减免及税收优惠等文件或办法；等等。除此之外，川渝两地政府中的关键人士、川渝两地政府部门组建的成渝地区双城经济圈体育融合发展协调领导小组等也将起到至关重要的作用。因为政府中的少数关键人士是成渝地区双城经济圈体育融合发展初

58

始阶段的核心动力。

第二类：各级地方政府相关部门。各级地方政府中的发展改革、财政、体育、教育、文化旅游、自然资源、乡村振兴、经信、税务、商务、公安、交通、农林、卫健等相关部门也在成渝地区双城经济圈体育融合发展中发挥重要作用；这些部门通过积极开展合作，共同参与，统一协调和配置资源，建立多方协作的领导协调机制，协调解决体育场馆建设用地、体育税收减免、体育公园建设、体育旅游重点项目开展等区域体育发展的重点、难点问题。

第三类：普通大中小学校、业余体育运动学校、传统体育运动项目学校。隶属于教育部门的普通大中小学校、隶属于体育行政管理部门的各类业余体育运动学校、体育和教育部门共建的各类传统体育运动项目学校等，也在很大程度上促进了区域体育的协同发展。各类院校既可以满足居民体育教育的基本需要，也可以通过组织跨区域体育赛事等建立区域之间体育交流交往和协作发展的渠道，还可以通过学校体育场馆对社会免费或低收费开放，破解城乡居民体育运动锻炼场馆匮乏与居民体育健身需要不断攀升的矛盾，激发城乡居民参与体育运动锻炼和体育消费的活力，培育城市浓厚的体育文化氛围和庞大的体育消费市场。

第四类：各层级体育运动协会、商会、体育非营利组织。它们在推动区域体育融合发展过程中发挥重要作用。我国将会进一步鼓励行业协会商会参与行业立法、规划、标准制定、数据统计、评估评价、诚信体系建设等工作[1]，这将在很大程度上有助于建立和完善体育行业发展规范、提升体育行业发展水平等；而且地区体育运动协会之间联合开展活动、联合举办体育赛事、联合开展竞技体育后备人才培养等，将提升区域间某一体育运动项目的融合发展水平。川渝两地内部的体育商会等组织可以通过互相结为友好商会、组团异地投资考察、协调体育行业关系等形式，实现资源共享、合作共赢；也可以通过商会之间定期或不定期的交流活动，满足会员需求并促进区域体育发展。川渝两地有四川省体育产学研促进

---

[1] 国家发展改革委，民政部，中央组织部，等．关于全面推开行业协会商会与行政机关脱钩改革的实施意见[EB/OL]．（2019-06-17）[2023-01-10]．https://www.gov.cn/xinwen/2019-06/17/content_5400947.htm．

会等涵盖学术交流、体育产业信息发布等在内的体育产学研协同创新发展服务平台，另外各协会的100余个体育产业企业的会员单位、川内多所体育院校等搭建政府与企业沟通的桥梁和校地、校企合作共赢的平台，将进一步为促进成渝地区双城经济圈体育融合发展贡献力量。

第五类：各类企业、体育俱乐部。成渝地区双城经济圈体育领域各类型企业之间积极开展合作、拓展市场等已经成为常态。未来，这些企业将在政府的引导和激励之下进一步服务于成渝地区双城经济圈体育融合发展工作，通过市场机制配置资源的内生性作用，进一步追逐区域内更为广阔的市场空间、更为便利的体育投资准入、更丰厚的体育投资收益等，持续为区域内居民提供更多、更丰富的体育产品，并为成渝地区双城经济圈体育融合发展注入更可持续、更重要的动力，为成渝地区双城经济圈体育产业及体育事业整体发展作出更大、更持久的贡献。另外，川渝两地相关部门推动的"川渝就业政策协同计划""川渝就业服务联动计划"等将促进川渝人力资源流动，助推两地一体化发展；川渝两地政务服务大厅的"川渝通办专区"提供的"营业执照实现异地互办互发"[①]业务为体育类小微企业异地注册和体育领域创新创业异地通办、登记注册等提供便利，也为两地市场监管部门从整体上把握某一领域生产经营活动提供便利及精准的数据，还有助于两地优化营商环境、提升营商环境法治化水平。

第六类：普通社会大众、体育爱好者组织（团体）。作为区域体育治理的重要组成部分，普通社会大众、体育爱好者组织（团体）等在促进区域体育融合发展过程中起到重要作用。成渝地区双城经济圈体育融合发展，说到底在于"人的融合"。川渝两地地缘相近、人缘相亲、经济相融，为体育领域的融合发展创造了条件。川渝两地不断完善的交通基础设施条件提升了两地人员往来、经济交流等的频繁程度；各类相关要素的自由频繁流动拉近了地区与地区之间及城市与城市之间的距离，区域间的生活也正在变得更便捷。因此，两地群众体育领域的异地休

---

① 申晓佳，刘佳．川渝营业执照实现异地互办互发 重庆四川间注册企业不再两地跑[N]．重庆日报，2021-01-14（4）．

闲健身消费、体育产业领域的异地参赛和联合办赛、异地体育赛事旅游等成为可能。体育领域内日益增加的异地交流交往活动，不仅有利于营造体育消费新场景、拓展体育消费市场，还有利于推动成渝地区双城经济圈餐饮、住宿、旅游等相关行业进一步发展。

2.2.2 成渝地区双城经济圈体育融合发展的发生机制

本小节试图就机制设计理论及规制经济学理论等基本理论对成渝地区双城经济圈体育融合发展的发生机制进行描述和解释，具体如图2-3所示。

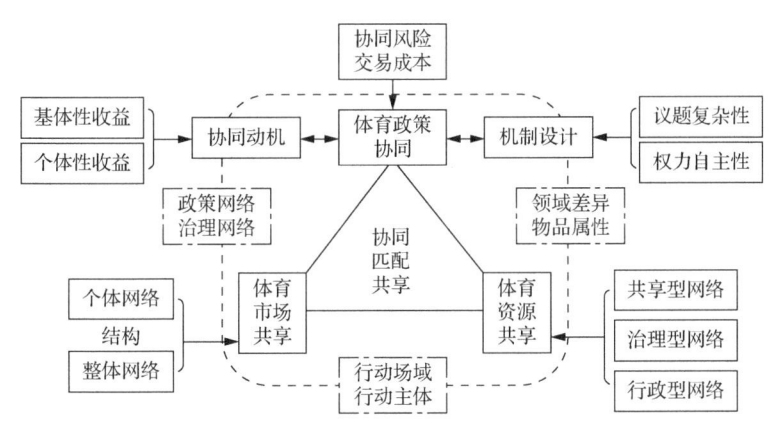

图2-3 成渝地区双城经济圈体育融合发展的发生机制

成渝地区双城经济圈体育融合发展的主要目标是通过构建区域体育融合发展功能性协同机制体系，实现成渝地区双城经济圈更优的体育发展社会效益、更大的体育经济利益、更新的区域体育形象、更好的区域社会发展水平，其主要形式是区域体育发展融合和体育工作领域融合。成渝地区双城经济圈体育融合发展的主要目标还包括通过协同作用机制，实现区域体育发展政策及规划布局等层级的"匹配"，实现区域体育和体育市场的"共建共享"。

匹配，涉及拆除壁垒、畅通联系、形成联盟。拆除壁垒就是要清除成渝地区双城经济圈各地的体育市场壁垒，取消地方体育保护政策，实现区域体育发展标准统一，为成渝地区双城经济圈体育融合发展奠定基础。畅通联系包括共享成渝

61

地区双城经济圈体育场馆和体育赛事等体育资源信息,定期召开联席会议,启动重大体育项目联合开发(运营)的事前、事中、事后沟通交流机制。在畅通联系方面,要实现区域体育基础设施的互惠及共享,方便区域居民休闲运动健身、跨境参赛交流等;还要进一步提升各地交通基础设施通达水平,缩短居民通勤时间。形成联盟指成渝地区双城经济圈体育发展应该立足互相开放和紧密合作,组建体育发展大联盟,依托川渝两地体育领域签署的"战略合作协议"、川渝毗邻区域、川渝交通大动脉等合作及融合发展的基础性条件,串联起区域内的体育项目、体育市场、体育资源,并进一步将跨区域的体育交流合作推向纵深阶段。在此基础上通过体育融合发展政策及成渝地区双城经济圈体育发展重大项目等平台,进一步巩固成渝地区双城经济圈体育融合发展基础、开放和开拓体育市场、完善体育融合发展机制、创新体育融合发展举措、提升体育融合发展实效及水平、促进区域体育高质量发展。

共建共享,既要打破成渝地区双城经济圈各地行政区划局限,统筹谋划和布局区域体育"大市场",又要实现成渝地区双城经济圈体育融合在政府主体、市场主体、社会主体等方面的协同作用。政府、市场及社会主体推进成渝地区双城经济圈体育融合发展的模式如图 2-4 所示。政府及精英领导者宏观层面的引导和授权,协调领导小组等制定的融合发展方案及协调领导小组的实质性推动,成渝地区双城经济圈体育企业的微观层面在体育领域的长期持续经营和获利,都会让成渝地区双城经济圈体育融合发展结构更加牢固,使成渝地区双城经济圈体育融合发展的道路走宽、走实。另外,要在成渝地区双城经济圈整体层面形成关于区域体育融合发展的广泛共识,"必须在意识形态和哲学信念层面得到广大群众的充分认同"[①],为推动区域体育融合发展提供持续的思想动力,为成渝地区双城经济圈体育融合发展营造良好的氛围。

---

① 秦鹏,刘焕. 成渝地区双城经济圈协同发展的理论逻辑与路径探索——基于功能主义理论的视角[J]. 重庆大学学报(社会科学版),2021,27(2):44-54.

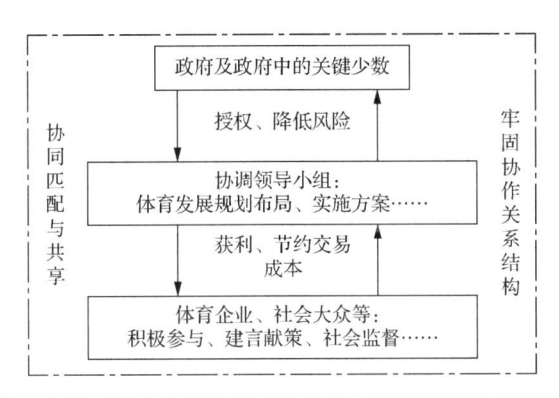

图 2-4　政府、市场及社会主体推进成渝地区双城经济圈体育融合发展的模式

需要注意的是，成渝地区双城经济圈体育融合发展过程中体育资源的匹配程度和区域体育市场的共享程度可以是紧密的，也可以是松散的，既无固定标准，也不能一刀切。一来，各地体育发展具有很强的"同构性"特征，即各地体育都涵盖群众体育、竞技体育、体育产业、体育文化等相关领域，每个地区都根据自身资源禀赋情况，布局了相关领域和部门。二来，体育发展在根本上依赖地方经济社会发展水平的提升、社会文明程度的提高和城乡居民体育思想观念的革新，这三者很难依靠跨区域的外部力量快速推动或依靠外部力量实现"质性"转变。

因此，成渝地区双城经济圈体育融合发展，就要基于协同、匹配和共享理念在区域各地建立联系紧密的区域体育发展命运共同体、区域体育发展利益共同体和区域体育发展责任共同体。区域各地在平等互利的基础上，通过制定各种体育融合发展机制化的政策、法规，设立相应的体育融合发展执行机构、策源机构和推进机构，减少各种体育领域生产要素跨区域流动的壁垒，实现区域各地体育领域所有参与主体的共同繁荣，提升区域体育发展的整体实力和综合竞争力。

2.2.3　成渝地区双城经济圈体育融合发展的逻辑

1. 理论逻辑

从理论上看，随着科技水平的持续进步和社会生产力的不断发展，行政区域之间的关系正逐步从相互独立（隔离）状态走向互相依赖的融合发展状态。这种融合发展既是区域社会进步后城乡居民全面发展的需要，也是破除区域发展不平衡不充分、进一步释放区域发展潜能、优化区域发展分工的需要。成渝地区双城经济圈体育融合发展，是区域体育发展要素和体育资源配置效率提升的过程，也是缩小区域体育发展差距的过程，还是区域体育要素流动性不断增强和区域间体育发展依赖性不断增强的过程。

成渝地区双城经济圈体育融合发展是跨区域协同治理不断深入、跨层级协同治理不断系统化、跨领域协作治理更加多元的现实要求。目前我国跨区域体育协同发展研究主要集中于跨行政区划的省（自治区、直辖市）域横向协作，关于纵向的不同层级体育发展主体之间的协作关系的研究较少，尚缺乏关于"网络化"的横向同级府际关系、纵向上下级府际关系、其他形态互相交错的体育治理主体关系并存的区域体育融合发展治理体系的研究。

区域网络化的体育融合发展治理机制、治理体系和治理网络的核心是降低区域体育协作风险、减少区域体育交易成本。在这一"网络化"的成渝地区双城经济圈体育融合发展治理结构中，既要满足体育发展议题复杂性和体育参与主体权力自主性的现实需要，也要理顺成渝地区双城经济圈体育融合发展治理网络在宏观、中观、微观层面的工作理论和推进方式。

2. 历史逻辑

推进成渝地区双城经济圈建设是党中央和国家推进的以城市群为抓手的区域一体化重大发展战略。体育有助于激活区域消费，拉动区域经济增长，促进体育事业和体育产业发展更好融入成渝地区双城经济圈建设战略，是推动形成"以国内大循环为主体、国内国际双循环相互促进"的新经济社会发展格局的成渝地区双城经济圈发展样板的现实之举。

成渝地区双城经济圈体育融合发展的推进方式具有显著的历史性特征，即不同的历史阶段有着与之相适应的体育融合发展方式。成渝地区双城经济圈体育融合发展显著地区别于成渝城市群体育协同发展。成渝地区双城经济圈体育融合发展是对 20 世纪 90 年代提出的成渝地区协同发展战略的深化和拓展；成渝地区体育协同发展强调的是传统的资源配置模式及手段，强调通过政府部门或体育行政管理部门的力量来推进区域体育资源配置；但由于区域行政区划的阻隔及目标任务的不同，协同难以实现，反而在一定程度上加剧了区域之间的竞争。成渝地区双城经济圈体育融合发展强调的是行政力量、社会力量、市场机制等多种资源配置机制并举及有机结合，以及社会和市场内生的发展驱动力，是在承认区域发展差异及区域体育发展分工差异基础上的深度协同和深入融合。

从时序演进看，我国经济正转向高质量发展阶段，成渝地区双城经济圈体育融合发展的核心目标就是要充分发挥市场和社会的作用，激活区域体育消费，助力国内大循环的形成，促进体育高质量发展。要激活体育消费，就需要进一步优化基础性体育资源在城乡之间的配置，破除阻碍体育公共产品更优配置的各种因素，而跨区域的协作和共享，可以更好地构建起区域体育共建共享格局，建构区域体育融合发展的促进机制，更好地满足社会大众的体育需求、解决区域体育发展不平衡的问题。

3. 实践逻辑

从实践角度看，成渝地区双城经济圈体育融合发展实践和鲜活案例，对于进一步推进成渝地区双城经济圈建设的重要性毋庸置疑。问题的关键在于：什么是成渝地区双城经济圈体育融合发展的有效方式？成渝地区双城经济圈各地体育资源禀赋差异如何？这种差异包括区域各地体育发展水平差异，区域各地体育资源禀赋差异，以及区域各地在经济增长水平、区域人口特征、区域一二三产业构成情况、禀赋条件等多个方面的差异。例如，体育场馆作为我国推动全民健身事业和体育产业发展的重要基础性资源要素，在体育事业发展上具有非常重要的作用；但成渝地区双城经济圈各地体育场馆资源禀赋差异巨大，作为成渝地区双城经济圈核心城市的成都具有丰富的体育场馆资源，而其他地区（市、州）的体育场馆资源则相对匮乏。成德眉资公共体育场馆设施情况如表 2-2 所示。另外，川渝各地经济社会发展水平各异,以初步进入"同城化"发展的成德眉资四城为例,分析其 2020 年 GDP 及经济发展情况,如表 2-3 所示。由此数据可以看出,德阳、眉山、资阳这三座城市在 2020 年取得了不错的经济发展成绩,但相对于成都差距较为明显。

表 2-2 成德眉资公共体育场馆设施情况

地区	公共体育场馆数量/个	公共体育场馆分布区域
成都	71	高新区、天府新区、锦江区、武侯区、成华区、龙泉驿区、青白江区、新都区、温江区、双流区、简阳市、邛崃市、崇州市、郫都区、金堂县、青羊区、金牛区、都江堰市、彭州市
德阳	7	什邡市、绵竹市、中江县各 1 个,主城区 4 个
眉山	10	青神县 1 个,仁寿县 2 个,丹棱县 3 个,主城区 4 个
资阳	5	乐至县、安岳县各 1 个,主城区 3 个

表 2-3 成德眉资四城 2020 年 GDP 及经济发展情况

地区	GDP/亿元	第三产业产值/亿元	第三产业占比/%	第三产业增长率/%	城镇可支配收入/元	城镇可支配收入增长率/%	农村可支配收入/元	农村可支配收入增长率/%
成都	17716.7	11643	65.7	3.6	48593	5.9	26432	8.5
德阳	2404.1	1002.7	41.7	3.7	39360	5.7	19790	8.4
眉山	1423.7	673.25	47.1	4.9	38892	5.8	19730	8.5
资阳	807.5	410.4	41.3	3.5	26173	5.7	19076	8.4

这些数据表明,成渝地区双城经济圈各行政区域之间在经济社会发展水平、体育发展阶段等方面的差距十分显著,这是推进成渝地区双城经济圈体育融合发展最为重要的实践背景。从这种现实背景出发,推进成渝地区双城经济圈体育融合发展的方式、手段、路径等应该坚持多元化和差异性原则,不能在全成渝地区双城经济圈范围内按某一方式、某一进度推进,应因地制宜地根据区域经济社会发展水平和体育资源禀赋有所差异。延伸开来,在制定成渝地区双城经济圈体育融合发展政策方面,也应该根据成渝地区双城经济圈各地区条件进行必要创新和方式探索。

4. 制度逻辑

从制度逻辑的角度看，成渝地区双城经济圈体育融合发展区别于其他地区、其他行业（经济社会领域），成渝地区双城经济圈体育融合发展处在国家区域一体化、以国内大循环为主、进一步扩大内需的经济社会转型发展背景下。必须结合成渝地区双城经济圈经济社会转型来看待成渝地区双城经济圈体育融合发展的现实问题，必须关注体育发展与市场化、城镇化、人口老龄化、乡村振兴等的关联关系。张学良等的统计表明，2016年成渝地区双城经济圈的16个城市中"有9个城市人口自然增长率为负"[①]。体育对于扩大内需、提升老龄人口生活质量、推动乡村振兴等具有重要作用，但我国体育发展的现实是，体育领域获得财政支持等的力度相对降低。因此，成渝地区双城经济圈体育融合发展必须从政策和制度层面激发社会体育组织、广大体育企业和市场微观主体的积极性，只有这样成渝地区双城经济圈各地的体育资源才是基于市场配置资源和各类体育微观主体理性选择的真正融合，成渝地区双城经济圈体育融合发展才具有可持续性。

此外，区域体育发展在很大程度上依赖区域体育基础设施供给情况，因此必须从制度及政策层面进一步提高城乡体育基础设施和体育公共服务均等化供给水平。除了提升城乡体育基础设施供给水平，还要破除阻碍区域体育发展的隐性政策。例如，取消商业性和群众性体育赛事审批权后，业余体育赛事办赛难的操作层面困境亟待破除，亟须建立起成渝地区双城经济圈体育竞赛表演业"一站式"服务保障机制。

2.2.4 成渝地区双城经济圈体育融合发展的现实动因

1. 域内层面：体育发展转型带来的机遇与挑战

中国经济进入"新常态"，经济社会各领域的变化给区域体育高质量发展带来

[①] 张学良，张明斗，肖航. 成渝城市群城市收缩的空间格局与形成机制研究[J]. 重庆大学学报（社会科学版），2018，24（6）：1-14.

了新机遇和新挑战。

虽然城乡居民体育需求多样化，但是区域体育产业及体育发展相关领域响应社会大众多样化体育需求的能力仍然滞后。随着城乡居民可支配收入水平和自身消费观念等的不断变化，社会大众对体育发展的需求日益拓展、变化，呈现出明显的多元化、多样性、差异性特征。城乡居民对体育的需求不仅体现为体育用品及服装鞋帽等实物形态的产品需求，还体现为体育竞赛表演观赏、体育健身休闲、体育运动技术技能习得、体育运动技术技能展示（秀）等多方面的服务形态的体育产品需求。目前，我国第三产业中的文化、旅游等相关产业发展已经较为充分地适应并满足了我国城乡居民文旅等领域需求的变化。区域体育应该思考如何更好地顺应经济社会发展态势，创新供给形式和方式，破解发展中的竞技体育领域成本过高、体育场馆经营利用效益较低等负外部性，更好地满足城乡居民对体育产品和服务的多样化需求。

成渝地区双城经济圈涵盖成都和重庆两个核心城市，还涵盖川渝两省（市）绝大部分地区；核心城市和其他相关地区在体育发展模式、体育发展水平、体育治理方式等方面都存在着较大差异。为此，在成渝地区双城经济圈体育融合发展过程中，需要思考如何进一步发挥增长极的"溢出效应"、提升区域之间的协同效应、优化区域之间的体育利益共享效应，助力成渝地区双城经济圈体育整体发展。

2. 体育发展层面：动力系统变革带来的机遇与挑战

虽然区域之间、城乡之间体育发展联动程度不断加深，但区域体育融合发展方式趋同化问题仍然明显。党的十八大以来，党中央一直强调要发挥市场配置资源的决定性作用，加速推进区域一体化发展进程，通过互补互促及整体布局实现区域融合发展、协同发展。但从成渝地区双城经济圈体育融合发展模式及路径来看，以地区与地区之间零散分布的官方层面"结对"合作为主，融合发展方式以签订"战略合作协议"为主；体育融合发展深入推进的程度不足，吸纳社会和市场参与的广度不够，体育融合发展方式的创新程度较低，体育融合发展手段与内容的同质化程度较高。因此，如何从产业、生态、创新方面系统推进成渝地区双城经济圈体育融合发展，如何从科学研究、系统规划与合理行动等多个层面全方位促进成渝地区双城经济圈各地各类体育发展主体在群众体育、体育产业等相关体育领域开展广泛而深入的合作，是当前需要解决的问题。

成渝地区双城经济圈体育融合发展概述 3

川渝一省一市原本就是"一家"。重庆成为我国第四个直辖市后,两地持续开展经济社会发展各领域的合作;成渝地区双城经济圈各地持续关注并推动体育之间的合作与交流。新时期,需要厘清如何进一步深化成渝地区双城经济圈体育融合发展。

3.1 成渝地区双城经济圈建设及其演进历程

积极推进成渝地区双城经济圈建设,是调整经济社会发展空间结构、提升区域发展联动水平、优化我国区域之间协调发展的重要布局措施。在"双循环"背景下,积极推进成渝地区双城经济圈建设,既可以提高区域经济发展效率,又可以培育和创造更大的市场;在城镇化背景下,积极推进成渝地区双城经济圈建设,既可以提质成渝"双城"发展、打造内陆改革开放"高地",又可以很好带动周边南充、内江、永川等成渝地区双城经济圈的"凹地"区域,形成一体化发展的"都市圈"。国家层面推进成渝地区双城经济圈建设的历程及标志性事件如表3-1所示。

表3-1 国家层面推进成渝地区双城经济圈建设的历程及标志性事件

时间	标志性事件	内容
1994年	四川省委、省政府提出"依托两市、抓好两线、开发两翼、带动全省",形成成渝经济高速发展走廊	提出"成渝经济走廊"
2003年8月	中国科学院中国区域发展问题研究组发布的《中国西部大开发重点区域规划前期研究》提出积极构建以成渝两大都市为中心、各级核心城市相互联系和合作的双核城市群[①]	第一次出现成渝经济区的概念

---

① 佚名. 中科院公布西部开发重点[J]. 西部大开发, 2003(9): 77.

3　成渝地区双城经济圈体育融合发展概述

续表

时间	标志性事件	内容
2004年2月	四川和重庆签署《关于加强川渝经济社会领域合作,共谋长江上游经济区发展的框架协议》和交通、旅游、农业、公安、文化、广播电视六个方面的具体协议	两省市签署合作框架协议及多领域具体合作协议
2005年9月	国家发改委研究项目:《共建繁荣:成渝经济区发展思路研究报告——面向未来的七点策略和行动计划》	第一次对成渝经济区开展的专题研究
2006年12月	国务院常务会计审议并原则通过《西部大开发"十一五"规划》	明确"建设成渝经济区"
2007年4月	四川和重庆签署《关于推进川渝合作、共建成渝经济区的协议》	充分发挥各自科技优势,联手打造"第四经济增长极"
2008年10月	四川和重庆签署《关于深化川渝经济合作框架协议》	深化川渝经济合作
2011年5月	国务院常务会议正式同意批复《成渝经济区区域规划》	成渝经济区区域规划
2015年5月	四川和重庆签署《关于加强两省市合作共筑成渝城市群工作备忘录》	重庆、成都两地未来将加强合作,推动交通、信息和市场一体化
2015年11月	成渝高铁正式通车运营	成渝高铁是连接成渝的第一条高铁
2016年5月	国家发展和改革委员会、住房和城乡建设部联合印发《成渝城市群发展规划》	成渝城市群发展规划
2018年6月	四川和重庆签署《深化川渝合作深入推动长江经济带发展行动计划(2018—2022年)》和12个专项合作协议	签署合作协议
2019年7月	四川和重庆签署《深化川渝合作推进成渝城市群一体化发展重点工作方案》	成渝城市群一体化发展重点工作方案
2020年1月	召开中央财经委员会第六次会议	提出"成渝地区双城经济圈"
2020年10月	中共中央政治局召开会议	审议《成渝地区双城经济圈建设规划纲要》
2021年10月	中共中央、国务院印发《成渝地区双城经济圈建设规划纲要》	出台《成渝地区双城经济圈建设规划纲要》
2022年1月	四川省人民政府办公厅、重庆市人民政府办公厅印发《成渝地区双城经济圈优化营商环境方案》的通知	优化区域营商环境
2022年2月	生态环境部、国家发展和改革委员会、重庆市人民政府、四川省人民政府印发《成渝地区双城经济圈生态环境保护规划》	到2035年,美丽中国先行区基本建成

续表

时间	标志性事件	内容
2023年3月	四川省人民政府、重庆市人民政府印发《推动川南渝西地区融合发展总体方案》	推动川南渝西地区融合发展
2023年5月	中共四川省委、四川省人民政府提出关于支持川中丘陵地区四市打造产业发展新高地加快成渝地区中部崛起的意见	支持川渝毗邻地区融合发展

川渝融合发展逐渐上升为国家战略。1997年6月，重庆成为直辖市后，四川主动调整了区域生产力布局和发展战略，与重庆形成新型战略伙伴关系。2001年，成渝地区积极融入西部大开发战略，并成为西部大开发"重点经济区"；《西部大开发"十一五"规划》提出的积极"提高城市综合承载能力，发挥聚集效益和带动作用"，鼓励以"城市群"的形式形成集聚发展，为成渝经济区进一步融合发展指明了方向。2004年2月，四川和重庆签署的《关于加强川渝经济社会领域合作，共谋长江上游经济区发展的框架协议》和交通、旅游、农业、公安、文化、广播电视六个方面的具体协议（又称"1+6"川渝合作协议），将成渝经济区建设上升到地方政府层面。2007年6月，在成渝区域设立"全国统筹城乡综合配套改革试验区"；2011年3月，国家发展和改革委员会提出要把成渝地区"建设成为西部地区重要的经济中心"上升到国家战略层面。2015年，四川和重庆联合签署《关于加强两省市合作共筑成渝城市群工作备忘录》，明确要加强合作，推动交通、信息和市场一体化。2016年5月，国家发展和改革委员会及住房和城乡建设部联合印发《成渝城市群发展规划》，提出了以创新驱动、保护生态环境和夯实产业基础为支撑，形成大中小城市和小城镇协同发展格局。

商界精英积极为成渝地区融合发展贡献力量。自2006年以来，由四川省工商联、重庆市工商联等联合举办的泛成渝经济圈商会合作峰会已成功举办了九届（次），架起了川渝两地民营企业及商会合作的桥梁，民营企业及商会成为推动成渝地区区域经济协调发展的重要力量。

经过20余年的探索，成渝地区已经形成以成都和重庆两个城市为核心，以南充、内江、永川等一系列区域性核心城市和城市群为骨干，以区域内中小城市和城镇为基础的区域城市体系。双核和中小城市体系在地理分布上呈现"双核五带"的格局[①]。政府部门、商会、企业等成为推动成渝地区双城经济圈融合发展的关键力量。学术研究已经从宏观的发展战略及总体思路研究转移到发展的重点任务及推进策略、协同创新及支撑体系、协同开放的政策体系及产业体系研究等。

3.2 成渝地区双城经济圈体育融合发展的现实基础

3.2.1 相关领域的合作已为全面融合发展奠定了基础

区域统筹协调发展的理念早已深入人心。在全国区域合作的大势推动下,特别是在国家发展和改革委员会把成渝经济区列入《西部大开发"十一五"规划》等重大区域合作发展战略的影响下,四川和重庆两省市政府、社会各领域间的协同及合作意识大大增强。川渝两地各领域的合作实践早已持续开展。川渝两地地缘相接,经济、社会、文化各领域联系非常密切,两地各领域、各部门早已围绕"一带一路"倡议及长江经济带建设、成渝经济区建设等国家战略开展资源环境、教育、科技、文化、旅游等方面的交流合作,初步建立起了共建共享、共同构筑川渝的全面合作格局。2020—2021年川渝两地体育领域合作情况如表3-2所示。

表3-2 2020—2021年川渝两地体育领域合作情况

时间	合作行为	合作内容
2020年5月25日	四川省体育场馆协会与重庆市体育场馆协会签订《共同推动成渝地区双城经济圈体育场馆协同发展战略合作框架协议》	川渝体育场馆一卡通、体育产业区域联动发展、体育场馆运营标准互认、合作推动体育赛事发展、协同培养区域体育场馆运营管理人才、场馆运营经验共享

---

① 刘世庆,林睿.成渝经济区城市化进程的现状与愿景:自经济地理观察[J].改革,2013(10):77-86.

续表

时间	合作行为	合作内容
2020年9月30日	开展成渝地区双城经济圈建设首届体育高峰论坛	以"成渝双城经济圈建设与'城市体育'发展"为主题，共谋成渝体育何以可为、何以当为，共襄成渝地区双城经济圈建设
2020年10月26日	召开2020成渝地区双城经济圈文体旅产业融合发展峰会	研讨成渝地区双城经济圈文体旅产业融合发展
2021年2月19日	重庆市体育局、四川省体育局共同召开视频会议	签署《川渝体育深化融合发展施工图》和《成渝地区双城经济圈体育产业协作协议》
2021年3月9日	召开川渝体育产业协同发展座谈会暨协作领导小组第一次会议	就《川渝体育深化融合发展施工图》、2021年成渝地区双城经济圈体育产业协作事项清单、2021年度体育产业协作工作计划等事项进行了深入交流

3.2.2 便利的交通改变了区域居民体育生活及消费场景

互相补充的川渝综合交通体系让跨区域体育消费成为可能。成渝地区双城经济圈内部的公路、高铁、城铁、通信各类基础设施实现了互联互通，"公路、铁路、水运和航空之间的无缝衔接"[1]为推进成渝地区双城经济圈体育融合的纵深发展提供有效保障。成渝地区双城经济圈内部"五横三纵"的交通网络和不断延伸的城际地铁等让区域内交通基础设施"一体化"进程得到不断推进。数量不断增加的跨省城际公交线路、成渝地区双城经济圈地铁和公交系统的一卡通让两地居民交通出行的互通互乘得以实现，从根本上消解了成渝地区双城经济圈的空间限制。便利的交通基础设施保障在很大程度上消解了空间距离对成渝地区双城经济圈各地居民跨区域运动健身、休闲生活、体育参赛、体育观赛、体育旅游等的束缚，让成渝地区双城经济圈各地居民体育生活半径不断扩大、跨区域的体育休闲生活频次不断增加，异地休闲体育活动正在成为成渝地区双城经济圈的时尚要素。

---

[1] 刘世庆，齐天乐. 嘉陵江流域：构建成渝经济区北部新兴经济带和增长极[J]. 软科学，2012，26（12）：83-87.

3.2.3 休闲生活观念及风尚助力体育消费习惯养成

成渝地区双城经济圈区域共有的历史记忆和文化渊源及浓厚的休闲生活文化氛围为区域体育融合发展提供了深厚的土壤；两地丰富的美食、音乐、文化、时尚等沉浸式体验文旅资源和街巷生活体验旅游线路，为"体育+文化+创意+体验"产品开发及运动休闲消费水平提升奠定了资源基础；区域内不断丰富的体育运动休闲及文化旅游消费风潮、形式多样的体育消费需求和正在释放的体育消费潜力，为区域体育融合发展培育了消费群体和消费动机，为区域文化、体育、旅游等相关产业融合发展培育了庞大的消费市场。

3.2.4 政策倾斜提升了区域体育融合发展潜力

我国正在积极推进的"一带一路"倡议、长江经济带战略、新型城镇化战略及其对区域发展提出的强化协同、优化格局要求，对成渝地区双城经济圈体育融合发展提出了新要求。成渝城市群培育策略提升了川渝两地基础设施互联互通程度，刺激城市资源环境承载能力不断增强，为区域体育融合发展提供有利条件。成渝地区双城经济圈新型城镇化进程不断提速，重大基础设施及公共资源配置加快向两地城镇化地区倾斜，区域城镇体系优化及城镇服务功能水平提升，为川渝两地加快形成体育融合发展的空间格局提供有力支撑。

3.2.5 较高经济社会发展水平为体育发展奠定了基础

据四川省统计局、国家统计局四川调查总队发布的《2022年四川省国民经济和社会发展统计公报》可知，2022年末全省常住人口为8374万人，其中城镇人口为4886.2万人，农村人口为3487.8万人。2022年，四川居民人均可支配收入为30679元，城镇居民人均可支配收入为43233元，农村居民人均可支配收入为18672元；城镇居民人均消费支出为27637元，农村居民人均消费支出为17199元。据重庆市统计局、国家统计局重庆调查总队发布的《2022年重庆市国民经济和社会发展统计公报》可知，2022年末全市常住人口为3213.34万人，其中城镇人口为2280.32万人，农村人口为933.02万人。2022年，重庆居民人均可支配收入为35666元，城镇居民人均可支配收入为45509元，农村居民人均可支配收入为19313元。2022年川渝居民人均可支配收入及其变化情况如表3-3所示。成渝地区双城经济圈较高的经济社会发展水平和浓郁的休闲生活氛围，让体育运动休闲及体育文化旅游消费成为风潮，形式多样的体育消费需求正被激活、区域体育消费潜力正被释放。

表3-3　2022年川渝居民人均可支配收入及其变化情况

地区	全省市情况 绝对量/元	比上年增长/%	城镇居民 绝对量/元	比上年增长/%	农村居民 绝对量/元	比上年增长/%
四川	30679	5.5	43233	4.3	18672	6.2
重庆	35666	5.5	45509	4.6	19313	6.7

资料来源：根据《2022年四川省国民经济和社会发展统计公报》《2022年重庆市国民经济和社会发展统计公报》相关数据整理而得。

成渝地区双城经济圈不断增加的公共预算支出为区域体育事业发展提供了保障。另外，用于社会福利、体育事业发展等方面的政府性基金预算支出，将为成渝地区双城经济圈文化旅游及体育事业发展提供基础性支撑。

3.2.6　丰富的资源为体育发展提供了基本保障

各地丰富的体育场馆资源为成渝地区双城经济圈体育产业融合发展奠定了基础。体育场馆是开展群众体育活动和体育经济活动的基础性载体，对地方体育事业发展及体育产业结构优化具有重要作用。川渝大型体育场馆数量统计如表3-4所示。成渝地区双城经济圈各地还有所属教育系统和其他各类的体育场馆资源若干，拥有大量遍布城乡的"全民健身路径"等公共体育场地资源。这些数量庞大、种类多样、可开展项目众多的体育场馆资源为成渝地区双城经济圈体育竞赛表演业、体育培训业、运动休闲健身业、体育会展业等的更好发展提供了基础性保障条件。

表 3-4 川渝大型体育场馆数量统计

场馆类型	座位数/个	四川	重庆
体育场	60000 及以上	0	1
	40000～59999	0	1
	20000～39999	14	21
体育馆	10000 及以上	0	0
	6000～9999	1	2
	3000～5999	65	33
游泳馆	6000 及以上	0	0
	3000～5999	1	0
	1500～2999	3	11

资料来源：根据 2019 年 7 月国家体育总局公布的 2019 年中央财政资金补助的大型体育场馆名单整理而得。

注：根据国家体育总局、财政部印发的《关于推进大型体育场馆免费低收费开放的通知（体经字〔2014〕34 号）》可知，大型体育场馆指座位数为 20000 个（含）以上的体育场、座位数为 3000 个（含）以上的体育馆、座位数为 1500 个（含）以上的游泳馆/跳水馆。

成渝地区双城经济圈合作运营的体育场馆一卡通，有助于整合利用各地各类体育场馆资源，并进一步助力成渝地区双城经济圈全民健身运动、体育经济活动融合发展。《共同推动成渝地区双城经济圈体育场馆协同发展战略合作框架协议》提出，要联合打造体育场馆联盟，推进川渝体育场馆一卡通运行[①]。一卡通运营模式，既可以更好地满足各地群众多样化的运动休闲健身需求，进一步推进区域体育场馆经营模式创新，开展多种形式的体育场馆经营模式创新，提升体育场馆经营绩效，扭转我国绝大部分体育场馆长期亏损的局面；又可以依托成渝地区双城经济圈各地的体育场馆资源，联合打造区域资助 IP 体育赛事，申办和承接更多更高规格的体育赛事，举办丰富多彩的群众性体育赛事，联合成渝地区双城经济圈体育消费新场景，优化成渝地区双城经济圈体育产业结构和提升体育产业发展水平。

此外，成渝地区双城经济圈各地丰富的以山林、水体、民风民俗形式存在的自然和人文体育资源，特有的美食、红色旅游等沉浸式文化资源及旅游资源，为开展区域特色的"文化+体育+旅游+生态+农业"产品创新提供了条件。

---

① 包婧. 成渝体育 CP 值得期待[N]. 重庆晨报，2020-05-26（8）.

3.3 成渝地区双城经济圈体育融合发展的主要困境

3.3.1 区域之间发展水平差异巨大

成渝地区双城经济圈涵盖了重庆 31 个区县和四川 15 个市，其中成渝城市群以成都和重庆主城两市为双核，以遂宁为成渝北弧核心城市，以内江为成渝南弧核心城市，以资阳为成渝直线核心城市和成渝几何核心城市。成渝地区双城经济圈内包括以德阳、绵阳、乐山、眉山、资阳、遂宁、雅安 7 市为依托的"环成都体育产业发展区"，以自贡、泸州、内江、宜宾 4 市为依托的"川南体育产业发展区"，以广元、南充、广安、达州、巴中 5 市为依托的"川东北体育产业发展区"[1]，还有以万盛、双桥、綦江、潼南、铜梁、大足、荣昌、璧山、江津、合川、永川、南川 12 区县市组成的"渝西经济走廊"[2]。

数据显示，2019 年四川体育产业产值为 1300 亿元，增加值为 335 亿元[3]。同年重庆体育产业产值为 504.72 亿元，增加值为 213.55 亿元[4]。在 2019 年四川体育产业产值中，仅成都的体育产业产值就有 732.6 亿元，占整个四川体育产业产值的一半以上[5]。除成渝地区双城经济圈双核城市外，其他城市的体育产业产值与双核城市的相差甚远，并且其体育产业产值增加值和体育产业发展目标值与双核城市的也相差甚远，甚至其未来体育产业发展目标值都远远比不上现下双核城市体

---

[1] 佚名. 四川省人民政府办公厅关于促进全民健身和体育消费推动体育产业高质量发展的实施意见[J]. 四川省人民政府公报，2020（15）：8-12.
[2] 陈鑫. 渝西经济走廊制造业分工研究[D]. 重庆：重庆工商大学，2010.
[3] 谢华. 四川省体育经济发展的战略与路径研究——基于区域产业增长极培育视角[J]. 商展经济，2021（1）：33-35.
[4] 重庆市体育局，重庆市统计局. 重庆市体育局 重庆市统计局联合发布 2019 年重庆市体育产业总规模和增加值数据公告（第 1 号）[EB/OL].（2021-01-05）[2023-01-01]. https://tyj.cq.gov.cn/zwxx_253/tzgg/202101/t20210105_8736881.html.
[5] 邓红杰. 总产值突破 700 亿元 成都体育休闲产业驶入发展快车道[EB/OL].（2020-04-23）[2023-01-10]. https://www.sport.gov.cn/n315/n20066836/c20615577/content.html.

育产业产值的增加值。2022年成渝地区双城经济圈相关城市体育产业产值情况如表 3-5 所示。综上可见，成渝地区双城经济圈中部地区及其他地区体育产业发展相对滞后。

表3-5 2022年成渝地区双城经济圈相关城市体育产业产值情况

地区	产值/亿元	增加值/亿元	增加值占GDP比重/%
重庆	694.3	279.6	1.0
四川	2170.8	792.7	1.4
成都	1005.3	386.7	1.9

资料来源：根据《四川省体育局　四川省统计局2022年四川省体育产业统计公报》《2022年成都市体育产业专项统计调查报告摘要》《2022年重庆市体育产业总规模及增加值数据公告》等整理而得。

成渝地区双城经济圈建设是国家战略，也是一项系统性工程。在这项系统性工程的建设中，需要突出成都和重庆双核城市的引领带动作用，统一规划、一体部署、相互协同、共同实施。现今成都和重庆的体育产业产值巨大，体育产业发展位列于高速发展行列之中，今后两地的体育产业将在成渝地区双城经济圈建设和"世界赛事名城""体育强市"的规划发展中愈加壮大，成为国民经济的重要产业乃至支柱产业指日可待。

3.3.2　区域之间体育发展协同程度有待提升

（1）缺乏深刻长远的区域体育产业协同发展理念和政策规划。成渝两地虽然文化同宗同源，但耿直豪爽的巴文化与精致细腻的蜀文化客观上存在较大的差异，造成成渝两地民间文化的彼此较劲，多年来未曾意识到抱团发展、合作共赢[①]。一体化发展理念的缺失导致现今成渝两地政府及体育相关部门各自为政、相对封闭的发展格局，使成渝地区双城经济圈体育产业发展缺乏区域体育产业协同发展理念和明晰长远的发展政策及规划。例如，横跨成渝地区双城经济圈主轴的内江和自贡早在2019年就已通过《协同推进内自同城化发展合作协议》，协议针对两地

---

① 李中庆，杨晋平. 成渝地区双城经济圈建设背景下体育产业协同发展路径探索[R]. 西安：第一届陕西省体育科学论文报告会，2021.

之间的交通、民生保障、教育资源、旅游同城等做出了一定的规划，尽管后续也出台了《内自同城化发展体育合作协议》，但内自同城化在体育协同发展领域的规划建设还远远落后于其他规划。同样，由南充、达州、广安等城市组成的"川东北经济区"以天然气化工业、汽车汽配业、商贸物流业等为支柱产业，但经济区内区域间体育产业的协同发展十分滞后，仍旧缺乏其专属的体育产业发展规划，同时南充、达州等经济领先城市没有起到带动作用，与经济区其他相对落后城市之间缺乏明确的体育产业协同发展政策。

（2）缺乏区域体育产业协同发展示范区。目前，"环成都体育产业发展区""川东北体育产业发展区""渝西经济走廊"等体育产业发展区不但缺乏有效的协同发展机制、在重点体育项目布局上缺乏顶层设计[①]，而且缺乏引领带动的优秀示范区。成渝地区双城经济圈发展本质为突出核心城市的带动作用，牢固树立一体化发展理念，增强协同创新发展能力。那么在成渝地区双城经济圈中部凹陷区域的体育产业发展中，也可突出优秀城市和地区的引领带动作用，在这些城市和地区中优先培养一批区域体育产业协同发展示范区，示范区充分发挥其辐射效应，最终实现体育产业发展相对滞后的城市和区域的共同发展。

3.3.3 区域体育影响力有待进一步增强

成渝地区双城经济圈体育影响力有待进一步增强主要表现为缺乏区域体育产业的自主品牌。成渝两地体育产业分别在"世界赛事名城"和"体育强市"的建设推动下逐渐壮大，在体育产业高速发展的同时，一大批城市体育品牌随之创立发展起来。例如，成都市体育局创办的"运动成都"品牌在其"三步走"长远规划中逐渐广为人知，四川和嘉天健体育文化股份公司打造的 IP 赛事"唯快不破"也深受人们喜爱和支持。可对成渝地区双城经济圈中部区域来说，中部地区城市群在拥有庞大的消费群体和丰富的人文自然资源的条件下，却缺乏自主的、名声响亮的区域体育品牌。也正是因为如此，尽管中部区域蕴含着巨大的体育消费潜

---

① 李玥峰. 新发展理念下成渝双城经济圈体育产业协同发展的困境及对策研究[R]. 西安：第一届陕西省体育科学论文报告会，2021.

能，但一直缺少激发区域居民消费动力的助力剂，因此中部区域体育产业发展深受阻碍。

3.4 成渝地区双城经济圈体育融合发展的目标

成渝地区双城经济圈需要以全新的理念、更高标准的体育发展制度设计推进区域共同市场建设，并从体育产业、群众体育、竞技体育等关键领域和具体项目着手，切实推动区域体育发展理念变革、创新区域体育发展动力变革、优化区域体育协同发展手段、合理配置区域体育资源、提高区域体育全要素生产率。成渝地区双城经济圈体育融合发展，要瞄准体育行业及体育产业未来的竞争高地，通过融合促进代表行业发展方向的新体育公共产品和公共服务及体育产业中新产业和新业态的出现；还要结合当前的突出问题，突破区域体育发展的瓶颈，以目标为导向，在顶层设计和规划布局两个领域，重点推动四条融合路径的创新和体育发展实践。成渝地区双城经济圈体育融合发展的主要目标如表3-6所示。

表3-6 成渝地区双城经济圈体育融合发展的主要目标

顶层设计	空间布局	重点领域	融合目标
互补协同、共建共享的协同发展格局	全域一体、集聚与分散，城市（镇）圈协同发展	体育产业	优化体育产业结构，促进体育高质量发展
		群众体育	落实全民健身国家战略，助力健康中国建设
		竞技体育	提高竞技体育供给效率，提升竞技体育综合实力
		体育特色项目	区域特色项目品牌塑造

3.4.1 深入推进区域体育产业联动

1. 优化体育产业一体化布局

优化区域体育产业布局，不但要前瞻性地考虑成渝地区双城经济圈体育产业发展方向（即发展轴的问题），而且要考虑发展步骤（即"分区+分步"发展的问题）。也就是说，要共同编制体育产业一体化发展规划，并围绕体育产业链、创新链、价值链升级发展方向，以及区域一体化发展方向进行布局。一方面，根据各地不同的经济基础和体育发展基础进行体育产业的错位发展，避免同质化竞争，即在尊重各地原有体育优势产业的基础上，充分发挥各地特色体育产业资源优势，发挥互补功能形成区域合理的体育产业分工。另一方面，基于成渝地区双城经济圈全域一体、集聚与分散相结合的空间布局，形成独具特色的区域体育产业网络。既要发挥成都和重庆两个核心城市的带动作用，又要建立起由二三线城市构成的区域体育产业"多点"支撑网络，形成成渝地区双城经济圈区域体育产业布局及分工合作格局。

2. 联合孵化区域体育产业品牌

推动建立成渝体育产业联盟，初步搭建"以企业为主体、以市场为导向、以政府为引导"的区域体育产业联合孵化及培育平台。着力扶持四川体育产业集团有限公司、重庆市涪陵区奥体中心经营管理有限公司等一批有自主品牌、创新能力和竞争实力的重点体育企业；支持体育"小巨人企业"实施跨地区兼并重组，打造区域体育产业集团和产业联盟。以成都天府新区天府奥体公园建设、重庆万盛经济技术开发区"国家级体育产业示范基地"打造等为抓手，更好发挥"示范项目"和重点项目对周边地区及相关领域的引领作用与带动效应。

3. 联合规划建设区域体育产业发展服务平台

充分利用规划建设中的成都天府新区天府奥体公园及成都体育学院新校区体育场馆群落等资源，构建和完善成渝地区双城经济圈体育产权交易中心、成渝地区双城经济圈体育技术合作与交易中心、成渝地区双城经济圈体育产学研对接平台、成渝地区双城经济圈体育创新孵化基地、成渝地区双城经济圈体育创新产业园和成渝地区双城经济圈体育创业发展平台等，打造区域体育产业发展服务平台。借助这些平台，为成渝地区双城经济圈乃至国内各类体育知识产权交易、体育人才交流等提供帮助；借助这些平台，举办成渝地区双城经济圈体育IP专题推介会、成渝地区双城经济圈体育IP专场招商会和成渝地区双城经济圈专场体育产业项目路演等,对接体育领域内的投资、产品创新、产权交易和体育项目优化及运营;借助这些平台,邀请银行及知名金融机构、投融资机构、基金会等,举行体育IP投融资对接专场会,提升体育产业资源配置绩效,引领体育产业发展。

4. 联合打造一批国际性、区域性品牌赛事

积极学习和借鉴韩日世界杯足球赛式的"一赛两地"模式;创新高规格体育赛事的"共同办赛"模式;探索成渝地区双城经济圈各个城市之间"轮流办赛"等各类体育办赛新模式;共同发力,争取更多高级别、高规格、综合性体育赛事落户成渝地区双城经济圈;合力引进国际田联系列赛等有较高国际影响力和全球知名度的单项体育赛事与商业性体育赛事落户成渝地区双城经济圈。结合美丽乡村建设的政策优势、川渝丘陵地区的资源优势,开展健步走、山地越野、新年登高等活动;择优联合培育其中的有广泛知名度和美誉度的体育赛事及成渝地区双城经济圈自主IP赛事。

3.4.2 加快推进区域群众体育融合

共建共享,以加强区域公共体育场馆及设施建设、优化区域群众体育发展的组织体系、完善区域内各类体育公共服务及产品供给、完善全民健身"软基建"等为主要抓手,落实全民健身国家战略;让群众体育向着"全民健身,使全社会充满活力"的目标迈进。需要注意的是,区域体育融合发展,归根结底是人类对象化的产物,与我们追求什么样的生活及生活方式紧密相关。因此,区域群众体育融合发展只有回到人的主体性和实践性上,回到人们日益增长的美好生活需要及其文化、价值和精神层面上,才能赋予区域体育融合发展以持久的动力。

1. 增加体育场地器材供给,构建绿色生态健身设施网络

当前我国城乡群众体育设施空间布局、项目布局、功能设计仍处于较为粗放

的水平，表现为"以活动空间、场所、设施的数量供给、维持与改善为主"[1]，既存在群众体育设施设备质量效能供给不足的问题，又难以有效兼顾不同年龄和地域群体的差异化需求，尤其对城乡老年人的日常健康需求考虑愈显不足。首先，与政府的整体规划深度融合，将全民健身设施配置同步融入"未来社区"[2]与美丽乡村建设；优化新城区和老旧小区各类体育健身设施设备的空间布局及功能布局；让各类公园、城市绿地、社区广场、健身步道、登山健身步道、健身休闲基地等有效融合，更好地服务基层百姓。其次，增加成渝地区双城经济圈城乡体育场地器材供给，需要坚持供给侧结构性改革，让体育场馆设施及公共服务供给内嵌于我国高质量发展的需要，使其发挥扩大内需、促进增长的作用。再次，从引导健康生活方式视角出发，以城乡居民运动休闲设施供需衔接为基础，调整城乡体育公共设施供给和生产依据，优化建成体育环境的要素（绿化景观、清洁卫生、障碍物移除、道路连通、休憩设施等）的同时，根据城乡居民需求，增强实用性及增加休闲步行性体育设施供给数量，营造日常体育运动及健康生活的空间和场所；挖掘"体育空间"的意义，基于不同地区建成的示范性体育场馆和实用性体育运动锻炼环境，使城乡居民形成内在的习惯性、自在性、无意识性的运动休闲生活方式，提高城乡居民健康水平和生活质量。

2. 加快推进全民健身"数字新基建"建设

我国基础设施投资已由传统基础设施投资部分转向 5G、人工智能、工业互联网和物联网等新型基础设施投资[3]。数字化、智能化为进一步推进我国产业结构转型升级提供了基本方向，因此，应该主动抓住各领域正在推进的数字化、智能化改造升级契机，对区域内各类体育场馆及体育管理手段等进行数字化升级。成渝地区双城经济圈体育融合发展要重视数字化、智能化技术在群众体育各个领域的

---

[1] 姜玉培，甄峰，孙鸿鹄，等. 健康视角下城市建成环境对老年人日常步行活动的影响研究[J]. 地理研究，2020，39（3）：570-584.
[2] 田毅鹏. "未来社区"建设的几个理论问题[J]. 社会科学研究，2020（2）：8-15.
[3] 郭凯明，潘珊，颜色. 新型基础设施投资与产业结构转型升级[J]. 中国工业经济，2020（3）：63-80.

深入应用，依托大数据、人工智能等技术，助力传统运动休闲与健身等产业的升级。尤其是要进一步加强人工智能全民健身及城乡居民体质基础数据平台和软硬件工具等"软性"居民健身与健康基础设施建设。

3. 努力提升公共体育服务供给水平

提升公共体育服务供给水平，既可以支撑高质量城镇化战略[1]，又可以破解基础设施和消费环境对包括体育产业在内的生活性服务业发展的制约[2]。提升成渝地区双城经济圈公共体育服务供给水平，要通过共享川渝两地的全民健身知识宣讲体系及经验，让体育服务向基层延伸，为各地的街道、社区、乡镇等提供运动健身知识普及、锻炼技能培训、青少年体育培训、业余体育赛事活动普及等服务；要借助遍布于街道、社区、乡镇、村委会的公共图书馆、文化站、活动室、体育建设路径、健身广场等体育文化场域及群众体育载体，传播体育健身、运动锻炼等知识和信息；要充分了解城乡居民日常沟通、锻炼身体、公共娱乐等的方式，搭建体育融入居民生产生活的平台；还要使行政力量、社区精英、乡村精英、民间市场等力量介入，激发居民融入城乡体育及体育文化发展的积极性，主动地选择和参与体育活动[3]，用实际行动助力城市社区、乡镇街道、乡村的公共体育发展并培育使城乡体育文化得以建构和发展的机制，提升城乡居民幸福感、丰富体育公共服务内涵。

3.4.3　加快推进区域竞技体育协同

竞技体育人才培养及管理部门要根据成渝地区双城经济圈体育发展的历史规律和面临的全运会比赛取消奖牌榜与跨省组队参赛等情况，转变传统的按照行政区划各自为阵的传统竞技体育发展理念，形成"共赢""协同""互补"的思维，并积极开展深入研究，以确立成渝地区双城经济圈竞技体育领域的融合发展目标，

---

[1] 黄群慧. 新冠肺炎疫情对供给侧的影响与应对：短期和长期视角[J]. 经济纵横，2020（5）：46-57.
[2] 姜长云. 生活性服务业现状、问题与"十四五"时期发展对策[J]. 经济纵横，2020（5）：87-99.
[3] 任海. 聚焦生活，重塑体育文化[J]. 体育科学，2019，39（4）：3-11.

制定区域竞技体育融合发展的长期和短期的战略规划[①]。尤其是要发动成渝地区双城经济圈体育行政管理部门和发展改革部门科学研究确定竞技体育在成渝地区双城经济圈的作用及地位，确定统筹配置成渝地区双城经济圈各地市州竞技体育发展资源的模式与机制；统筹成渝地区双城经济圈竞技体育后备人才联合培养及组队参赛、业余体校联合发展等竞技体育发展中的重大事宜，统筹组建精英团队，科学编制成渝地区双城经济圈竞技体育发展的项目布局规划，使成渝地区双城经济圈各个市（区、州）的局部性竞技体育发展规划与区域整体规划有效衔接，使各个体育项目发展规划与区域整体性竞技体育发展规划有效衔接。

1. 全面推进运动训练科学化，提高科技创新能力和科研水平

通过互送优秀教练员、运动员代培代训，以及互推与引进高水平教练员、裁判员和科研人员等方式，助力区域竞技运动训练水平提升。充分利用成渝地区双城经济圈的若干配套完善的青少年竞技体育后备人才训练基地和体育职业技术学院等资源，鼓励成渝地区双城经济圈的各项目后备队伍和高水平队伍积极开展异地训练、友谊赛交流、技艺切磋等活动。

2. 加强信息共享与科技合作，建立并完善区域竞技体育科技服务体系

发挥成都体育学院运动康复研究、运动医学与健康研究等领域的学科、专业及人才优势，为成渝地区双城经济圈的竞技体育高水平队伍提供训练监控、康复治疗和运动营养补充、反兴奋剂等保障，为运动员在奥运会、亚运会、全运会等国际及国内赛场上取得优异成绩保驾护航。

3. 联合打造区域竞技体育中的重点项目和精品项目

通过区域竞技体育实现竞技项目群的集中化、规模化，携手打造精品项目。要形成合力，进一步扩大在跳水、艺术体操、乒乓球及田径（短、跨、跳）等项目中的优势；要积极研究和对标 IOC（International Olympic Committee，国际奥林

---

① 陈林会，刘青. 区域经济一体化条件下川渝地区竞技体育后备人才培养模式构想[J]. 成都体育学院学报，2007，33（4）：14-18.

匹克委员会）确定的未来奥运会正式比赛项目，组建训练及备战队伍；要积极调整成渝地区双城经济圈竞技体育项目布局，尤其是提前布局 IOC 公布的未来两届或三届奥运会比赛项目，以便为成渝地区双城经济圈争取更好的竞技体育发展机会；要积极在我国重点布局和重点发展的体育项目中挑选有潜质的青少年并加以重点培育；要进一步扩大在成渝地区双城经济圈优势竞技体育项目中的竞争优势；还要调动成渝地区双城经济圈高校及社会俱乐部等在竞技体育人才培养中的积极性，为区域竞技体育发展贡献力量。

3.4.4 打造区域体育特色"名片"

促进成渝地区双城经济圈体育融合发展的难点在于：区域及空间分布层面既要"谋全局"也要"谋一域"[①]；体育行业体系层面既要"顾整体"也要"抓重点"。因此，根据区域体育内部空间结构、体育行业体系、体育发展资源禀赋，考虑体育高质量发展及体育与相关产业融合发展客观需要，促使具备投入产出依赖与消费市场依赖等共聚条件的体育产业领域及体育产品和服务"从无到有"，进一步提升成渝地区双城经济圈体育旅游、山地户外旅游等行业的发展效能，逐步实现"从有向优"。

1. 积极开展对标提升行动

积极参与试点城市、示范城市、示范基地等的申报遴选，在成渝地区双城经济圈培育 3~5 个国家体育消费试点城市、3~5 个全民健身示范城市、5~8 个国家体育产业示范基地、5~8 个国家体育产业示范单位，以及一批国家体育产业示范项目、一批国家体育服务综合体、体育产业创新试验区等；积极组织相关部门参与体育对标提升专项行动，以国家体育发展标准引领区域体育发展质量提升，优化区域体育发展环境，支持区域体育产业优化升级，推动区域体育高质量发展，提升成渝地区双城经济圈体育影响力和知名度。

---

① 陈露，刘修岩，叶信岳，等. 城市群视角下的产业共聚与产业空间治理：机器学习算法的测度[J]. 中国工业经济，2020（5）：99-117.

2. 打造体育旅游品牌项目

利用成渝地区双城经济圈毗邻的川东-渝西丘陵地区及川西北地区等的山地户外自然体育资源，探索创新规划建设中的成都天府新区天府奥体公园项目的体育场馆资源使用，把成渝地区双城经济圈打造成为国内除贵州外最具吸引力山地户外运动旅游目的地；利用成渝地区双城经济圈二三四线城市及小城镇的各类体育场地、体育市场、体育项目资源，创新形式并促进成渝地区双城经济圈农商文旅体融合发展。

3.4.5 促进区域"三大球"发展

"三大球"项目社会关注度高、影响范围广，国家高度重视。2014年8月15日，习近平总书记在南京青奥会运动员村指出"'三大球'要搞上去，这是一个体育强国的标志"，并多次就"三大球"发展做出指示批示。

成渝地区双城经济圈具备进一步促进以足球项目为代表的"三大球"项目发展的基础。成都蓉城足球俱乐部（原成都兴城足球俱乐部，以下简称蓉城俱乐部）自2018年3月成立以来，4年内就完成了从中冠、中乙、中甲到中超的跃升，并于2022年12月23日在成都凤凰山体育场引燃成都球市，迅速火遍全城、频上热搜、扬名全国，蓉城俱乐部仍在不断刷新竞赛成绩。凤凰山体育场为分流观众、缓解交通压力而组织的大合唱，让成都一次次"出圈"，为足球发展做出了良好示范。此外，四川省人民政府、重庆市人民政府成立了足球改革领导小组；四川省人民政府办公厅印发的《关于加快推进新时代体育强省建设的实施意见》提出了"全力振兴'三大球'""足球人口规模明显增加，全省经常参与足球运动人口达到400万人"的发展目标；《四川省足球改革发展实施意见》明确要把"足球改革发展作为四川建设体育强省的重要举措"。重庆每年组织市级、区县级竞赛超过1万场，直接和间接影响人数超过80万人。四川以"巴蜀雄起"为品牌，建立社会系列、青少年系列等九大系列赛事活动体系，打造多项精品赛事，每年举办各类足球赛事超 7 万场，参与人数达到 350 万人次，积极推进国际赛事交流，举办"传奇杯""熊猫杯""蜀龙杯"等国际足球赛。

融合攻坚，足球后备人才培养创新突破。2016 年，重庆建立市-区两级青训中心，由市足协牵头组织开展各年龄段精英青少年球员训练。2018 年，重庆被中国足球协会（简称中国足协）评选为国家级青训中心。重庆足协与葡萄牙本菲卡俱乐部建立战略合作，组建九支精英梯队，常年在训运动员有 300 余人，每年开展青少年足球竞赛 3000 余场，全市青少年注册人口为 6000 余人。四川将战略重点聚焦青少年足球，于 2019 年 4 月印发《四川省青少年足球发展"1+12"行动计划》，以"江油女足""资中女足"为示范点，以省级青训中心（国家南方连界足球竞训基地）为龙头，在全省建设 5 个大区级青训中心，扶持县（区）创建 50 个基层青训中心，青训中心 U7-U12 梯队共 172 支，在册精英运动员人数为 8500 人，全年青少年比赛超过 3 万场。

3.5 成渝地区双城经济圈体育融合发展的路径

3.5.1 树立融合发展的理念和思维

成渝地区双城经济圈建设是我国为持续深化改革、深入推进区域综合发展做出的重要战略选择；发展理念转变与融合是成渝地区双城经济圈体育协同发展的关键支点。成渝地区双城经济圈体育发展的现实特征是各自独立、彼此分离，短暂的合作主要是为了解决竞技体育、群众体育、体育产业等方面的特定问题，实现各自的人才培育与输送、争金夺银、做大产业等层面的现实目标，即成渝地区双城经济圈不同行政区划间体育合作指各方立足于自身的利益，寻求对方的支持和帮助。从形式层面来看，成渝地区双城经济圈体育领域的合作仍以不同机构与相关人员之间分散合作和具体事项合作等分散性合作为主，缺少促进合作的整体性规划与设计，以及推进合作的实施步骤、工作重点等。这种合作形式既离不开相关人员的"牵线搭桥"，也会因行政管理中的干部岗位调整而导致合作成效不明显、不充分且合作难以持续。

成渝地区双城经济圈体育融合发展的基础是形成"共赢""协同""互补"的思维，共享区域体育利益、共谋区域体育未来。要认识到，融合发展是成渝地区双城经济圈体育发展的重要契机和关键策略。"共赢"与"互补"是促进成渝地区双城经济圈体育进一步发展和提质的必由之路，"融合"与"协同"是推进成渝地区双城经济圈体育高质量发展的关键。当前及今后一个时期内，各地体育部门应打破传统体制下各自为政、相互封闭的发展局面，避免画地为牢，形成成渝地区双城经济圈及体育行业内部"一盘棋"；应积极思考如何将体育融入区域发展大局，如何利用成渝地区双城经济圈的框架推进体育领域的深度融合；应积极研究如何通过深度合作达成优势互补，从而取得最优的合作成效，共享体育利益、共谋体育未来。还要认识到，成渝地区双城经济圈体育融合发展需要创新驱动。实现驱动体育发展的单一动力模式向多元合力模式转变，不能仅仅依赖行政的单一动力，要整合利用好政府、产业、社会等各类力量并形成合力。实现体育发展形式和内容的创新，要做到全面支撑，促进成渝地区双城经济圈的产业转型升级，尤其要加快推动大数据、互联网、人工智能与体育运动休闲健身、智慧体育场馆等的深度融合，创新体育服务业的生产方式和商业模式，激发区域体育消费活力、促进体育服务业提质增效。

3.5.2 建立健全体育融合发展的联动机制

冲突的协调、利益的调整、矛盾的化解，是推进和实现跨区域融合发展的关键，成渝地区双城经济圈体育融合发展必须协调好、处理好这三对核心关系。成渝地区双城经济圈体育融合发展的基本要求：在现行的体育管理制度、组织机构设置、构成体系及实践方式并未发生根本性改变的情况下，各地根据一体化的思维，围绕体育发展中的特定领域和拟合作事项等，进行协同合作的宏观战略设计、体育体系及结构调整、专项制度制定；系统地实现无壁垒，并确保在具体项目上能够无障碍地合作和协同，实现地区各类体育资源有效流动和高效配置，寻求地区体育一体化发展和效益提升。

不断建立健全促进成渝地区双城经济圈协同发展的体制机制；破除阻碍体育领域各类生产要素在成渝地区双城经济圈自由流动的行政壁垒和其他各类障碍；创新各类体育资源的高效配置机制、成渝地区双城经济圈各类体育资源的开放共享机制、成渝地区双城经济圈各个城市群之间体育领域各类生产成本共担和利益共享机制；激发多元主体参与成渝地区双城经济圈体育发展的活力，使体育领域内多种治理模式并存，同时在成都都市圈、成德绵乐城市群、成德眉资城市群等城市群体育治理机制建设方面取得突破。

（1）破除阻碍成渝地区双城经济圈体育融合发展的行政壁垒，提升成渝地区双城经济圈各个市（区、州、县）各类体育资源配置效率。让各级体育行政管理部门成为成渝地区双城经济圈体育融合发展的核心参与者、推动者和实践者，发挥体育行政管理部门的作用，理顺区域体育发展的各类要素结构和产业集聚匹配关系[①]。进一步健全政府体育行政管理部门向各类体育社会组织购买服务的机制；建立和完善成渝地区双城经济圈体育融合发展的各方面联络机制，成立成渝地区双城经济圈体育行政管理工作领导小组会议，搭建重大体育融合发展项目"对接会"等交流平台；建立健全成渝地区双城经济圈体育融合发展的信息通报机制、体育场馆运营创新等专项工作协调机制、体育融合发展项目联席会议制度、竞技体育项目布局联络员制度、体育产业信息统计月报制度等，提升成渝地区双城经济圈体育融合发展的效率。

（2）建立"对标提升工程"、高级别体育赛事联合申办的重大项目"共商共建"机制，提升决策科学化水平。成渝地区双城经济圈碎片化、独立化的各级地方政府的相互关系，亟须通过联席会议等创新举措来破解。

（3）要通过深入推进体育发展市场化和社会化改革，建立起"面向市场、依

---

① 邓仲良，张可云. 中国经济增长的空间分异为何存在？——一个空间经济学的解释[J]. 经济研究，2020，55（4）：20-36.

靠市场"的成渝地区双城经济圈体育发展要素配置机制。鼓励包括资金、体育经营管理人才、运动训练关键技术、后备人才队伍等在内的区域体育融合发展所需的一切创新要素在成渝地区双城经济圈自由流动,破除现存的各类阻碍融合发展的体制机制障碍。最大限度地减少各地政府对体育产业等竞争性领域的干预,取消种种不合理的行政审批与许可[①],降低区域体育协同发展中的交易成本,进一步激发体育领域内各类微观经营主体的竞争活力。

成渝地区双城经济圈体育融合发展的模型及作用机理如图 3-1 所示。

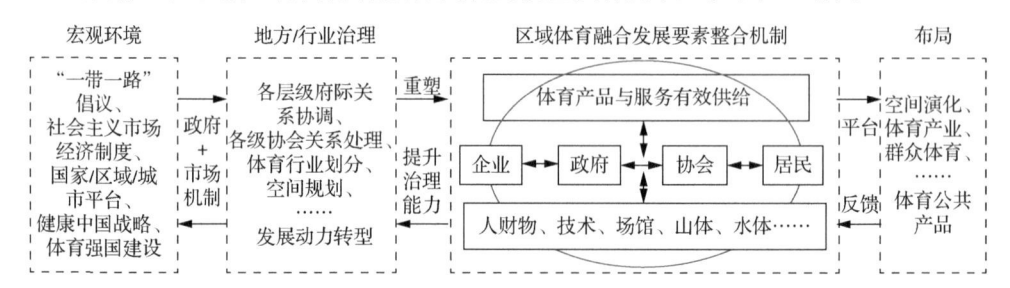

图 3-1 成渝地区双城经济圈体育融合发展的模型及作用机理

3.5.3 破除体育融合发展的政策性约束

政策及配套制度是确保成渝地区双城经济圈体育融合发展的关键。长三角地区及粤港澳大湾区城市之间的合作发展实践表明:我国城市之间的合作互补发展需要同时依赖国家与地方两个层面强大的政府介入、政策驱动和立法支持。统筹有力是区域协调发展机制的内容,但做到统筹有力的前提是建立完善的区域管理制度[②]。另外,制约区域融合发展的绩效考核模式转变等依赖于相关制度变迁。因此,促进成渝地区双城经济圈体育融合发展,关键是要进一步确定和使用更为科学合理的政策工具。完善成渝地区双城经济圈体育融合发展政策还需要针对不同领域(群众体育、竞技体育、体育产业等)、不同类型政策设置标准化、透明化的政策程序。

---

① 张晓晶. "十四五"时期我国经济社会发展的战略重点[J]. 经济学动态,2020,2(5):15-27.
② 张可云. 区域协调发展新机制的内容与创新方向[J]. 区域经济评论,2019(1):5-9.

（1）全面清理妨碍公平竞争的政策。推动成渝地区双城经济圈体育融合发展政策向功能性体育政策转变；创新成渝地区双城经济圈体育市场监管模式，确保区域内体育市场的公平竞争秩序。地方政府等主管部门指导研制，提出促进成渝地区双城经济圈体育融合发展的规划及指导性意见，出台涵盖税务等相关方面的支持政策，如跨地区组队参加省运会、全运会等赛事的成绩计算办法、奖补办法等。通过政策，优化成渝地区双城经济圈群众体育等领域融合发展的大环境。

（2）实现区域体育发展制度对接。突破成渝地区双城经济圈行政部门和体育行业组织制定的各自为阵的体育发展政策束缚，实现区域体育制度对接，是能否形成开放、互动、自由流动体育融合发展生态的关键。进一步推动成渝地区双城经济圈体育基础设施互联互通，营造自由高效的区域体育发展氛围；推动建立统一的体育税收制度，减少企业创新发展中的制度性交易成本。

3.5.4 激发市场配置体育资源的活力

长期以来，我国都将专项投资基金或发展基金等投入交通基础设施、教育、医疗卫生等基础性民生保障领域，体育领域的专项投入占比较少，体育发展需要进一步借助市场力量实现布局优化和动能转换。另外，随着经济发展水平的提升，市场和社会力量投资体育的积极性正被激活，在一定程度上弥补了政府对体育投入不足的缺陷。然而，现存的政府与市场边界不清问题，使市场机制配置体育资源的决定性作用难以发挥，严重制约了体育领域各类企业的发展。因此，成渝地区双城经济圈体育融合发展，要坚持供给侧结构性改革的工作主线，优先和充分利用市场机制，激发区域体育市场活力和内生动力。

（1）进一步优化政府体育管理职能，推进成渝地区双城经济圈体育领域内的供给侧结构性改革。要转变政府各级体育行政管理部门的职能职责，尤其是要为体育社会组织和体育市场主体参与区域体育市场竞争营造良好的公平竞争环境、维系成渝地区双城经济圈良好的体育市场秩序；要进一步推进各级体育项目协会与行政管理部门早日完成脱钩，推进协会"实体化"运作进程。以足球项目为例，重庆已登记备案的区县足球协会近 40 个；四川虽然保留省足管中心，但是省足协独立运行，实现了实体化运作；四川现有注册一级会员协会 22 家、二级会员协会（县、区）85 家。未来，应充分发挥这些基层足球协会的作用，要让足球协会与政府脱钩，使足球协会向服务型社会组织和行业服务组织转型。根据《行业协会商会与行政机关脱钩总体方案》和《中国足球改革发展总体方案》等做出的顶层设计，积极推进足球协会角色转变。要按照国家相关法律法规，健全足球协会组织，完善足球协会的功能定位、目标任务、作用机制等，切实推进协会"实体化"。

（2）进一步发挥市场的自发力量在成渝地区双城经济圈体育发展中的作用。"供给侧结构性改革本质要求是深化市场化改革、完善市场经济体制"[①]，即更好地发挥市场机制在配置成渝地区双城经济圈各地、各类、各领域体育资源的作用。进一步发挥市场的自发力量在区域体育发展中的作用，全面实施区域体育市场准入"负面清单"的制度。例如，成渝地区双城经济圈政府部门要统筹协调各市（区、州、县）级体育、安保、出入境、消防、医疗卫生、检验检疫等多部门，建立体育赛事"一站式"服务保障平台，切实杜绝国家层面取消商业性和群众性体育赛事审批之后出现在体育竞赛管理实践层面的"暗审批"及"暗审核"。切实采取措施，降低社会组织或体育赛事执行单位的安保成本、场馆成本等；最大限度地调动相关企业在成渝地区双城经济圈各类业余体育赛事和商业性体育赛事生产经营中的积极性；进一步通过为市场主体营造良好经营管理环境，培育成渝地区双城经济圈体育赛事市场，为社会大众提供丰富多彩且类型多样的体育赛事，满足社会大众观赛及参赛需求。

---

① 中国社会科学院经济研究所课题组，黄群慧．"五年规划"的历史经验与"十四五"规划的指导思想研究[J]．经济学动态，2020（4）：3-14．

4 成渝地区双城经济圈体育融合发展的顶层设计

党的二十大报告明确了2035年全面建成社会主义现代化体育强国的目标,时间紧、任务重。成渝地区双城经济圈应该以体育融合发展为手段,为体育强国建设作出更大贡献。具体来说,必须加强成渝地区双城经济圈体育融合发展的整体谋划,做好顶层设计。从区域整体视角来说,应思考成渝地区双城经济圈体育融合发展的内涵与原则、总体思路等;从整体视角来说,应考虑区域体育融合发展的各项工作、各个领域,提升融合发展的关联性、系统性、协同性。

4.1 成渝地区双城经济圈体育融合发展的内涵与原则

4.1.1 成渝地区双城经济圈体育融合发展的内涵

1. 基本含义

成渝地区双城经济圈体育融合发展指四川、重庆两地打破行政区划界限,根据竞技体育、群众体育、体育产业等资源的同质性、同构性,以及这些资源在地理空间分布上的邻近性,开展区域间联合开发和协同发展,实现川渝两地体育"市场共享"和各类体育"资源共享",以及各类体育产品的差异化开发,形成整合优势,以统一的地区体育形象参与各类体育竞争,提升成渝地区双城经济圈体育整体的竞争力,实现成渝地区双城经济圈体育各方面的可持续发展、协同发展和共进双赢。

2. 内涵解释

成渝地区双城经济圈体育融合发展是一种联系紧密的区域体育安排。从系统科学角度分析，它是一个多组分系统整体协同变化的自组织过程，或者说，两地各行政区域间竞技体育、群众体育、体育产业等行业/业态融合的系统演化是一个整体共变的过程。成渝地区双城经济圈体育融合发展构成体系如图4-1所示。成渝地区双城经济圈体育融合发展受到多个因素的制约：行政分割导致各自为政；行为扭曲导致过度竞争、恶性竞争；重复投资导致项目结构趋同；缺少认同导致发展政策差异；等等。探讨成渝地区双城经济圈体育融合的内涵，至少要考虑市场、项目布局、资源、制度等子系统。

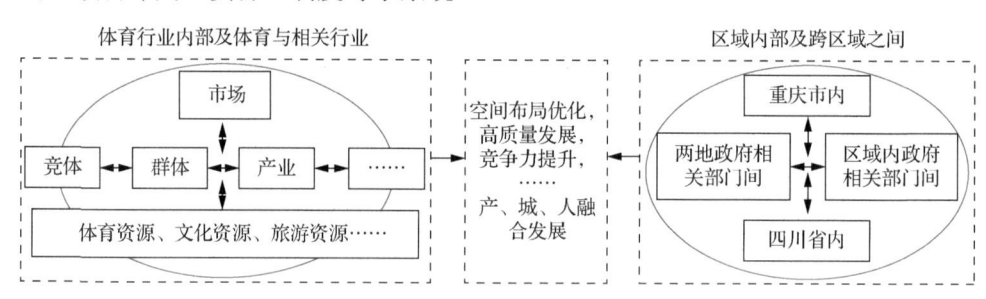

图 4-1 成渝地区双城经济圈体育融合发展构成体系

4.1.2 成渝地区双城经济圈体育融合发展的原则

为实现成渝地区双城经济圈体育融合发展目标，要贯彻以下基本原则。

（1）互惠互利原则。在成渝地区双城经济圈日趋激烈的体育市场竞争态势下，公平且有序的市场竞争可以使行政区域体育战略协同，建立区域体育发展联盟。成渝地区双城经济圈要破除"独赢"思维，确立基于区域整体利益和共同利益的"共建、共享、共赢"发展思维。川渝各市（区、州、县）需要在充分兼顾各地自身利益的基础上，通过体育经济活动分工和体育发展战略协同，培育成渝地区双城经济圈体育融合发展的集聚和累积效益，从而实现区域整体的双赢效果。

（2）优势互补原则。成渝地区双城经济圈应该进一步遵循比较优势互补、"错位"发展的原则开展体育领域的广泛合作,通过区域内体育各领域生产资源及生产要素自由跨区域流动,实现成渝地区双城经济圈内部各地优势互补,最大限度激发成渝地区双城经济圈各地的体育资源优势,错位发展,实现互利双赢、共同发展,加速后备人才的培养,促进区域内体育职业及体育产业共同发展。

(3)系统协调原则。成渝地区应该把成渝地区双城经济圈体育融合发展视为一个需要多方参与的"复杂系统",进一步完善成渝地区双城经济圈体育事业和体育产业各个关键领域的沟通协调机制建设、体育产权交易制度建设、区域体育发展组织建设,建立体育发展整体规划,形成成渝地区双城经济圈体育发展的整体性。从广义角度讲,成渝地区双城经济圈体育融合发展既是一种区域与区域之间协同程度不断攀升的自然历史演进过程,也是一种"人为"的精心"设计"后的区域与区域之间协同发展制度安排。推动成渝地区双城经济圈体育融合发展,应该根据它在整个地区发展战略中、在健康中国建设进程中、在人口老龄化背景下、在助力体育产业成长为地区国民经济支柱产业过程中等的重要地位,以及成渝地区双城经济圈体育发展所面临的日益激烈的市场竞争环境,及时调整地区体育发展战略并做出与环境、经济社会发展趋势、社会大众及市场需求相适应的成渝地区双城经济圈体育发展战略部署和整体性安排。

(4)整体性原则。成渝地区双城经济圈体育融合发展的实施,需要从成渝地区双城经济圈协同发展的整体性发展目标出发,合理布局成渝地区双城经济圈各个大城市、中小城市、小城镇等不同地区力量,以提升地区体育发展的战略管理。因此,要实现成渝地区双城经济圈体育融合发展,就需要整合区域内各种竞技体育资源、群众体育资源等,要让域内与体育发展相关的政府各个部门、政府及体育协会等各层级组织、各类体育发展所需要的资源要素之间相互关联、相互作用,形成一个促进区域体育融合发展的有机整体,并对成渝地区双城经济圈体育融合发展所需的各类人、财、物、信息等体育资源进行合理组合、科学配置,避免区域与区域之间产生"内耗",提升效益。妥善地处理好、协调好成渝地区双城经济圈体育融合发展中的各种关系,发挥成渝地区双城经济圈的整体效应,为实现区域体育融合发展的整体目标服务。

（5）可持续发展原则。要实现成渝地区双城经济圈体育融合发展，应当把可持续性发展确立为根本性目标。成渝地区双城经济圈各个城市及地区之间和成渝地区双城经济圈体育领域各方面协同作用的目标是，提升成渝地区双城经济圈整体和体育行业整体的全面发展、可持续发展和高质量发展。

成渝地区双城经济圈体育融合发展的原则如图4-2所示。

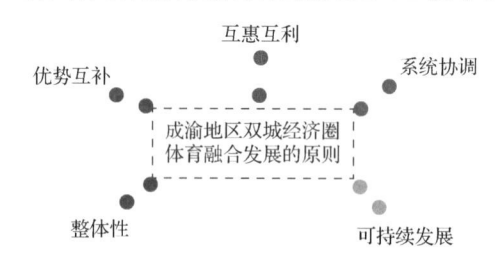

图4-2　成渝地区双城经济圈体育融合发展的原则

4.2　成渝地区双城经济圈体育融合发展的主要屏障

屏障（Barrier）即遮蔽、阻挡之物。屏、障二字都有遮隔、遮挡、阻塞之义。2003年出版的《现代汉语辞海》对屏障一词的解释为：像屏风那样遮挡着的东西（多指山岭、岛屿等）[①]。屏障还具有障碍物的含义，是迟滞或阻止某行动的各种地形、构筑物、破坏物、堵塞物的统称。屏障可以是实实在在的各种地理、环境遮挡因素，也可以是各种制度性、观念性的制约条件。

4.2.1　区域行政分割屏障

实际上，行政区划界线不仅造成了竞技体育领域的"地方保护主义"及体育

---

① 《现代汉语辞海》编辑委员会. 现代汉语辞海[M]. 北京：中国书籍出版社，2003.

产业领域唯 GDP 的"诸侯经济",还造成了成渝地区双城经济圈不同地区之间可能存在的沟通协作能力不强、水平不高,甚至出现"鸡犬之声相闻,老死不相往来"的极端情况,不能越"雷池"一步或者合作仅停留在口号、文件或者会议层面。另外,各个地方都力求形成门类齐全的独立体育产业、竞技体育发展体系。在充分激发内需在经济社会发展新阶段的作用、区域之间协同发展程度不断提升的格局下,成渝地区双城经济圈不能继续走传统体育发展老路,需要加以改革和调整。

在成渝地区双城经济圈体育融合发展过程中,"障碍"代表的是自我主义、条块分割、地方保护主义。在中国,建立在地方利益基础上的行政区划已经是一种客观存在,而按省(自治区、直辖市)或城市来调控和发展体育各领域也是一种客观需求。越来越激烈的地方竞争不是所谓的"无序"和"恶性"的,而是这一制度安排的必然结果。

首先,地方的利益边界越来越清楚,而行政性的资源分配在区域体育(尤其是竞技体育)及体育产业发展中却占据重要地位。成渝地区双城经济圈具有完全平等的两个省级行政单位,两方政府形成了具有独立利益和决策权的人格化主体。在很大程度上会因保护自身利益而产生对市场的分割。其次,各城市都属于不同的行政单位,很容易各自为政、自成体系、缺乏合理的协作与分工。在成渝地区双城经济圈中,行政地位或经济实力相当的城市(区域)之间存在过度竞争、恶性竞争或畸形竞争;存在行政隶属关系的城市之间经常存在相互掣肘或利益冲突;无行政隶属关系的城市之间体育各领域处于无规划的无序发展和不规范竞争之中。事实上,成渝地区双城经济圈体育融合发展中的竞技体育发展也陷入了一种政府间的"囚徒困境"。这些矛盾若得不到有效的解决,则会严重影响区域竞技体育后备人才的开发、培养,以及区域体育事业在新形势下的可持续发展。

4.2.2 绩效评价方式屏障

长期以来,在计划经济条件下形成的"举国体制"影响下,我国竞技体育主管部门固守了以体育赛事金牌、奖牌等为主要评价指标的基层业余体校和优秀运动队的工作业绩的评价体系。在这一评价体系中,金牌、奖牌等被当作体校运动训练管理,甚至竞技体育工作的唯一目标,在条块分割的行政管理体制下,各地政府部门考核体育产业发展业绩的主要依据是区域内体育产业增加值、体育产业总产值、体育产业占区域 GDP 的比重等,因此,跨行政区域的体育产业发展仍然存在明显的竞争关系。

简单的政绩考核方式,造成了体育官员的急功近利、对全运会成绩的趋之若鹜。长期存在"为省争光凌驾于为国争光",地方利益的争夺很多时候直接威胁到了国家体育的利益,出现不惜血本、重金奖励、不讲效益等弊端和不合常理的现象。

4.2.3 资金投入渠道屏障

在传统体制下,体育发展由各层级政府部门按计划进行投资,统一配置和使用各类资源。在"谁投资,谁受益"原则下,为了各自利益,为了在全运会上获得更多的金牌、奖牌及总分,各省(自治区、直辖市)之间展开了激烈的保卫战,并采取工作措施防止人才"流失"到同一地区的其他省(自治区、直辖市)。

4.3 成渝地区双城经济圈体育融合发展的总体思路

4.3.1 发挥政府的引导作用

推进成渝地区双城经济圈体育融合发展是一项跨市域、跨行业、跨部门、跨管理体制等门槛,涉及问题多、难度大的全新工作,必须建立和完善区域一体化的有效的协调运作机制。在成渝地区双城经济圈体育融合发展过程中,整合资源的优化配置是提升区域竞技体育及其他各领域增长质量和竞争力、实现区域一体化的关键,也是成渝地区双城经济圈体育融合发展进程的一大重点和难点。在利益最大化的条件下，成渝地区双城经济圈体育融合发展需要各地通过精诚合作减少"障碍"的阻挠，追求区域总体效益。

积极推行川渝两省市政府部门、体育行政部门、政府其他相关部门积极引导下的，充分利用两地体育资源的，社会参与的成渝地区双城经济圈体育融合发展模式，总体布局区域体育各领域工作。从整体角度联合规划成渝地区双城经济圈体育发展，打造区域体育形象。

4.3.2 以市场机制为主要推动力

对标国内的长三角、粤港澳大湾区、京津冀城市群，制定"政府引导下，以市场为主导"相互协同的实施办法，优化成渝地区双城经济圈融合发展环境。发挥"市场主导"作用是因为企业等微观主体善于把握成渝地区双城经济圈体育融合发展中的机缘、机会、机遇，也善于捕捉成渝地区双城经济圈体育融合发展的堵点、痛点、难点，而且这些微观主体更有可能突破区域内行政区划的地理边界和其他各种"软性"约束。

4.3.3 以双核城市为发展支撑

成渝地区双城经济圈体育融合发展的关键在重庆和成都这两极的合作。目前，成都、重庆是成渝地区双城经济圈最具竞争力和竞技实力的城市。在"五城会"上，成都获得13金17银14铜，排于第9位；重庆获得3金3银4铜，排于第26位（共有参赛城市78个）。成渝地区双城经济圈体育产业呈现出蓬勃发展势头，体育产业总产值和增加值快速增长，占地方GDP的比重也在不断增加。根据四川省体育局和四川省统计局发布的《四川省体育局　四川省统计局2022年四川省体育产业统计公报》可知，2022年四川省体育产业总产值为2170.8亿元，增加值为792.7亿元，占当年四川省GDP的比重为1.4%。从名义增长看，总产值比2021年增长8.9%，增加值增长7.8%。根据重庆市体育局、重庆市统计局发布的《2021年重庆市体育产业总规模及增加值数据公告》可知，2021年重庆市全市体育产业总产值为 659.09 亿元，增加值为 265.18 亿元，增加值占全市 GDP 比重为 1.0%。从名义增长看，总产值比 2020 年增长 21.8%，增加值增长 17.1%。2018 年，成都体育产业总产值为 632 亿元；2019 年，成都体育产业继续保持良好发展势头，总产值突破 700 亿元。由此可以看出，成都和重庆在两地体育产业及竞技体育等发展中的引领作用十分明显。充分发挥"双核"相互扩散、吸引和相对周边城镇的辐射作用[①]，促进成渝地区双城经济圈体育资源开发、产业培育、人才培养，实现区域体育可持续发展。

4.3.4 统筹优化体育发展布局

不"挖墙脚"，不设障碍，加强交流，共谋发展。整合成渝地区双城经济圈体育融合发展的人才、项目等资源，变资源优势为竞争优势，全面提升该区域在我国体坛的竞争力，充分发挥竞技体育的多元功能与作用，如推动经济建设、为社会提供服务等。在激烈的区域竞争中联袂出击、精诚携手、并肩前进，共同出演"双城记"；抢先一步，快人一拍，努力走在西部前面，使竞技体育运动水平、体育产业产值情况继续保持西部领先和全运会"第二集团"前列的地位，努力缩小与中东部其他省份的差距；最终把成渝地区双城经济圈建设成为西部最具活力、最富吸引力、最有竞争力的区域体育融合发展中心，争取全面提高体育的整体水平，努力进入体育强区的行列；通过信息共享，提高竞技体育运动成绩中科技、教育的含量；优化区域体育产业结构；促进区域体育运动项目结构更趋合理。只有这样的合作，才是富有创造性和能动性的合作，才会是可持续的合作。

成渝地区双城经济圈要深入研究，既要坚持自主创新，又要注重学习东部及长三角地区的模式，总体可按以下步骤进行。第一步：转变观念、形成双赢思维、达成共识。第二步：调整布局、理顺体制、夯实基础、巩固优势。第三步：寻求突破，扩大优势、全面提高、形成优势集团。

---

① 林凌. 共建繁荣：成渝经济区发展思路研究报告——面向未来的七点策略和行动计划[M]. 北京：经济科学出版社，2005.

把成渝地区双城经济圈打造成为西部体育融合发展中心，实现可持续发展，需要两省市同心同德、通力合作。无论是整合资源、人才、市场等方面的优势，还是克服基础设施不完整、市场体系不健全等方面的劣势；无论是承接外部产业的转移，还是推进内部创新能力的提升，都需要双方加强协作。团结就是力量，合作才能崛起，这是成渝地区双城经济圈的现实选择，也是成渝地区双城经济圈的希望之途。

4.3.5 逐步提升融合发展水平

各方凝聚共识，将成渝经济区体育"协作发展"上升为"成渝地区双城经济圈体育融合发展"，由资源协同配置转变为更高能级、更高质量的战略一体和路径融合，自觉在"大棋局"中找结合、求协作、谋发展，勇担政治责任和发展使命，扎实推动成渝地区双城经济圈群众体育、体育产业、竞技体育、体育竞赛表演业一体化高质量发展。

4.4 成渝地区双城经济圈体育融合发展的战略设计

推动成渝地区双城经济圈建设，是以习近平同志为核心的党中央着眼"两个大局"、打造带动全国高质量发展重要增长极的战略决策，是深化川渝合作、促进区域优势互补协同共兴的战略举措。成渝地区双城经济圈体育融合发展存在单个城市竞争激烈、同质化问题严重、产业转型升级艰难、协同度柔性不够、行政壁垒森严、协同发展程度低、一体化程度不高等问题；为了不辜负党中央对成渝地区双城经济圈融合发展的殷切期望和时代发展契机，应该只争朝夕，尽快启动成渝地区双城经济圈体育融合发展方案的顶层设计。发挥成渝地区双城经济圈体育融合发展顶层设计、体育融合发展平台、区域间协调机制、区域间体育发展制度变革与创新等方面的优势，在成渝地区双城经济圈形成具有区域特色、区域间合理分工、"相互支撑、有机耦合"[①]的体育发展体系。

4.4.1 设立成渝地区双城经济圈体育融合发展机构

（1）设立成渝地区双城经济圈体育融合发展办公室。在成都或重庆设立成渝地区双城经济圈体育融合发展办公室或成渝地区双城经济圈体育融合发展领导小组（下设秘书处等机构），统筹发展改革及工信、商务、财政、科技、体育、教育等部门的行政职能，负责成渝地区双城经济圈体育融合发展的统一规划、统筹管理、统一督查，以及监督、指导、协调区域内各地体育发展的各项相关工作。按照"统得到位、分得清晰、统分结合"的改革取向，创新成渝地区双城经济圈体育融合发展体制，明确管理权责，理顺相应关系，形成统筹协调、分工明确、运转高效、推进有力的成渝地区双城经济圈体育融合发展新体制，明确成渝地区双城经济圈体育融合发展施工图、成渝地区双城经济圈体育融合发展协作事项清单、"十四五"期间及年度成渝地区双城经济圈体育融合发展工作计划等内容，并形成共识，以更好地促进区域体育协调发展、可持续发展、一体化发展和高质量发展。

（2）积极整合川渝两地体育行业组织之间的协作架构。在横向合作主体之间，形成"政府—协会—企业—社会"等多主体协同推进区域体育合作的合力。在体育领域各横向主体的合作过程中，源自体育行政管理部门及行政领域的力量表现突出，但协会、企业等社会力量尚待挖掘。因此，两地体育行业协会等多种力量应该协作并建立相关架构，进一步培养和挖掘两地体育行业协会等各类社会组织参与区域体育融合发展的合力，形成"体育行政管理部门、体育行业协会、企业"三位一体、共生发展的良好格局。

4.4.2 加强跨区域体育融合发展管控与合作

（1）推动"川东-渝西"的毗邻地带开展体育融合发展先行先试，利用这一区

---

① 魏后凯，年猛，李玏."十四五"时期中国区域发展战略与政策[J]. 中国工业经济，2020（5）：5-22.

域内各个城市及小城镇，促进城乡之间体育融合发展，提升二三线城市和各个小城镇在体育发展中的支撑能力。研究表明，川渝毗邻地区合作是成渝经济区建设的重要内容和川渝合作的切入点[①]，并且我国的城市化及其进程"已成为经济社会发展的重大推动力量"[②]，川渝区域体育发展需要充分依靠"川东-渝西"、南充、内江、永川、隆昌等地理位置毗邻的区域，构建起"以双核为引领、以一片为支撑"的体育融合发展空间格局。另外，要发挥规划建设中的成都天府新区天府奥体公园等"川东-渝西"核心地点基础设施的作用，引领周边城市甚至川渝其他城市（区、州、县）体育发展，以及成渝地区双城经济圈体育融合发展的空间布局协同和区域体育一体化发展。

（2）以"结对"和"对接"为突破。按照《川渝两地体育公共服务融合发展框架协议》精神，鼓励川渝各区（市、县）根据各自实际，深入推进体育协会之间、政府体育行政管理部门之间、政府体育行政管理部门与体育协会之间、区域体育企业集团之间的"结对"交流合作。分别从地方、项目和地方+项目等不同层面推进成渝地区双城经济圈体育融合发展。

（3）建立重大事项、项目共商共建机制。建立城市间重大事项、重大项目共商共建机制，提升重大体育赛事引进等决策科学化水平。

（4）推动区域体育标准共用互认。实现体育设施建设标准、体育公共服务标准、体育赛事品质标准互认衔接。加强行业指导、服务和监督，使体育竞赛表演业融合发展及运营管理更加规范高效，服务保障更加坚强有力。

4.4.3 推进成渝地区双城经济圈体育发展规划对接

以成渝地区双城经济圈体育融合发展规划为引领。成渝地区双城经济圈各地发展改革部门应将体育事业及体育产业发展纳入成渝地区双城经济圈联合编制的成渝地区双城经济圈发展规划及其实施方案，从成渝"共同体"、区域"一体化"

---

① 刘世庆. 成渝经济区建设研究——川渝毗邻地区的发展差距与合作策略[J]. 经济体制改革, 2008（1）: 137-141.
② 董慧. 全球城市的活力机制和原点动力[J]. 探索与争鸣, 2019, 1（3）: 31-33.

和充分尊重差异并发挥各地比较优势的视角来规划区域体育产业领域的分工和合作；尤其是要进一步加强成渝地区双城经济圈体育竞赛表演业融合发展的顶层设计，减少体育竞赛表演业领域的低水平重复建设和不合理的竞争。

（1）提升区域体育融合发展规划级别。将区域体育融合发展纳入成渝地区双城经济圈"发展规划纲要""一体化发展行动计划""'十四五'发展规划"等，在主动向上争取支持、争取更多国家项目和平台的同时，区域发展规划部门应在认真借鉴粤港澳大湾区建设、长三角一体化发展中的相关经验及做法的基础上，将区域体育融合发展或协同发展纳入成渝地区双城经济圈联合编制的成渝地区双城经济圈发展规划，提升区域体育融合发展规划的重要性层级。从成渝地区双城经济圈各级政府的更高层级和更高水平上，推动体育融合发展进程更好地融入成渝地区双城经济圈一体化发展战略全局和一体化发展的核心框架。在规划编制过程中，可以借鉴东部地区跨区域联动发展中"联合打造区域体育活动品牌，举办品牌赛事"等做法，将体育作为重要元素，从调整行为方向、优化项目质量、提高合作水平等层面将成渝地区双城经济圈建设融入国家"一带一路"倡议，为"一带一路"注入体育活力。不论是在合作层级还是在行动上，都融入体育元素，发挥体育作用，使成渝地区双城经济圈发展协同性不断增强、资源配置效率全面提高。

（2）科学编制成渝地区双城经济圈体育融合发展规划。成渝地区双城经济圈体育行政管理部门及其他参与体育治理的相关机构紧密合作，进一步明确体育在成渝地区双城经济圈建设中的意义、发展定位、规划重点内容、与区域整体规划衔接等关键问题；精心编制成渝地区双城经济圈体育领域协同合作、共建共享发展的五类规划（体育融合发展总体规划、体育产业等专项规划、区域规划、主体功能区规划、空间规划），共同研究推动成渝地区双城经济圈体育融合发展的具体举措，做到整体谋划、统一部署、相互协作、同步实施。要在区域经济、社会和各种体制政策的融合发展中，找到更多促进体育融合发展的共同点，形成更多的区域体育协同发展共识，进而减少不必要的摩擦和阻力，提高成渝地区双城经济圈体育融合共生效率，以取得更好的社会效益和经济效益；还要从川渝"共同体"、区域"一体化"和充分尊重差异并发挥各地比较优势的视角来规划两省市体育领域的"分工"和"合作","要在提升协同创新发展能力上下功夫、见实效"[①],减少重复建设和不合理的竞争,促进成渝地区双城经济圈体育融合发展。

4.4.4 建立以核心城市和都市圈为支撑的融合发展网络

2018年9月20日,中央全面深化改革委员会第四次会议审议通过的《关于建立更加有效的区域协调发展新机制的意见》,明确要"实现共享均衡有序的空间发展,促进大、中、小城市和小城镇协调发展"。成渝地区双城经济圈体育融合发展需要以都市圈为抓手,建立起以核心城市和都市圈为主要载体的增长网络。

以成都和重庆两个核心城市之间体育合作发展的新路径和新模式为引领,强化核心城市引领和带动成渝地区双城经济圈体育发展的功能。成都和重庆两个核心城市具备强大的资源配置能力,可以聚集"国内的优质资源并服务和影响全国"[②]。两个核心城市不仅可以集聚和扩散体育发展所需的各类生产要素,还具有生成和策源现代体育产业的市场体系、体育场馆等基础设施及体育发展所需的资金、技术、人才、信息的渠道和平台,能够"在提升治理能力和资源配置能力基础上形成自我更新能力"[③]。发挥两个核心城市体育基础设施完善、体育赛事产品丰富、体育消费市场巨大的现实优势,形成带动区域体育及运动休闲健身发展的"增长极"[④];发挥已有的高水平职业代表队优势,创新以体育竞赛表演业为核心的现代体育服务业体系,提升核心城市体育服务业"产业共聚"(Coagglomeration)[⑤]水平。通过立足现有体育产业优势和产业集聚,瞄准体育产业转型升级的方向,进行体育价值链和产业链重构,促进体育产业"从本地产业集聚中汲取价值链升级

---

① 马修文,胡文龙.国家战略:打造成渝地区双城经济圈的方法与路径——推进成渝地区双城经济圈建设系列党课之一[J].党课参考,2020(8):45-65.
② 王雨飞,倪鹏飞.国家中心城市分功能评价与测度——基于多源采集数据[J].社会科学研究,2020(3):31-42.
③ 陈宪.全球城市是一种永续的自我更新能力——基于国际比对和经验参照[J].探索与争鸣,2019(3):28-30.
④ 陈林会.区域体育产业增长极培育研究[D].南京:南京师范大学,2012.
⑤ PORTER M E. Clusters and the new economics of competition[J]. Harvard business review, 1998, 76(6): 77-90.

动源"[1]，提升体育价值链与产业集聚的互动，加快构建高效分工、错位发展、有序竞争、相互融合的体育体系，同时进一步增强核心城市的中心功能。

---

[1] 苏丹妮，盛斌，邵朝对，等. 全球价值链、本地化产业集聚与企业生产率的互动效应[J]. 经济研究，2020，55（3）：100-115.

5 成渝地区双城经济圈体育产业融合发展

产业发展以数量众多的各级各类产业组织为支撑,并因营利性而产生持续的合作动力。因此,成渝地区双城经济圈体育融合发展最容易走深、走实的领域就是体育产业领域。

5.1 成渝地区双城经济圈体育产业融合发展的重点

5.1.1 发挥体育产业融合发展主体的作用

(1)以体育行政管理部门及体育协会"结对"和"对接"为突破,推进成渝地区双城经济圈体育产业融合发展。2020年上半年,川渝两地政府及发展改革委、交通部门、教育部门、经信部门等近30个部门签署合作协议,开展合作;已有多市(区、县)政府部门"结对"建立合作联盟。促进区域体育产业融合发展,要鼓励成渝地区双城经济圈各市(区、县)政府部门及体育行政管理部门根据各自实际,深入推进体育产业领域"结对"交流合作;要鼓励成渝地区双城经济圈省级、市级运动项目协会之间的深入"对接",分别从区域和运动项目的角度,在供给体育基础设施、联合组织体育活动与赛事等领域开展全方位、多领域、深层次的合作,引导和推动成渝地区双城经济圈体育产业融合发展。

(2)发挥商业组织的积极作用。已成功举办了九届(次)的泛成渝经济圈商会合作峰会不但充当了搭建成渝地区双城经济圈各类民营企业及各地各类商会合作的桥梁角色,而且有望成为未来一段时间内推动成渝地区双城经济圈经济社会各领域协同发展、融合发展的重要力量。成渝地区双城经济圈体育产业融合发展要发挥区域内体育场馆协会、四川省体育产学研促进会、四川省商业联合会、重庆市工商业联合会、川渝体育产业界、体育产业研究院等的桥梁和平台作用，为成渝地区双城经济圈体育产业企业业务拓展等牵线搭桥，推动成渝地区双城经济圈体育产业内部竞赛表演业等的业态融合。

（3）让体育产业骨干企业等成为推动融合发展的关键力量。要引导成渝地区双城经济圈各类体育产业企业主动融入成渝地区双城经济圈建设，融入共建"一带一路"倡议等，积极拓展跨区域体育产业业务，提升跨区域体育产业服务能力，持续参与成渝地区双城经济圈体育产业互联互通项目及体育产业融合发展各项重点工作。要着力扶持、培育一批有自主品牌、比较优势、竞争实力的体育产业骨干企业，还要鼓励成渝地区双城经济圈市场监督管理部门深入合作，借助营业执照和生产许可证"一体受理、一体办证"等契机，积极培育体育中小微企业，吸引更多社会资本参与体育产业融合发展。

5.1.2 以引导体育产业融合发展为主要方向

（1）联合培育区域体育竞赛业。根据《2018年全国体育产业总规模和增加值数据公告》，我国体育服务业基数较低，体育竞赛表演业及体育健身休闲业等发展不足，已经成为制约体育产业转型升级的重要障碍。然而，成渝地区双城经济圈居民体育消费潜力及增长空间较大。因此，成渝地区双城经济圈要抓住体育消费这个根本，以"世界赛事名城"建设及重庆国际马拉松赛、重庆国际半程马拉松赛等赛事为引领，联合打造一批国际性、区域性品牌赛事，培育区域体育竞赛表演业。积极探索"一赛两地""共同办赛""轮流办赛"等办赛新模式，共同争取高级别综合性体育赛事落户，积极引进有国际影响力的单项体育赛事等更多高端的国际大赛。全力调动社会投资的积极性，联合组织开展多样化的群众体育赛事；以大众化为导向，在群众基础好、社会效益佳的体育项目上先行先试，开展片区式、多主体参与的足球、篮球、乒乓球、羽毛球、网球、水上运动、电子竞技等群众性体育赛事，为体育爱好者提供更加丰富的参赛选择，并择优培育其中的精品赛事和赛事 IP。

（2）联合培育体育健身休闲业。要更好地对接城乡居民的体育健身需求，提升体育管理活动、业余群众性体育活动、社区居民体育活动、群众性体育场地和设施管理、群众性体育场地设施建设等以财政资金和政策融资扶持为主的群众性体育休闲健身"准公共产品"的供给水平和质量。要进一步丰富城乡居民体育健身产品和服务形式，尤其是突出体育健身休闲产品与养老服务、旅游、文化创意、康复医疗等产业的融合发展，着力培育体育健身休闲消费新业态。要在川渝体育场馆"一卡通"的前提下，提升各类体育场馆智慧化和智能化水平，搭建"川渝体育健身休闲"云平台，支持企业开发体育健身服务 O2O（Online To Offline，线上线下商务）平台等以更好满足体育健身休闲及相关配套需求。还要借鉴东部地区的做法，探索性开展医保健身"一卡通"，允许成渝地区双城经济圈的职工医保个人账户资金用于各种形式的体育健身，进一步释放潜在的体育健身休闲消费需求。

（3）鼓励体育与相关产业融合发展。跨行业融合发展将成为成渝地区双城经济圈体育产业供给侧改革的新路径；成渝地区双城经济圈丰富的山体、水体、民族、民俗等自然环境和人文资源为区域体育产业与相关产业跨界融合发展提供了基础。进一步推动成渝地区双城经济圈体育产业与相关产业的融合发展，不仅要将体育产业产品和服务设计主动融入"健康中国"建设大局中，发挥体育及运动休闲在疾病预防、康复、健康管理等方面具有的特有功效，还要实现对体育消费者消费需求的精准把握，设计出符合社会大众消费特征的"体育+"科技、文化、演艺、传媒、展览、旅游等产品，激发与体育产业相关的新产品、新技术、新业态、新模式，培育体育旅游、体育会展、体育商贸、康养休闲、体育文化演艺等众多复合型产业和新型业态[1]。

---

[1] 陈林会. 我国体育产业高质量发展的结构升级与政策保障研究[J]. 成都体育学院学报，2019，45（4）：8-14.

5.1.3 建设体育产业融合发展示范区

成渝地区双城经济圈已经形成以成都、重庆两个超大城市为核心,以区域核心城市和若干大城市为骨干,以众多中小城市和一大批小城镇为基础的区域城镇体系,以及"双核五带"的空间格局[①]。

(1)推动川渝毗邻地区先行先试,建设川渝体育产业融合发展示范区,提升次级城市和各级城镇的支撑能力。重庆 13 个区县与四川 6 个地级市紧密相连,有长达 850 千米的接壤线,两地毗邻地区人民群众来往频繁,为体育领域的交流提供了便利。川渝区域体育发展要充分依靠毗邻地区的中小城市及城镇,围绕成都、德阳、资阳、隆昌、荣昌、永川、重庆等区域范围构建开放协同的体育发展空间格局,并"推动城市间经济协作与产业转移、构建基于城市群的区域产业价值链"[②]。另外,要发挥规划建设中的天府奥体公园及其体育场馆等基础设施和体育赛事活动等的引领作用,加强在功能、交通、环境等方面的衔接,引领成渝地区双城经济圈体育发展的空间协同和一体化发展。

(2)结合成渝地区双城经济圈各区(县)体育产业资源禀赋和发展基础,培育区域性体育产业增长点。依托成渝地区双城经济圈区、县、小城镇的各类体育场馆及体育服务综合体,开展特色健身休闲项目和丰富多彩的竞赛娱乐项目,培育地域特色健身服务产业和体育竞赛表演业;依托成渝地区双城经济圈各地的山体、水体、森林等特色体育产业资源,自然及历史文化旅游资源,培育地区性特色体育产业基地,因地制宜发展山地户外休闲、水上运动娱乐、民俗体育休闲旅游、季节性冰雪运动等运动产业,推动区域性特色体育产业发展。

---

① 刘世庆,林睿. 成渝经济区城市化进程的现状与愿景:自经济地理观察[J]. 改革,2013(10):77-86.
② 费文博,于立宏,叶晓佳. 共建产业园区有助于推动长三角区域经济一体化吗?——来自沪苏两地的证据[J]. 经济体制改革,2020(3):187-194.

5.1.4 打造体育产业融合发展示范品牌

既要实现区域体育产品形态间的"从无到有",又要提升高效能、高质量间共聚的"从有向优"。

(1)打造区域体育旅游精品项目。利用川渝接邻地区的丘陵和山体等户外体育资源及规划建设中的天府奥体公园体育资源,打造国内知名的山地户外运动目的地;利用川西北山区、攀西地区、渝东北三峡库区、渝东南武陵山区特色体育资源,培育区域性特色体育旅游项目,建设体旅融合发展示范区。

(2)充分发挥示范项目的引领作用。2018年,重庆评选出重庆市武隆喀斯特旅游产业(集团)有限公司、重庆市奥林匹克体育中心、重庆市涪陵体育产业发展有限公司、重庆聚一实业有限公司四个重庆体育产业示范单位;2019年,重庆评选出重庆市涪陵区奥体中心经营管理有限公司、重庆市江津区滚石体育发展有限公司、重庆如美生态农业有限公司三个重庆体育产业示范单位。在成渝地区双城经济圈体育产业融合发展进程中,应充分发挥这些示范项目的引领作用。

5.1.5 完善体育产业融合发展政策

融合发展是区域协调发展的高级形态,而产业融合发展最大的难点在于要打破"行政区域经济"束缚;而政策一体化是减少成渝地区双城经济圈各地体育产业发展中存在的内耗性竞争,提升产业协同性、紧密度的关键。

(1)提升成渝地区双城经济圈体育产业政策对接水平。一方面,要编制成渝地区双城经济圈体育产业融合发展系列规划,加强各地体育产业政策与区域体育产业融合发展战略及发展规划的衔接,实现互补发展,避免城市间各自为战。另一方面,要加强成渝地区双城经济圈各地体育产业发展政策统筹衔接,减少地区间政策的交叉重复,避免地方政府间的竞争性政策冲突,促进政策实施层面的配套协调,切实提高不同战略实施的政策保障合力。

(2)将川渝毗邻地区打造为体育产业融合发展示范区并赋予其更大的改革自

主权。尤其要加大财政、金融支持力度，积极争取中央专项转移支付和地方政府债券等方面的财政支持，积极争取中央财政和川渝两省市财政共同出资设立示范区的体育产业投资基金。强化示范区体育用地保障，加快推进城乡体育公共场馆及体育公共服务体系供给，加深体育公共服务体系共建共享程度。

（3）转变区域体育产业政策思路。一方面，成渝地区双城经济圈体育产业发展政策应该为市场主导的体育产业发展提供服务，帮助区域内体育产业企业更好地直面市场进展和市场挑战，而不是为保护行政区域内相关体育产业企业免受市场竞争。另一方面，要实现体育产业政策与货币政策及其他产业政策的配合。

（4）联合打造区域体育产业资金链、产业链、创新链聚合服务平台。充分发挥规划建设中的天府奥体公园及成都体育学院新校区等资源的作用，构建和完善高标准的体育产权交易中心、体育技术合作与交易中心、体育产学研对接平台、体育创新孵化基地、体育创新产业园和体育创业发展平台等，打造区域体育产业发展的资金链、产业链、创新链聚合服务平台。为成渝地区双城经济圈乃至国内各类体育IP交易提供帮助，通过举办体育IP专题推介会、体育IP专场招商会和专场项目路演等，对接体育投资、产权交易、项目运营。

5.2 促进成渝地区双城经济圈体育产业融合发展的对策

5.2.1 树立区域体育产业融合发展的理念

成渝地区体育产业发展的现实特征：两地体育各自独立、彼此分离，主要解决体育产业等方面的特定问题、实现各自特定目标，在条块分割的制度安排下，在体育行政管理体系结构、体育标准研制等方面缺乏共建、共享机制的情况下，各自按照各地的体育产业资源禀赋及发展思路，沿袭传统的体育发展经验和模式，在临时性协商及合作中完成各地特定任务清单中的事项。

推进成渝地区双城经济圈体育产业融合发展需要秉持扩大规模、整体提升理念。扩大规模体现在：成渝地区双城经济圈各地体育行政部门积极抓住成渝地区双城经济圈建设机遇，让体育产业融入区域经济社会发展，增加体育产业在区域GDP中的贡献。整体提升体现在：成渝地区双城经济圈应积极对标长三角、粤港澳大湾区等，提升成渝地区双城经济圈体育产业的整体实力，积极打造成渝地区双城经济圈体育产业品牌；成渝地区双城经济圈各地积极推进体育场馆"提档""升级"工程，吸引更多市民群众积极参与体育运动健身、参加体育赛事活动，打造一批富有"成渝特色""巴蜀风情"的体育消费场景。

推进成渝地区双城经济圈体育产业融合发展需要秉持聚焦特色、错位发展理念。也就是说，成渝地区双城经济圈要依托区域内庞大的人口规模和较高的经济社会发展水平，打造符合核心城市、县域、乡镇等体育消费需求特征的体育健身休闲活动、体育教育与培训产业体系；成渝地区双城经济圈要依托各地的自然资源禀赋、现实比较优势，做强"万盛羽毛球""尖峰旱雪"等一批成渝地区双城经济圈本土体育品牌，做优"巴山蜀水·运动川渝"体育旅游休闲消费季，推动山地、户外、冰雪、篮球、足球、马拉松等产业链优化升级。

5.2.2 研制区域体育产业融合发展战略规划

发挥顶层设计、平台建立、机制协调、制度变革与创新在区域体育产业资源配置等方面的优势，在区域内形成"各具特色、合理分工、相互支撑、有机耦合"[1]的体育发展体系。

在成渝地区双城经济圈"1+1+N"框架下，共同研制体育产业发展规划。研制以成都、重庆为核心，以成渝地区双城经济圈相关地市州核心城市为支点，辐射四川和重庆全域的《成渝地区双城经济圈体育产业一体化发展规划（2023—2025年）》（川体产〔2023〕15号），优化"1+1+N"的区域体育产业融合发展空间布

---

[1] 魏后凯，年猛，李玏."十四五"时期中国区域发展战略与政策[J]. 中国工业经济，2020（5）：5-22.

局。研制以体育竞赛表演活动、体育健身休闲活动为引领,整合体育管理活动、体育场地和设施管理、体育教育与培训、体育广告与会展资源的"1+1+N"区域体育产业体系优化方案。适时研制成渝地区双城经济圈体育产业融合发展规划、实施方案、指标体系、评估报告、建议等,形成"规划+实施方案+指标体系+评估报告+建议"的"1+1+N"成渝地区双城经济圈体育产业融合发展规划体系。推动形成以各层级体育行政部门为主导,以体育产业企业为主体,以单项体育协会、相关企事业单位为支撑的"1+1+N"区域体育产业发展的动力体系。

5.2.3 优化区域体育产业资源配置机制

党的二十大报告提出,"完善产权保护、市场准入、公平竞争、社会信用等市场经济基础制度,优化营商环境""充分发挥市场在资源配置中的决定性作用,更好发挥政府作用",这为成渝地区双城经济圈体育产业融合发展创新提供了根本依据;《中共中央 国务院关于加快建设全国统一大市场的意见》《国务院办公厅关于促进全民健身和体育消费推动体育产业高质量发展的意见》《关于恢复和扩大体育消费的工作方案》等文件中有关要素资源市场化配置的精神,为推进成渝地区双城经济圈体育产业融合发展提供了方向。较大的市场容量、数量较大的体育市场主体等为成渝地区双城经济圈发挥市场机制配置体育资源提供了现实基础;应进一步发挥市场机制配置体育资源的决定性作用,激发全社会的体育创业创新活力,迸发各类体育市场主体竞争力,为推动成渝地区双城经济圈体育产业发展提供强劲动力。

5.2.4 破除区域体育产业项目合作障碍

(1)破除阻碍成渝地区双城经济圈体育融合发展的行政壁垒。让各级体育行政管理部门成为成渝地区双城经济圈体育统筹协调发展的坚定参与者、推动者和实践者，立足于要素结构和产业集聚的匹配关系构建区域协调机制[①]。建立体育部门及其他相关体育组织紧密合作的机制化通道，建立和完善融合发展联络机制，搭建成渝地区双城经济圈体育行政管理部门工作领导小组会议、合作"对接会"，建立体育信息通报机制、专项工作协调机制、联席会议制度、联络员制度、月报制度等，提升成渝地区双城经济圈体育产业融合发展效率。

（2）建立重大事项、重大项目共商共建机制。建立城市间高级别体育赛事引进与联办等重大事项、重大项目共商共建机制，提升重大体育赛事引进等决策的科学化水平。成渝地区双城经济圈碎片化、独立化的府际关系，亟须通过联席会议等一系列举措不断深化合作层次。

（3）建立真正"面向市场、依靠市场"的创新要素配置机制。鼓励包括资金、人才、技术在内的一切创新要素自由流动与灵活组合，破除区域内现存的种种阻碍区域协同发展的体制机制障碍。最大限度地减少各地政府对体育产业等竞争性领域的干预，取消种种不合理的行政审批与许可，降低体育创业成本。

5.2.5 完善区域体育产业融合发展政策

（1）全面清理妨碍公平竞争的产业政策。推动区域体育产业政策向普惠化、功能性转变；实现体育市场监管的重点由一般市场行为监管向公平竞争审查的转变。研究制定支持成渝地区双城经济圈体育产业融合发展的指导意见和支持政策，优化体育产业和体育市场的融合发展环境。

（2）组成政策共同体，推动区域体育发展政策合作制定，增强各类体育发展政策的创新活力和智力基础。可以尝试在充分调研成渝地区双城经济圈体育各领域发展现状的基础上，鼓励成渝地区双城经济圈优秀体育企业和体育产业从业者参与体育发展政策制定过程，充分发挥智库、企业家等社会力量在区域体育产业发展政策创新中的作用。

[①] 邓仲良，张可云.中国经济增长的空间分异为何存在？——一个空间经济学的解释[J].经济研究，2020，55（4）：20-36.

5.3 成渝地区双城经济圈体育产业融合发展的主要抓手

5.3.1 发挥体育竞赛表演业的带动作用

区域一体化对提振国内需求、推进要素市场一体化改革、实现经济高质量增长具有重要意义，具体政策实施研究变得更为迫切。成渝地区双城经济圈建设上升为国家战略，如何实现区域内行业及产业融合发展成为学术界和政策界研究关注的重点问题。

国家对体育事业寄予厚望。国务院办公厅印发的《体育强国建设纲要》指出：到 2035 年，体育产业要以更大、更活、更优的状态"成为国民经济支柱性产业"，这要求我国体育产业要不断培育诸如体育竞赛表演业等的新增长点。体育竞赛表演业具有产业关联度高、产业链长、带动性强的特点，对丰富体育消费供给、形成需求牵引供给的体育产业"需求侧管理"具有重要作用。建设成渝地区双城经济圈为区域体育竞赛表演业转型发展提供了所需的逻辑框架和转型策略。

1. 成渝地区双城经济圈体育竞赛表演业发展现状及基础

成渝地区双城经济圈体育产业呈现出蓬勃发展势头，体育产业总产值和增加值快速增长，占地方 GDP 的比重不断增加。但成渝地区双城经济圈体育竞赛表演业发展滞后、比重偏低，与上海等发达地区的差距明显，存在较大的扩展空间。2022 年川渝沪体育产业产值情况如表 5-1 所示。

表 5-1 2022 年川渝沪体育产业产值情况

城市	总产值/亿元	增加值/亿元	体育服务业产值/亿元	体育竞赛表演活动产值/亿元	体育竞赛表演活动产值占比/%	体育产业占GDP比重/%
四川	2170.8	792.7	1395.0	16.6	0.8	1.4
重庆	694.3	279.6	413.3	8.1	1.2	1.0
上海	1862.6	640.5	1539.2	25.7	1.4	1.4

资料来源：根据《四川省体育局　四川省统计局 2022 年四川省体育产业统计公报》《2022 年重庆市体育产业总规模及增加值数据公告》《2022 年度上海市体育产业统计公告》等整理而得。

成渝地区双城经济圈具有较好的体育竞赛表演业融合发展基础。从成渝两地部分品牌赛事（表 5-2）看，两地具备共同提升职业篮球、网球、马拉松、棋类、户外项目、铁人三项等影响力的可能。成渝体育场馆"一卡通"，为区域体育赛事承办能力提升、以体育赛事带动体育消费转型升级奠定了基础。成渝两地在建及已建成的体育场馆资源，为体育竞赛表演业进一步发展提供了保障条件。

表 5-2 成渝两地部分品牌赛事

城市	品牌赛事	城市	品牌赛事
成都	CBA 篮球联赛 国际网球青少年大师赛 ATP250 成都网球公开赛 "熊猫杯"国际青少年足球邀请赛 国际铁人三项世界杯赛 世界体育舞蹈节 中国围棋西南王赛 龙门山国际山地户外运动挑战赛 虹口国际漂流节 成都马拉松赛 成都都江堰双遗马拉松赛 第 31 届世界大学生夏季运动会 第 56 届世界乒乓球团体锦标赛 2025 年世界运动会	重庆	NBL 篮球联赛 2018 重庆国际马拉松赛 永川国际女子足球锦标赛 中国重庆·荣昌国际划骑跑铁人三项公开赛 长江三峡（巫山）国际越野赛 中国摩托艇联赛重庆彭水大奖赛 金刀峡溪降赛 金佛山绳命 LIFELINE 国际绳索救援邀请赛 重庆大足龙水湖（国际）半程马拉松赛 中国足协中国之队国际青年足球锦标赛 重庆铁山坪森林半程马拉松赛 重庆市"李雪芮杯"业余羽毛球公开赛 世界铁人三项赛 摇滚马拉松赛

成渝地区双城经济圈各地政府融合发展意愿足、能力强。成都明确了建设"世界赛事名城"的发展目标,提出要坚持"繁荣区域体育竞赛表演业""全方位促进城市发展""营造良好产业发展环境"等多个方面相结合,延展创新成渝地区双城经济圈体育赛事经济,构建区域内可持续发展的体育竞赛表演业及体育产业创新发展生态圈。重庆提出:到2025年体育竞赛表演业总产值达到400亿元、建设3~5个体育竞赛表演产业集聚区、推出10项体育精品赛事、打造5个自主IP赛事等发展目标。成渝两地体育竞赛表演业发展目标错位、资源互补,有助于形成差异化、互补性的竞争优势。成渝两地体育部门签署了成都和重庆"双城"积极联动、多方参与推动的区域体育融合发展协议,成都和重庆体育行政管理部门及其他政府相关部门积极开展合作,为体育竞赛表演业融合发展注入了强劲动力。

成渝地区双城经济圈有较好的体育赛事发展基础,但相对于上海等发达地区而言,体育赛事数量及类型等都还有待进一步丰富。

2. 成渝地区双城经济圈体育竞赛表演业融合发展的关键领域

创新成渝地区双城经济圈体育竞赛表演业融合发展机制。秉承合作、互利、共赢的理念,建立成渝地区双城经济圈体育产业联盟,创建政府部门、运动项目协会、体育竞赛表演业企业、高等体育院校四大联盟等川渝各地(市、区、州、县)体育竞赛表演业的协同创新发展新机制。让成渝地区双城经济圈体育竞赛表演业融合发展进入"常态化",实现体育竞赛表演业资源共享互补。通过举办成渝地区双城经济圈体育博览会、体育产业发展高峰论坛等,搭建区域体育产业发展交流平台。发挥成都体育学院等高校和相关科研智库的作用,定期编辑出版《成渝地区双城经济圈体育竞赛表演业发展报告》蓝皮书,以更好地服务于政策决策和行业发展。

推进成渝地区双城经济圈体育竞赛表演业重大项目融合。要联合打造一批国际性、区域性品牌赛事。积极学习和借鉴"一赛两地"模式;创新高规格体育赛事的"共同办赛"模式;创新性地探索成渝地区双城经济圈各个城市之间"轮流办赛"等各类体育办赛新模式；共同发力，争取更多高级别、高规格综合性体育赛事落户成渝地区双城经济圈；合力引进国际田联系列赛等有较高国际影响力和全球知名度的单项体育赛事及商业性体育赛事落户成渝地区双城经济圈；以业余性和群众性为导向，遴选群众基础好、社会效益佳的体育项目先行先试，举办丰富多彩、形式多样的业余群众性体育赛事；结合美丽乡村建设，开展健步走、山地越野、新年登高等活动；为成渝地区双城经济圈广大体育爱好者提供更加丰富的观赛机会及参赛机会。要利用成渝地区双城经济圈的户外体育资源，打造国内知名的山地户外运动目的地，培育一批具有区域性特色的户外体育赛事，并助力区域农商文体旅等产业协同发展。还要多措并举，提升成渝地区双城经济圈体育影响力、竞争力、知名度和美誉度。

以重点区域和重点领域体育竞赛表演业融合发展为抓手。以成渝毗邻的成德眉资同城化及相关都市圈为抓手，构建起以成都+重庆两个核心城市和周边都市圈为主要载体的推进成渝地区双城经济圈体育竞赛表演业发展的增长网络。围绕成都、南充、德阳、眉山、资阳、永川、内江、隆昌、荣昌等区域范围构建开放协同的成渝地区双城经济圈体育竞赛表演业发展空间格局。

3. 促进成渝地区双城经济圈体育竞赛表演业融合发展的保障措施

出台鼓励体育竞赛表演业融合发展的政策。研究制定推进成渝地区双城经济圈体育竞赛表演业融合发展的指导意见和支持政策，如跨地区组队参赛成绩计算办法、跨区域办赛奖补办法等。

加强区域基础设施建设。推动区域交通基础设施等方面的衔接，引领成渝地区双城经济圈体育竞赛表演业一体化发展。构建成渝地区双城经济圈体育产业及体育竞赛表演业"大平台、大数据、大系统"，实现产业信息资源数据共享，线上、线下联动。

成渝两地体育主管部门要联手统筹对成渝地区体育产业发展进行规划，努力推动成渝地区双城经济圈各类体育产业资源的协同开发，为区域体育产业融合发展创造良好外部环境，为区域竞技体育后备人才的培养提供支持。

（1）成渝地区双城经济圈要不断地开发区域内的体育竞赛表演市场。统筹规划、相互合作，科学地制定竞赛规划，逐步形成以成都和重庆两个"极核"为龙头，以重庆城市群、成都城市群、川南城市群为第二梯次，以成德绵乐城市带、成内渝城市带、长江上游沿江城市带、成遂渝城市带等绵延地带为第三梯次的竞赛分级体系。激活成渝地区双城经济圈体育竞赛表演市场，大力推进体育产业的发展。开发体育竞赛表演市场是培养竞技体育后备人才的需要。社会上形成了对竞技体育产品的需要，体育人才就可以通过向社会竞技体育提供服务产品的形式获取收益，只有这样，后备人才培养单位的单位利益才能得到保证，后备人才及其家庭才能形成对竞技体育的良好预期，从而吸引更多有潜力的苗子参加训练，进而实现成渝地区双城经济圈竞技体育可持续发展。近年，成都举办了F1摩托艇世界锦标赛，重庆举办了F2世界摩托艇锦标赛；两地都举办过世界杯拳击赛、世界女排大奖赛等赛事；双方都有球队参加全国足球联赛。成渝两地可以相互学习组织、运营经验；可以通过分站赛的形式设置比赛规程，联合开发，激活区域体育竞赛表演市场，大力推进成渝地区双城经济圈体育产业的发展。

（2）合作发展体育彩票业。体育彩票业在川渝两省市体育产业中占有很大比重。体育彩票业已成为四川体育产业的支柱产业，对四川体育事业的发展及经济的增长起到重要的促进作用[1]。2005年，四川体育彩票销售额达9.6亿元，销量位列全国第13位。1994—2005年，四川体育彩票累计销售总额为71.2亿余元，销量位列全国第5位。四川体育彩票销售还为社会提供了3000多个就业机会，并在一定程度上拉动了消费，促进了社会经济的发展。重庆从1997年发行体育彩票以来，销量快速增长，取得了显著的经济效益和社会效益。2022年，重庆体育彩票年销售额为71.90亿元，较2021年增加11.03亿元，增幅达18.12%；2022年，公益金筹集额为16.95亿元，较2021年增加2.23亿元，增幅达15.18%。

随着体育彩票销售规模的不断扩大，成渝地区双城经济圈必须注意营造良好

---

[1] 朱建伟，李朝晖. 四川省体育产业发展战略研究[J]. 成都体育学院学报，2004，30（5）：14-17.

的体育博彩文化环境;并积极创新体育彩票的玩法、做好体育彩票销售服务,满足广大彩民对体育彩票趣味性等方面的要求。

(3)做好有影响力体育赛事的宣传与推广。在赛事推广环节,重庆国际马拉松赛、重庆国际女子半程马拉松赛、中国高尔夫球美巡赛重庆庆隆公开赛以宣传片的形式对赛事进行了详细的介绍。

重庆国际马拉松赛历经六年打造,已连续五年成为中国田径协会批准和授予的中国十大马拉松金牌赛事及国际田联授予的国际银标赛事,成为重庆全民健身的体育名片和城市节日;重庆国际女子半程马拉松赛历经两年打造,已成为中国规模最大、影响最广的女子特色马拉松赛事;中国高尔夫球美巡赛重庆庆隆公开赛作为中国级别最高、唯一拥有世界积分、直通美巡赛的职业高尔夫球赛落户重庆,成为重庆顶级职业品牌赛事。

5.3.2 联合打造区域特色体育品牌

成渝地区双城经济圈当前经济社会发展水平、区域合作基础等为联合打造区域特色体育品牌提供了坚实的现实基础。

共同的目标:塑造区域特色体育品牌。成渝地区双城经济圈体育发展状况各异,拥有不同的体育资源。

四川方面,2017年底,成都提出了打造世界文创名城、旅游名城、赛事名城和国际美食之都、音乐之都、会展之都"三城三都"的目标。成都市人民政府办公厅印发的成都创建国际赛事名城行动计划的通知中提出,争取到2035年,将成都建设成为国内一流、国际知名的国际赛事名城,并提出了2018—2035年阶段性的发展规划。2018—2020年(三年):举办的国际体育赛事达到67个,力争洲际锦标赛以上级别赛事达50%,具有自主品牌和成都文化特色的赛事达40%。2021—2025年(五年):平均每年举办国际体育赛事29个,力争洲际锦标赛以上级别赛事达60%,具有自主品牌和成都文化特色的赛事达45%。2026—2035年(十年):平均每年举办国际体育赛事38个,力争洲际锦标赛以上级别赛事达70%,具有自主品牌和成都文化特色的赛事达50%。同时不断推进竞赛场馆及体育设施体系建设，以满足不同赛事需求。自成都提出建设世界赛事名城的目标以来，积极申办和举办了国际顶级体育赛事，引入全球首站乒乓球大满贯赛事等国际高端赛事，努力打造具有成都特色的品牌赛事，开展丰富多样的群众性赛事。2021年的第31届世界大学生夏季运动会、2022年的第56届世界乒乓球团体锦标赛、2023年的第18届男子足球亚洲杯赛、2024年的汤姆斯杯暨尤伯杯赛、2025年的第12届世界运动会等世界顶级赛事活动都确定落户成都。由此可见，成都的大型赛事的举办能力获得了高度认可，彰显了成都世界赛事名城建设的重大成果。

重庆方面，根据重庆市体育局和重庆市统计局联合发布的2019年重庆体育产业总产值和增加值数据公告可知，从重庆体育产业内部结构来看体育服务业保持良好发展势头，体育用品及相关产品制造业增加值占全部体育产业增加值的比重为19%，用品制造业相对成熟。通过对重庆市体育局发布的2018—2020年拟定举办的体育赛事活动情况进行分析，可知重庆高度重视体育赛事活动。《重庆市人民政府办公厅关于建设体育强市的实施意见》等文件不仅提出要完善全民健身公共服务体系、提升竞技体育综合实力，还指出要推动成渝地区双城经济圈体育融合发展和体育领域的合作交流。落实《成渝地区双城经济圈建设规划纲要》，促进成渝地区双城经济圈全民健身运动开展，推动成渝地区双城经济圈公共体育场馆等资源设施建设和开放共享。

相异的资源：塑造区域特色体育品牌的现实基础。川渝合作谋求共同承办高水平赛事，塑造区域体育赛事品牌。四川省体育局与重庆市体育局于2020年4月签订了《川渝两地体育公共服务融合发展框架协议》，决定积极开展深入合作、共推融合发展。川渝共同举办了2020中国金堂成渝双城铁人三项挑战赛、成渝瑜伽大赛等100余项赛事活动，双方体育互动近200万人次，通过两地政府合作，围绕体育赛事、设施建设、人才培养等多个方面开展深入合作，共推融合发展。成渝地区双城经济圈近几年大型体育赛事落户较多，赛事举办经验丰富，因此可带动周边区域协同发展，不仅可以交流办赛经验，分享优秀成果，帮助周边区域在赛事筹办过程中规避风险、发挥优势，还可以根据周边不同区域的不同特征因地制宜地进行体育创新。

成渝两地体育产业结构相异，可以取长补短。相对来说，重庆体育制造业较成熟，而成都体育制造业偏弱，因此成都可以借鉴学习重庆体育制造业的成功经验，来建造发展自己的产业园区。成渝地区双城经济圈各地区应该发挥在产业布局方面各自的比较优势，错位竞争，差异发展，这样既能避免同质化竞争又能优势互补，促使成渝地区双城经济圈健康协同发展，形成中国高质量发展的重要增长极和新动力源。以重庆来说，它以自身独有的山城特色资源优势条件为基础，可以继续发挥独特的山水地理资源优势，大力发展水上运动，开发适合更多户外运动的赛事场地，吸引类型更多、形式多样的户外运动赛事落户重庆。

成渝地区双城经济圈联合打造区域特色体育品牌，可以考虑从以下几个方面推动。

1. 积极开展"对标"提升行动

为了提升影响力和知名度、吸引更多地方和主体参与体育发展，成渝地区双城经济圈应在积极加大体育发展投入的基础上，积极参与国家体育总局等相关部门组织开展的体育产业、体育消费、群众体育、竞技体育等相关领域的示范性项目遴选、授牌、创建等活动。成渝地区双城经济圈应该组织相关部门参与体育"对标"提升专项行动，以国家体育发展标准引领区域体育发展质量提升，优化区域体育融合发展环境，提升成渝地区双城经济圈体育影响力和知名度。

积极开展"对标"发展行动。成渝地区双城经济圈体育融合发展可以充分学习、复制、创新京津冀、长三角、粤港澳大湾区城市群在体育协同化、一体化和同城化发展中的成功经验及做法。通过川渝共同举办国内知名赛事、共同引进筹办国际顶尖赛事，吸引更多国内外体育企业落户川渝，为川渝体育产业发展不断注入新动力，带来新机会，使得川渝城市群蕴藏的巨大生机活力和内生动力得以最大能级的释放。

积极组织参与各级各类品牌项目申报。积极组织参与国家体育总局经济司根据《国家体育产业基地管理办法（试行）》和《国家体育总局关于进一步加强国家体育产业基地建设工作的通知》文件精神，在全国范围内开展的各类示范性项目遴选。积极组织参与国家发展和改革委员会社会发展司及国家体育总局经济司根据《关于请报送体育产业联系点典型案例的通知》文件精神，联合举办的"体育产业联系点典型案例"征选活动。积极组织参与国家体育总局根据《体育总局办公厅关于开展国家体育消费试点城市申报工作的通知》《促进体育消费试点工作实施方案》文件精神，组织开展的国家体育消费试点城市的申报活动，形成若干富有区域特色的促进体育消费的经验做法，推动成渝地区双城经济圈体育消费规模持续增长、消费结构不断升级。

联合开展区域品牌培育行动。川渝两地文旅部门和体育部门积极开展合作，把握巴蜀特色文化与体育文化融合发展的这一重大历史机遇，根据文旅（运动）产业生态圈发展的相关精神与要求，推动区域品牌发展。具体来说，可以联合两省市内各地的各类金融机构，打造多层次、多手段的文旅（运动）产业金融助力体系，逐步构建文旅（运动）产业生态圈，与成渝地区双城经济圈建设同频共振，更好地融入两省市体育、文化和旅游发展中。

联合培育区域体育产业龙头企业（项目）。积极创新川渝两地体育场馆运营管理模式、集团化或资源整合模式，让分布于成渝地区双城经济圈各地的各类体育场馆走向汇集多元化体育产品创新与供给的体育服务消费综合体，用川渝两地体育场馆运营管理经验服务于国内其他城市与区域体育场馆经营管理，为其他地区体育场馆经营绩效提升贡献成渝双城智慧。同时，依托体育场馆综合体等体育产业龙头项目，串联区域内体育赛事、体育培训等体育产业各要素，培育以运动休闲、竞赛表演、体育培训等为核心的运动—文化—旅游—教育产业生态集群。

2. 重点打造区域体育旅游品牌项目

成渝地区双城经济圈旅游资源丰富，旅游业态成熟，游客流量大。2020 年 12

月，成都获得首批国家文化和旅游消费示范城市、"美食之都"等殊荣。在2021年的清明小长假，成都A级景区接待游客291.8万人次，基本恢复到2019年疫情前的客流量，充分说明成都旅游资源十分受游客喜爱，具有强劲的吸引力。根据2019年重庆国民经济和社会发展统计公报数据显示，全年旅行社组织出境旅游人数为38.74万人。促进成渝地区双城经济圈旅游资源与体育融合，能使成渝地区双城经济圈体育在国内外社会的关注度增加，也将变成当地旅游特色。成渝交通一体化将打造成都-重庆国际性综合交通枢纽，提速构建多层次"1小时"交通圈，出渝出川高速公路大通道达24条，川渝间高速公路将建成16条，不仅增加了全国入川入渝的交通方式，还丰富了川渝间的交通网。随着成渝交通一体化的发展，成渝间通行非常便利，可自驾，可乘坐公共交通工具，乘坐成渝双城巴士从成都到重庆只要一个小时，成渝交通一体化为川渝共创国家体育旅游示范区奠定了交通基础。

做优既有体育旅游品牌项目。重点打造成渝地区双城经济圈休闲体育旅游项目，要进一步丰富既有体育旅游产品（项目）的服务，让游客在赏巴山蜀水的过程中可以进行一些娱乐休闲的体育活动，可利用川渝山水资源提供一些水上运动项目、爬山打卡活动等。重庆市体育局、重庆市文化和旅游发展委员会关于"重庆市体育旅游精品赛事""重庆市体育旅游精品线路""重庆市体育旅游综合体"申报工作的通知明确，组织开展"重庆市体育旅游精品赛事""重庆市体育旅游精品线路""重庆市体育旅游综合体"遴选工作。重庆市体育旅游示范项目数量如表5-3所示。重庆市体育旅游精品线路和体育旅游综合体情况如表5-4所示。

表5-3 重庆市体育旅游示范项目数量

项目名称	2019年	2020年	2021年	2022年	2023年
重庆市体育旅游精品赛事/个	16	10	5	5	5
重庆市体育旅游精品线路/条	10	9	5	5	5
重庆市体育旅游综合体/个	8	3	5	5	5

表 5-4　重庆市体育旅游精品线路和体育旅游综合体情况

2020年重庆市体育旅游精品线路	2020年重庆市体育旅游综合体	2019年重庆市体育旅游精品线路	2019年重庆市体育旅游综合体
• 大金刀峡体育休闲精品线路（北碚） • 永川区黄瓜山体育旅游精品线路 • 涪江风情游（潼南） • 黑山谷深度体验游（万盛） • 双桂湖国家湿地公园体育旅游精品线路（梁平） • 重庆市铜梁区西郊示范片绿道 • 重庆市大足区龙水湖环湖健步步道 • 行禅养生-朝圣爱情体育旅游线路（江津） • 中国•巫山当阳大峡谷户外运动挑战赛赛道	• 大足龙水湖旅游度假区 • 青年汇巅峰乐园（万盛） • 三峡橘乡田园综合体（忠县）	• 金佛山大环线 • 长寿湖体育旅游精品线路 • 南滨路 • 荣昌区体育旅游精品线路 • 穿越北纬28° • 黔江最美山马赛道旅游线路 • 歌乐山国际慢城体育旅游线路 • 铁山坪森林公园体育旅游精品线路 • 巴滨路都市健康乐活之旅 • 百里竹海体育旅游精品线路	• 重庆市奥林匹克体育中心 • 梦幻奥陶纪景区 • 南天湖国际滑雪场 • 重庆际华园极限体育小镇 • 黑山谷•龙鳞石海景区 • 长寿湖体育旅游综合体 • 华熙LIVE•鱼洞 • 玄天湖旅游度假区

联合开发参与性体育旅游项目。成渝地区双城经济圈有丰富的适宜开发参与性体育旅游的体育旅游资源。西岭雪山、瓦屋山、海螺沟、峨眉山、四面山、仙女山、茶山竹海、天坑地缝等体育及旅游资源，具有组织冬季项目体育赛事、开辟户外探险及徒步穿越等体育旅游项目的条件，可以开发徒步穿越、定向越野等体育休闲、体育旅游项目。川渝两地有丰富的江河湖泊及水体资源，可开发划水、划船、赛艇、帆船、垂钓、漂流等水上休闲项目及竞赛活动。

3. 联合规划利用区域特色体育资源

积极开发区域性特色体育项目。利用川西北山区、攀西地区、成渝地区双城经济圈其他地区的各种体育资源和旅游资源，建设体育旅游小镇，推动农、商、文、体、旅等产业协同发展。

（1）发挥川渝境内嘉陵江沿江段江面宽、水质优，川渝境内湖泊及三峡库区湖等各类水体资源众多、环境优美等区域性特色，创建水上赛事 IP。

（2）利用川渝接邻地区的丘陵及山体等户外体育资源，打造国内知名的山地户外运动目的地。成渝地区双城经济圈涵盖四川广安、遂宁、达州、泸州、巴中、内江、南充，重庆永川、江津、合川、大足、綦江、南川、荣昌、铜梁、璧山、潼南、双桥、万盛经开区等地。区域内错落分布着河谷、平坝、山丘、低山等，聚居着多个少数民族，区域年平均气温为 15～18℃。成渝地区双城经济圈具有开展户外拓展、户外越野、攀登速降、丛林越野、荒野生存、极限运动、山地骑行、垂钓等带有山地特色和户外特色的体育项目的得天独厚的优势，可以提质开发的空间及可供挖掘的潜力非常大。

（3）联合提升体育展会活动影响力。成渝地区双城经济圈具有联合举办体育类展会的基础和经验。2018 重庆体育产业博览会（2018 年 9 月 21—23 日）以"新时代 新机遇 新体育"为主题，在南坪国际会展中心成功举办，充分展示了重庆体育产业发展成就，大力宣传了重庆独有的特色体育文化资源。重庆市体育局及市内各区县、33 个市级体育行业协会及 120 余家体育类企业参展，13 万人次市民现场参与全民健身互动体验、体育产业产品展示展销、体育产业交流交易交融等活动，并给予本届体育产业博览会高度评价[①]。除此之外，重庆还举办了 2019 重庆市体育旅游产业发展大会（2019 年 9 月 10—12 日）、2019 重庆国际马拉松赛体育产业博览会（2019 年 3 月 28—30 日，设置马拉松、场馆设施营造、球类运动、健身运动、户外装备、时尚运动、少儿体育等展示/展区）。成都多次举办成都体育消费博览会，曾多次承办中国国际体育用品博览会（China Sport Show），成都承办体育博览会的情况如表 5-5 所示。在"三城三都"背景下，成都正在积极建

---

① 重庆市体育局. 重庆市体育局关于 2018 重庆体育产业博览会优秀参展单位的通报[EB/OL].（2018-10-16）[2023-01-10]. https://tyj.cq.gov.cn/tygz/tycy/202002/t20200226_5457638.html.

设为"国际会展之都"。

表 5-5 成都承办体育博览会的情况

名称	时间
第 7 届中国体育用品博览会	1999 年
第 18 届中国国际体育用品博览会	2006 年
第 20 届中国国际体育用品博览会	2007 年
第 23 届中国国际体育用品博览会	2008 年
第 28 届中国国际体育用品博览会	2011 年
2020 成都体育消费博览会暨成都体育运动及健身展览会	2020 年
2021 成都国际体育消费博览会	2021 年

因此，成渝地区双城经济圈应该认真总结承办各类体育展会活动的相关经验及模式，整合各地的会展场地、设施、人力资源等方面的优势，通过定期轮流承办/举办等形式，联合打造区域特色体育会展项目（品牌），提升区域体育展会活动影响力，同时助力"国家体育消费试点城市"建设。

4. 合作推动区域特色运动项目

除了传统体育项目，成渝地区双城经济圈还有著名的武术项目——峨眉武术，峨眉武术门派众多。此外，成渝地区双城经济圈还有发源于四川资中的有 300 余年传承历史的"中国体育非物质文化遗产保护与推广项目"——盘破门武术，盘破门包括武术拳法、功法、器械等技击体系。除四川内江地区外，重庆江津、大足等地也有盘破门武术的其他分支，拥有众多盘破门武术的传承人。

积极打造与武术相关的体育旅游项目（线路）。川渝两地联合打造"川南渝西石刻之旅"（重庆大足石刻—隆昌石牌坊—重庆荣县大佛—内江翔龙山摩崖石刻—资中重龙摩崖造像—资阳安岳石刻）精品旅游线路时，就可以进一步吸纳和融合线路沿线的盘破门武术元素，并让武术为精品石刻旅游线路增光添彩。

积极打造峨眉武术和盘破门武术精品赛事。可以借助已成功举办多届（次）的四川国际峨眉武术节，借鉴"华山论剑"等的营销模式，对其进行进一步包装和推广，创新营销方式，积极打造峨眉武术品牌；并通过峨眉武术节这一赛事 IP，搭建高端世界武术交流平台，让峨眉武术节（赛事）成为峨眉山及乐山城市营销和地区特色体育产业链延伸的途径，扩大峨眉武术赛事国际影响力，促进武术赛事与旅游产业的融合发展[①]。

形成一批具有重大影响和示范作用的高水平合作成果。充分发挥成渝比较优势，推动成渝地区双城经济圈体育产业品牌塑造；依托《重庆市体育局 成都市体育局双城联动共推体育融合发展合作协议》《成都市体育局 万盛经开区管委会关于推动体育融合发展协议》，统筹全体育系统及相关协会资源，积极推进足球、体育舞蹈、射击射箭、棋类运动等项目合作；持续举办成渝双城铁人三项公开赛、体育舞蹈公开赛、三人篮球公开赛，以及社会体育指导员交流培训等活动，邀请重庆组队参加中国围棋西南棋王赛。

5. 构建特色体育消费集聚区

以消费试点城市为引领。2020年8月25日，国家体育总局公布"国家体育消费试点城市名单"，四川省成都市、重庆市荣昌区在列。入选国家体育消费试点城市有助于推动成都市和荣昌区打造体育消费新名片，优化区域"体育+"相关产业/行业融合发展模式，推动体育消费从传统体育用品与服装鞋帽等实物型体育消费模式向观赏型、参与型、活动型体育服务消费模式转变，并助力区域体育产业结构升级和高质量发展。

根据成都市统计局发布的数据可知，截至2022年底，成都有常住人口2126.8万人，其中城镇常住人口为1699.1万人，农村常住人口为427.7万人，常住人口城镇化率为79.89%，比2021年提高0.41个百分点。另据重庆市统计局公布的数据可知，截至2022年底，重庆主城区有常住人口2122.72万人，城镇化率达79.8%。较高的城镇化率及不断增长的体育人口，为促进体育消费提供了有力的市场支撑。

成渝地区双城经济圈要以成都、重庆两个核心城市为支撑，以体育消费试点城市为引领，创新体育消费发展理念，优化体育产品，激发城乡居民体育消费新

[①] 欧阳武翀，陈林会.失落与拯救：峨眉武术的发展困境及策略研究[J].体育与科学，2020，41（6）：46-54.

需求。第一，要不断完善和创新激活体育消费，优化体育消费环境，促进城乡体育消费升级；第二，要积极与农业、文化、旅游等相关行业融合发展，促进体育消费业态创新，并与互联网、5G技术等融合发展，提升区域体育消费品质，扩大区域体育消费规模；第三，要通过加大资金投入，如以体育产业引导资金、体育产业奖补资金等形式向体育消费领域进行适当倾斜，带动和促进体育赛事组织、体育场馆经营管理等活动优先发展，改善消费环境。

5.3.3 开展成渝足球发展振兴行动

1. 以蓉城足球俱乐部为引领，提升区域职业足球发展水平

一是，探索多渠道创收，确保俱乐部收支平衡。积极拓展增收渠道，增强俱乐部造血功能。蓉城可以在确保场地设施安全、安保力量充足的情况下，发售更多门票，增加门票收入；蓉城可以借鉴成都大运会围绕"蓉宝"开发销售特许商品的模式，研究设计推出服装类、玩具类、配饰类、徽章类、文具类、日用品类、宠物类等俱乐部特色文创产品，满足球迷群体的需求，拉近俱乐部与球迷的关系。二是，拓展后备人才渠道，促进可持续发展。鼓励蓉城加强与四川省内的中小学的合作，通过派教练员到学校或组建假期集训营等方式夯实俱乐部人才基础，降低俱乐部的青训及后备人才培养成本，增加自主培养的梯队球员占比；同时确保足球后备人才接受完整基础教育、高中及大学文化教育，提升运动员综合素质。科学引援，降低俱乐部运营成本，积极探索职业足球俱乐部可持续发展道路。培塑特色球迷文化，做大俱乐部消费市场。三是，俱乐部品牌建设与球迷文化及看台文化之间是互构的关系。特色球迷文化、看台文化有助于塑造俱乐部品牌，有助于形成俱乐部与球迷之间良好的互动与情感共鸣；庞大的球迷群体能够拉动俱乐部产品及服务方面的消费，带动俱乐部收入增长。蓉城应该涵养更多像"成都红色刀锋球迷会"一样代际传承、精心组织的球迷组织；扩大球迷群体数量、增强球迷忠诚度。

2. 妥善处理足球普及与提高的关系，奠定区域足球项目可持续发展基础

一是，壮大足球社会组织。以社会组织培育为切入点，广泛调动市场与社会的积极性形成足球发展的协同效应。各部门严格监管，并通过评优评级等引导社会足球俱乐部健康良性发展，促使其平衡好经济效益和社会效益。引导各类组织和个人投资足球，开办各类业余竞赛、体育培训、体育中介等经营性实体；丰富相关产品供给，满足群众多样化、个性化的足球健身、休闲娱乐及赛事观赏需求，壮大足球人口。二是，促进社会足球与校园足球的融合发展。以足球学校建设为契机，让足球走近更多中小学生，加深足球在青少年（儿童）中的普及程度，培养广大中小学生对"三大球"及体育运动的兴趣爱好。鼓励高质量的足球培训机构参与校园足球发展，让优质的体能教育、业余训练等成为校园足球的补充。三是，发挥体校的传统阵地作用。选派体校教练员指导学校、青少年俱乐部的业余训练工作；发挥体校的人力、资金、场馆等优势，通过组建短期足球训练营、组织选拔赛等，遴选各级各年龄段代表队，加强与学校、社会俱乐部的融合发展。

3. 形成全社会积极支持足球发展的社会氛围

一是，增加足球场地设施设备配置。四川和重庆各级体育部门应做好足球场馆设施及资源供给：统筹规划建设足球场地设施，优化场馆资源空间分布；在城市社区健身角、城市公园、城市绿道（健身步道）、体育公园等修建适宜开展多个体育项目的硬化空地，发挥青少年（儿童）的创造性，在"家门口"参与趣味足球赛事活动，回应群众关切的身边的足球场地匮乏等制约足球发展的焦点难点问题，打造若干足球"网红打卡点"。除直接增加经费投入外，还应鼓励有能力的企业和个人投资建设与经营足球场地，为足球文化传播和项目人口培育提供基础性保障。二是，加强足球文化氛围营造。完善保障青少年足球运动员入学、升学等的考试政策，引导学校和家庭加大对足球后备人才培养的力度；完善扶持社会组织参与足球生产经营的政策，提升社会力量参与足球发展的积极性；发挥传统媒体、社交媒体、直播平台、网络大V等的作用，构建足球传播体系。

4. 挖掘与成渝地区特色区域文化融合的足球文化内涵

一是，推出能彰显巴蜀文化、天府文化和足球文化的场地设施、文化标识、产业项目、专业人才等天府文化足球表达载体，浸润市民美好生活。二是，发挥政府部门的作用和市场机制配置足球资源的作用，新建、改造、提档升级一批彰显巴蜀文化、天府文化与足球文化的足球场地，满足社会大众和青少年参与足球运动的需求、提升承接赛事水平和足球训练能级。三是，设计制作一批足球雕塑及景观，塑造地方独有的人文气质和足球特色；在东华门遗址公园、大田湾体育场等历史建筑保护利用中凸显城市足球特色。四是，培育一批足球产业项目，推动蓉城足球俱乐部、足球小镇、足球消费场景打造等产业项目发展。五是，打造一批天府足球名家，发挥川渝籍优秀足球运动员的示范作用；加强本土足球人才和基层足球队伍建设。

5. 提升引导力，构建有区域特色的完善的足球竞赛体系

体育赛事活动具有辐射和带动作用，四川足球发展应该以赛事为核心，构建完善的足球竞赛体系。一是，发挥足球协会、企事业单位的作用，筹办分站赛、选拔赛、U系列联赛、小学联赛、中学联赛、五人制或七人制联赛等。除了举办常规赛，还要配套举办颠球大赛、传球大赛、射门大赛等，评选出各项最佳，让更多青少年有"炫技"的机会、展示的舞台。二是，充分利用四川和重庆的"大城市+大农村"发展格局等，策划举办社区足球赛联赛、美丽乡村足球赛、县域足球联赛、成渝地区足球邀请赛等。三是，鼓励和引导各地因地制宜，持续培育精品足球IP赛事、创建巴蜀足球名市（区、县、乡、街道、社区、村）等；发展群众身边的足球赛事活动；着力提升"熊猫杯"国际青年足球锦标赛等系列赛事的影响力。

成渝地区双城经济圈群众体育融合发展 6

随着社会发展及大众思想观念的转变，体育已广泛地融入社会生活；全民健身"六个身边"（完善群众身边的体育健身组织、建设群众身边的体育健身设施、丰富群众身边的体育健身活动、支持群众身边的体育健身赛事、加强群众身边的体育健身指导、弘扬群众身边的体育健身文化）工程等也在持续推进中，为成渝地区双城经济圈群众体育融合发展创造了有利条件。

6.1 成渝地区双城经济圈群众体育融合发展的基础

6.1.1 丰富的群众体育基础设施

区域内丰富的场馆等体育基础设施资源为群众体育发展奠定了基础。体育场馆作为体育产业和群众体育发展的重要载体，对区域广泛开展全民健身活动具有重要的基础性作用。四川现有体育部门所属大型公共体育场馆84个，重庆现有体育部门所属大型公共体育场馆69个（表6-1），以及区域内的其他各类公共体育场地和设施若干[①]。这些体育场馆资源为成渝地区双城经济圈群众体育（尤其是群众性体育竞赛表演活动、大众运动健身休闲活动、老年人及青少年体育培训活动、体育场地和设施管理等领域）的进一步发展提供了基础性条件。

---

① 陈林会，刘青. 成渝地区双城经济圈体育产业融合发展研究[J]. 经济体制改革，2020（6）：57-63.

表 6-1 川渝两地大型公共体育场馆数量

区域	类型	数量/个	场馆名单
四川	体育场	丙 14	双流县体育中心体育场、自贡市南湖体育文化中心、攀枝花市体育场、泸州市奥林匹克公园体育场、德阳市体育场、绵阳市南河体育中心、广元市澳源体育中心体育场、遂宁市体育中心体育场、乐山市体育中心体育场、南充市体育中心体育场、达州市体育中心体育场、仁寿县体育场、凉山州西昌市民族体育场、广元市利州区体育场
	体育馆	乙 1	四川省体育馆
	体育馆	丙 65	双流县体育中心体育馆、成都市温江区体育馆、自贡市檀木林体育馆、攀枝花市体育馆、泸州市奥林匹克公园体育馆、合江县体育馆、德阳市体育馆、江油市体育馆、三台县体育馆、平武县文化体育中心、广元市澳源体育中心体育馆、苍溪县体育馆、剑阁县体育馆、旺苍县体育馆、遂宁市船山体育馆、遂宁市安居体育中心、射洪县体育馆、蓬溪县体育馆、大英县体育馆、隆昌市体育馆、乐山市体育中心体育馆、南充市西山运动场日月馆、阆中市体育运动管理中心体育馆、仪陇县体育馆、绵竹市业余体校（体育中心体育馆）、江安县体育中心、兴文县体育馆、珙县体育中心、广安市体育馆、达州市体育中心体育馆、达州市达川区体育馆、宣汉县体育馆、万源市全民健身中心、南江县体育馆、雅安市体育中心、石棉县体育馆、汉源县体育馆、芦山县体育馆、荥经县体育馆、眉山市体育馆、彭山区体育馆、仁寿县体育馆、资阳市体育中心资阳市体育馆、阿坝州体育馆、阿坝州茂县体育馆、甘孜州民族体育馆、凉山州民族体育馆、北川羌族自治县体育中心、南溪区体育中心体育馆、都江堰市飞龙体育馆、荣县体育中心体育馆、会理县体育馆、巴中市体育馆、小金县体育馆、汶川县体育馆、松潘县体育馆、南充市顺庆区金世纪体育馆、峨眉山市全民健身中心、中江县体育中心、青白江区文体中心、大竹县体育馆、岳池县体育馆、雅安市名山区体育馆、天全县体育馆、宜宾市叙州区体育中心体育馆
	游泳馆	乙 1	中国现代五项赛事中心
		丙 3	双流县体育中心游泳馆、遂宁市体育中心游泳馆、乐山市体育中心游泳馆

续表

区域	类型	数量/个	场馆名单
重庆	体育场 甲	1	重庆市奥体中心体育场
	体育场 乙	1	重庆市大田湾体育场
	体育场 丙	21	永川体育场、涪陵区体育场、垫江县体育场、巴南区体育场、长寿区体育中心体育场、黔江区体育场、秀山县体育场、大足区体育中心体育场、万州区体育场、璧山区体育中心、江津区体育场、开县体育场、铜梁区运动场、丰都县体育场、云阳县体育场、北碚区缙云体育中心体育场、石柱县体育运动中心体育场、奉节县体育场、荣昌区体育中心体育场、潼南区体育场、南川区体育场
	体育馆 乙	2	万盛文体中心体育馆、渝北区体育馆
	体育馆 丙	33	江津区体育馆、丰都县体育馆、沙坪坝区体育馆、开县体育馆、合川区体育馆、荣昌区体育中心体育馆、铜梁区金龙体育馆、梁平县东门体育馆、綦江区体育馆、城口县体育馆、永川区体育馆、重庆市体育馆、涪陵区体育馆、重庆江南体育馆、万州区三峡之星体育馆、黔江区体育馆、垫江县体育馆、忠县体育馆、大足区双桥体育馆、潼南区体育馆、璧山区体育馆、武隆县体育馆、秀山县体育馆、万盛滨江路体育馆、大足区体育中心体育馆、酉阳县体育馆、南川区体育馆、石柱县体育运动中心体育馆、奉节县体育馆、云阳县体育馆、北碚区缙云体育中心体育馆、大渡口区体育馆、巴南区体育馆
	游泳馆 丙	11	重庆江南游泳馆、重庆市奥体中心游泳跳水馆、永川区游泳馆、江津区游泳馆、开县游泳馆、黔江区游泳馆、大足区体育中心游泳馆、万州区游泳（跳水）馆、梁平县东门游泳馆、云阳县游泳中心、荣昌区体育中心游泳池

资料来源：根据2019年7月国家体育总局公布的2019年中央财政资金补助的大型体育场馆名单整理而得。

2021年四川省中小型公共体育场馆免费低收费开放补助名单如表6-2所示。

表6-2　2021年四川省中小型公共体育场馆免费低收费开放补助名单

序号	地区及场馆数量	场馆名称	场馆类型
1	成都（14个）	青羊区体育中心体育场	体育场
2		金牛区体育中心	健身中心
3		邛崃市体艺健身中心体育场	体育场
4		金堂县体育中心	健身中心
5		蒲江县体育中心体育场	体育场
6		新津县体育服务中心体育馆	体育馆

续表

序号	地区及场馆数量	场馆名称	场馆类型
7	成都（14个）	成华区全民健身中心	健身中心
8		武侯区体育活动中心	健身中心
9		新都区体育中心	健身中心
10		彭州市体育中心	健身中心
11		崇州市体育中心	健身中心
12		金堂县体育馆	体育馆
13		都江堰凤凰体育场	体育场
14		青白江文体中心	健身中心
15	自贡（5个）	贡井区老城区体育场	体育场
16		自贡市檀木林体育场	体育场
17		富顺县体育馆	体育馆
18		自贡市游泳运动学校	游泳馆
19		自流井区全民健身活动中心	健身中心
20	攀枝花（5个）	攀枝花市民族体育馆	体育馆
21		盐边县综合健身体育馆	体育馆
22		米易县健身中心	健身中心
23		攀枝花市老年体育活动中心	健身中心
24		仁和区新视窗全民健身活动中心	健身中心
25	泸州（7个）	合江县体育场	体育场
26		泸州市奥体公园乒羽健身中心	健身中心
27		叙永县体育中心	健身中心
28		泸县全民健身中心体育馆	体育馆
29		古蔺县全民健身中心	健身中心
30		泸州市体育生态园	健身中心
31		泸州市纳溪区河西体育中心	健身中心
32	德阳（4个）	广汉市文化体育中心	健身中心
33		绵竹市业余体校（体育中心）体育场	体育场
34		广汉市金雁运动公园	体育公园
35		罗江区全民健身中心体育馆	体育馆
36	绵阳（7个）	盐亭县体育中心体育场	体育场
37		绵阳市涪城区体育馆	体育馆
38		绵阳市安州区体育馆	体育馆
39		三台县体育场	体育场
40		北川县体育场	体育场
41		江油市体育场	体育场
42		梓潼县全民健身中心	健身中心

续表

序号	地区及场馆数量	场馆名称	场馆类型
43		苍溪县杜里坝体育场	体育场
44		旺苍县体育场	体育场
45		广元市昭化区体育馆	体育馆
46	广元（8个）	青川县全民健身中心体育馆	体育馆
47		广元市朝天区体育馆	体育馆
48		苍溪职工服务中心	健身中心
49		朝天区全民健身中心	健身中心
50		剑阁县全民健身中心	健身中心
51	遂宁（1个）	遂宁市船山游泳馆	游泳馆
52		内江市梅家山体育场	体育场
53		资中县体育场	体育场
54	内江（6个）	内江市梅家山体育馆	体育馆
55		隆昌市体育场	体育场
56		威远县体育馆	体育馆
57		市中区公共体育场	体育场
58		金口河区文化体育活动中心	健身中心
59		五通桥区体育中心体育场	体育场
60		井研县全民健身活动中心	健身中心
61	乐山（7个）	沐川县全民健身活动中心	健身中心
62		马边彝族自治县体育场	体育场
63		犍为县文体中心	健身中心
64		夹江县全民健身中心	健身中心
65		南充市体校室内恒温游泳馆	游泳馆
66		营山县全民健身活动中心	健身中心
67		嘉陵区全民健身中心	健身中心
68	南充（7个）	高坪区综合体育健身中心	健身中心
69		阆中市全民健身中心体育馆	体育馆
70		仪陇县德园体育公园	体育公园
71		蓬安县灯光球场	体育场
72		宜宾市叙州区体育中心体育场	体育场
73		宜宾市体育中心-南岸体育场	体育场
74	宜宾（5个）	屏山县体育场	体育场
75		筠连县体育场	体育场
76		长宁县体育馆	体育馆

续表

序号	地区及场馆数量	场馆名称	场馆类型
77		邻水县健身中心	健身中心
78		华蓥市体育馆	体育馆
79		武胜县龙女湖健身中心	健身中心
80	广安(7个)	广安市前锋区健身中心	健身中心
81		武胜白坪运动中心	健身中心
82		广安市游泳馆	游泳馆
83		广安市枣山兔儿山运动公园	体育公园
84		开江县城东体育馆	体育馆
85	达州(4个)	达州市城市运动公园	体育公园
86		渠县体育馆	体育馆
87		达州市体育中心恒温游泳馆	游泳馆
88		通江县方山体育场	体育场
89	巴中(4个)	恩阳区仓湾体育活动中心体育馆	体育馆
90		巴中市青少年综合训练馆	体育馆
91		巴中市望王山运动公园	体育公园
92		雅安市体育场	体育场
93		宝兴县全民健身中心	健身中心
94		雅安市雨城区全民健身活动中心	健身中心
95	雅安(8个)	荥经县体育场	体育场
96		雅安陆家坝体育活动中心	健身中心
97		雅安市体育中心恒温游泳馆	游泳馆
98		石棉县全民健身中心	健身中心
99		汉源县全民健身中心	健身中心
100		彭山区体育场	体育场
101		青神县体育馆	体育馆
102	眉山(5个)	丹棱县青少年体育馆	体育馆
103		眉山市全民健身中心	健身中心
104		仁寿县湿地体育公园	体育公园
105		资阳市乐至县体育公园	体育公园
106	资阳(3个)	资阳市游泳综合馆	游泳馆
107		资阳市安岳县体育健身场馆	健身中心
108		阿坝州全民健身活动中心	健身中心
109		金川县文体活动中心体育馆	体育馆
110	阿坝(8个)	理县全民健身活动中心体育馆	体育馆
111		九寨沟县全民健身活动中心体育馆	体育馆
112		阿坝州全民健身活动中心体育场	体育场

续表

序号	地区及场馆数量	场馆名称	场馆类型
113	阿坝(8个)	黑水县全民健身活动中心	健身中心
114		红原县全民健身活动中心	健身中心
115		若尔盖县全民健身活动中心	健身中心
116	甘孜 (11个)	甘孜州康定北门体育场	体育场
117		道孚县体育馆	体育馆
118		泸定县体育馆	体育馆
119		理塘县康南运动体育馆	体育馆
120		炉霍县体育馆	体育馆
121		色达县体育馆	体育馆
122		甘孜州游泳全民健身中心	健身中心
123		九龙县全民健身活动中心体育馆	体育馆
124		甘孜县全民健身活动中心	健身中心
125		稻城县全民健身活动中心体育馆	体育馆
126		石渠县体育馆	体育馆
127	凉山(7个)	甘洛县体育馆	体育馆
128		昭觉县文化体育场	体育场
129		雷波县民族体育馆	体育馆
130		会东县城北体育公园	体育公园
131		冕宁县灯光球场	健身中心
132		越西县全民健身中心	健身中心
133		会理县体育运动中心体育场	体育场

此外，金强国际赛事中心篮球馆（占地面积约为 4 万平方米，可容纳 14000 人）、东安湖体育公园（"一场三馆"，即包括可容纳 40000 名观众的大型甲级体育场、可容纳 18000 名观众的大型甲级体育馆、小球馆、游泳跳水馆，以及停车场馆等其他相关配套保障设施）、凤凰山体育公园（冰篮球馆；可容纳 1.8 万人，有 15020 个固定座位和 3022 个活动座位，建筑面积约为 5.5 万平方米）、新都香城体育中心（包括体育馆、游泳馆和全民健身馆；其中，体育馆为丙级中型馆，建筑面积约为 2 万平方米。比赛大厅设置 3000 个固定座位、200 个活动座位）、简阳市文化体育中心（包括"八馆五中心两园一家一大剧院"，即图书馆、文化馆、美术馆、博物馆、档案馆、方志馆、体育馆、游泳馆，广电中心、市民中心、青少

年活动中心、全民健身中心、国民体质监测中心,体育公园、文创产业园,艺术家之家和大剧院)、高新体育中心(建筑面积约为8万平方米,为大型甲级馆,可容纳12912人,有固定坐席9914个、活动坐席2998个)等第31届世界大学生夏季运动会比赛场馆,以及规划建设中的天府奥体公园等体育场馆设施,将缓解社会大众健身场地匮乏与健身需求持续增加的矛盾。

6.1.2 区域体育场馆整合利用已起步

(1)川渝体育场馆一卡通为区域联合开展群众性体育活动提供了保障。2020年5月25日,重庆市体育场馆协会与四川省体育场馆协会签订《共同推动成渝地区双城经济圈体育场馆协同发展战略合作框架协议》,联合打造体育场馆联盟,并围绕行业标准互信互认、智慧场馆共建共享、体育赛事合作互推、人才培养协同发展、场馆运营经验共享、川渝体育场馆一卡通[①]等开展合作。川渝体育场馆一卡通将进一步盘活两地体育场馆资源,助力体育产业融合发展;川渝体育场馆一卡通既可以进一步满足群众多样化的健身需求,又可以助力"健康中国建设"、推动全民健身与全民健康深度融合;随着川渝体育场馆一卡通的推广,除社会大众健身外的各类青少年体育兴趣爱好及技能培训、依托体育场馆的各类体育俱乐部等也可能蓬勃发展起来;依托川渝体育场馆一卡通,有利于打造川渝两地与体育培训、群众性体育竞赛、青少年体育竞赛等相关的龙头企业和知名品牌。

(2)体育场馆运营模式创新具备可能。万达体育、华熙国际、华润文体等知名企业落地成都、重庆;成渝地区双城经济圈可以积极开展基于一卡通的体育场馆经营管理模式创新,提升体育场馆智慧化和数字化水平;积极创新体育场馆产品和服务,大型综合性体育场馆可以开展"体育+吃、住、行、游、购、娱""体育+文化+教育+影视+娱乐"等多业态、多门类的生产经营活动;对那些硬件设施设备等具有一定条件的体育场馆进行综合升级,使之跃升为成渝地区双城经济圈特色"体育服务综合体"或特色"文化体育服务综合体",提升场馆知名度和美誉

---

① 包婧. 成渝体育CP值得期待[N]. 重庆晨报,2020-05-26(8).

度的同时提升经营管理效益。

6.1.3 联合开展的群众性体育活动持续增加

（1）区域性群众性体育赛事（活动）数量持续增加。2021年，重庆计划开展95场由政府部门、运动协会、体育部门下属事业单位等组织的市级以上群众性体育赛事（活动），但由于疫情防控及其他原因顺利举办了70场（表6-3）。比赛项目主要包括马拉松、越野跑、棋类、"三大球"、水上运动等；赛事活动覆盖20余万人，为区域内群众提供了参赛机会，丰富了参赛运动员及其家人的余暇生活；赛事活动的主办单位涵盖了政府部门、运动协会、体育部门及其下属事业单位等。

表6-3　2021年度重庆市级以上群众性体育赛事（活动）

序号	赛事（活动）名称	时间	地点	规模/人
1	2021重庆市居家健身"全民踢毽子"网络挑战赛	2—3月	线上（互联网）	680
2	2021重庆二圣天坪山地自行车赛	3月	巴南区二圣镇	500
3	2021中国重庆万盛"黑山谷杯"羽毛球挑战赛	3月	万盛文体中心体育馆	300
4	2021重庆永川马拉松赛	3月	永川区	23000
5	2021重庆铜梁原乡风情马拉松赛	3月	铜梁区	10000
6	2021中华龙狮大赛总决赛	4月	铜梁区	200
7	2021重庆垫江半程马拉松赛	4月	垫江城区	8000
8	2021重庆璧山半程马拉松赛	4月	璧山城区	12000
9	"寻迹九龙"重庆市第3届全民越野挑战赛	4月	九龙坡区	700余
10	2021三峡橘乡田园马拉松赛	4月	忠县三峡橘乡	5000
11	2021中国·武隆100公里山地越野赛	4月	武隆区	3000
12	第4届奥体夜跑活动	4月	重庆市奥体中心	3000
13	2021重庆市城市定向赛	4月	巴南区	2000
14	2021重庆市桨板公开赛	4月	垫江县高安镇	300
15	2021中国健身名山·金佛山登山赛	5月	南川金佛山西坡	2200
16	2021重庆市滑板公开赛	5月	沙坪坝区融创文旅城	100
17	2021总裁绿道重庆万盛云端花海山地马拉松赛	5月	万盛黑山谷度假区	2100
18	重庆市第10届全民健身运动会（26个运动项目）	5—11月	相关区县	数万

续表

序号	赛事（活动）名称	时间	地点	规模/人
19	2021重庆市"网络之星"围棋公开赛	5月	线上（互联网）	200
20	第10届中国摩托艇联赛"蚩尤九黎城杯"重庆彭水大奖赛暨中国·彭水桨板公开赛	5月	彭水县	500
21	2021年全国沙滩排球冠军赛暨第14届全运会沙滩排球资格赛云阳站	5月	云阳县	65对选手
22	"德佳杯"重庆市第2届龙舟公开赛总决赛（合川站）暨重庆市第10届全民健身运动会龙舟比赛	6月	合川	川渝两地22支代表队
23	重庆市第4届老年人健身运动会	6月	垫江县	555
24	重庆市太极拳比赛	6月	石柱县	600
25	2021重庆开州汉丰湖半程马拉松赛	6月	开州区汉丰湖	10000
26	2021重庆市围棋锦标赛	7月	长寿区	146
27	2021重庆石柱"农旅杯"铁人三项赛	7月	石柱黄水太阳湖	1000
28	2021重庆市公开水域游泳比赛	8月	石柱黄水太阳湖	300
29	2021全国徒步大会群众性户外活动	8月	武隆仙女山	800
30	第17届中国武隆国际山地户外运动公开赛	8月	武隆仙女山	500
31	2021重庆山地自行车赛	8月	巫溪县红池坝	500
32	2021全国滑翔伞邀请赛	8月	云阳县盘龙街道	100
33	2021"全民健身挑战日"活动	8月	万盛文体中心体育馆	800
34	2021重庆金刀峡溪降精英赛	8月	北碚区金刀峡景区	900
35	2021重庆市校园铁人三项邀请赛	9月	江北石子山体育公园	1000
36	2021中华垂钓大赛	9月	合川区	—
37	金佛山·2021绳命LifeLine绳索救援邀请赛	9月	南川金佛山	560
38	2021重庆市梁平骑跑两项赛	9月	梁平	400
39	2021重庆·武隆仙女山马拉松赛	10月	武隆仙女山	2000
40	重庆市第6届登楼大赛暨第13届解放碑CBD城市登高楼大赛	10月	渝中区解放碑	1000
41	2021中国高尔夫巡回赛	10月	南岸庆隆高尔夫	500
42	2021重庆·大足环龙水湖半程马拉松赛	10月	大足龙水湖度假区	10000
43	2021中华龙舟大赛（重庆合川站）	10月	合川区	1000
44	第10届重庆合川钓鱼城登山邀请赛	10月	合川区	1000

续表

序号	赛事（活动）名称	时间	地点	规模/人
45	2021重庆潼南涪江半程马拉松	10月	潼南城区	5000
46	2021"中国杯"定向越野巡回赛（重庆永川站）	10月	永川区	1500
47	2021"万里长江·天生云阳"户外多项运动挑战赛	10月	云阳县	1000
48	2021重庆·荣昌铁人三项赛	10月	荣昌万灵镇	700
49	2021智跑重庆国际城市定向赛	10月	大渡口区	3000
50	2021重庆万盛青山湖跑步节	10月	万盛青山湖湿地公园	1000
51	2021中国重庆汉丰湖国际摩托艇公开赛	10月	开州汉丰湖	200
52	2021重庆铁山坪森林半程马拉松赛	10月	江北铁山坪森林公园	5000
53	第5届全国室内跳伞（风洞）锦标赛	10月	重庆际华园极限运动中心	200
54	2021年重庆国际马术挑战赛	11月	江北凤凰湾马术场	500
55	2021重庆半程女子马拉松赛	11月	南岸区南滨路	10000
56	2021中国攀岩自然岩壁系列赛（重庆奉节站）暨年度总决赛	11月	奉节三峡原乡	100
57	2021重庆半程马拉松赛	11月	巴南区巴滨路	15000
58	2021重庆·荣昌马拉松赛	11月	荣昌万灵镇	20000
59	重庆市第9届"李雪芮杯"业余羽毛球公开赛	11月	大渡口区	800
60	2021长江三峡（巫山）越野赛	11月	巫山县	3000
61	2021年全国攀岩锦标赛	11月	九龙坡攀岩国家示范公园	300
62	2021重庆国际马拉松赛	11月	重庆市市区	15000
63	2021"三峡之巅"中国天空跑挑战赛	12月	奉节夔门	800
64	2021年国际象棋协大师赛	12月	涪陵区	284
65	重庆市第11届体育舞蹈锦标赛（线上）	12月	线上（互联网）	665
66	2021年重庆市男子篮球联赛	12月	北碚区	137
67	2021长江三峡马拉松赛	12月	忠县滨江路	10000
68	重庆第37届马拉松接力赛	12月	九龙坡华岩风景区	1000
69	2021重庆·黔江第7届跑客节	12月	黔江十三寨景区	500
70	2022重庆市迎新年登高活动	12月	江津区	600

（2）具备联合开展群众性体育赛事（活动）的可行性。可以将川渝两地已经分别举办多届次的"跑遍四川""跑遍重庆"，提档升级为"跑遍川渝"系列赛事，既丰富了其赛事体系，又可以延长竞赛周期，还能覆盖更广范围内的川渝群众。川渝两地还联合开展了青少年、中老年等特殊群体参加的体育赛事（活动）。例如，2020年10月31日在重庆市渝北区全民健身中心举办过"第1届川渝青少年体育交流活动"，来自四川和重庆两地的160余名青少年积极参与体育文化活动及互动交流。此外，川渝两地还举办了"2020·中国成渝双城万人瑜伽大会""百万人民线上瑜伽""川渝杯群众舞蹈大赛"等形式多样的各类群众性体育赛事（活动）、全民健身项目，不仅推进了川渝两地体育文化交流，还掀起了全民健身热潮。

6.1.4 便利的区域间交通网络

在成都与重庆之间、成渝地区双城经济圈各区之间、成德眉资之间、重庆各区之间，便利的交通为联合开展群众性体育活动、联合举办群众性体育赛事等提供了可能。目前，成都与重庆之间开行城际列车及高铁74对、动车22对、快速列车及直达列车8对，两地之间的轨道交通耗时90分钟至120分钟不等。另外，成渝地区双城经济圈、川渝内部都市圈交通管理都以"同城化"为目标，并初步实现成渝地区双城经济圈地理毗邻区域的公交共建共享。目前，成德眉资等地区还开通了一批跨市的定制模式运营的公交线路；成德眉资地区公交"一卡通"也在稳步推进。此外，还基本消除交界地带"断头路"：成德之间的货运大道、青金快速路北延线、S422金旌路、彭什沿山路积淮路、广大路；成眉之间的简仁快速路、S103剑南岷东大道双流段、S401蒲丹路；成资之间的成资大道、螺简路、云大路、养资路、万罗路、放高路。已建成的城际快速交通网络为闲暇时间的运动休闲、跨区域参赛等提供了保障。

建设中及规划中的其他跨区域交通基础设施为成渝地区双城经济圈地理毗邻区域开展同城化体育活动创造了条件,成德眉资同城化规划建设交通项目如表6-4所示。推进成都经济区环线、成资渝、成宜等高速公路建设，推动成绵、成乐、成南等高快速路扩容改造工程前期工作并力争尽快启动建设。

表6-4 成德眉资同城化规划建设交通项目

区域	轨道交通	客运公交	公路
成都—重庆	城际列车及高铁74对、动车22对、快速列车及直达列车8对	一卡通	多条高速公路
成都—德阳	近期规划：S1线（由新都石油大学起，经成都青白江、金堂，至德阳凯州新城止）、德阳市域铁路S11线（沿天府大道北延线通道接驳成都地铁18号线）。远期规划：S12线（近期建成成都龙潭至成都青白江段，远期拟建成都青白江至德阳段）、S2线（近期建成成都东部新城至成都金堂段，远期拟建成都金堂至德阳段）。远景规划：S10线（连接成都彭州、新都、青白江与德阳广汉）、S2线（拟建S2支线至德阳凯州新城）	成德同城首条地铁公交专线——广汉至新都·地铁3号线直达公交	成绵高速扩容线；德都高速
成都—眉山	成眉市域铁路S5线、成都轨道交通5号线眉山延线（R1线）、成都轨道交通眉山线东坡支线（R2线）、成都轨道交通眉山线仁寿支线（R3线）、成都轨道交通24号线眉山延线（R4线）	跨市城市公交线路T50（已通车）	天眉乐高速、成乐高速扩容、成仁简快速路、天府大道眉山段、滨江大道北段东线、益州大道南延线、梓州大道南延线
成都—资阳	成资市域铁路S3线、成渝中线高铁、成都地铁资阳线（起于天府国际机场，止于资阳北站）	协调已有成渝高铁客运专线每日增开6个班次，最短发车间隔缩短至20分钟。2019年12月20日起，成德眉资四市公共交通正式实现"一卡通刷，优惠互享"	成资渝高速、成资大道、东西城市轴线东段、成达万高速。全线贯通：成都经济区环线高速。成都"三绕"将贯通：北至德阳、南到眉山、东达资阳、西连都江堰

成德眉资四城已通车交通项目如表6-5所示。

147

表 6-5　成德眉资四城已通车交通项目

区域	铁路	客运公交	公路
成都—德阳	64 车次	7:50—23:00（15 分钟左右一班，滚动发生）	成德大道、第三绕城高速、成渝环线高速
成都—眉山	45 车次	跨市城市公交线路 T50	成雅高速、成宜高速、成乐高速、第三绕城高速、剑南大道南延线、国道 G245
成都—资阳	24 车次	已开通成都旅游集散中心至资阳的定制客运线路	成资渝高速、成安渝高速、319 国道、资简快速通道、资三快速通道、资阳临空经济区至机场北快速通道、城南至简机仁快速通道

6.2　成渝地区双城经济圈群众体育融合发展的重点任务

6.2.1　树立"共建""共享"理念

现阶段成渝地区双城经济圈正在进行"新型城镇化建设"，城乡关系将走向深度融合；但统筹城乡发展，更需要政府部门优化和完善各类体育公共产品的供给方式，实现供给能力的增强[①]。成渝地区双城经济圈群众体育融合发展，还需要最广泛的社会大众的积极参与，发动城乡居民参与组织考核，开展形式多样的群众性体育赛事及活动。

6.2.2　培育社会大众的健身热情和兴趣

具体来说，通过体育"消费券""代金券"等形式，补贴健身爱好者、体育场馆、体育产业企业，或者为市民送出舞蹈、跆拳道、围棋、象棋、魔方等大众喜闻乐见体育项目的健身"福利"，满足广大市民对运动健身休闲服务产品的需求，更多地激发大众参与体育运动锻炼的热情。

---

① 高帆. 从政府-市场到城乡关系：结构联动视域下的中国经济转型[J]. 探索与争鸣，2019（12）：95-103.

6.2.3 构建区域全民健身组织体系

成渝地区双城经济圈群众体育融合发展，需要发挥社区、街道、全民健身中心等组织和机构在群众体育发展中的支撑作用，并构建起涵盖政府部门、体育社会组织、企事业单位等多元一体的区域全民健身组织体系（图6-1），为成渝地区双城经济圈群众体育融合发展提供组织保障。

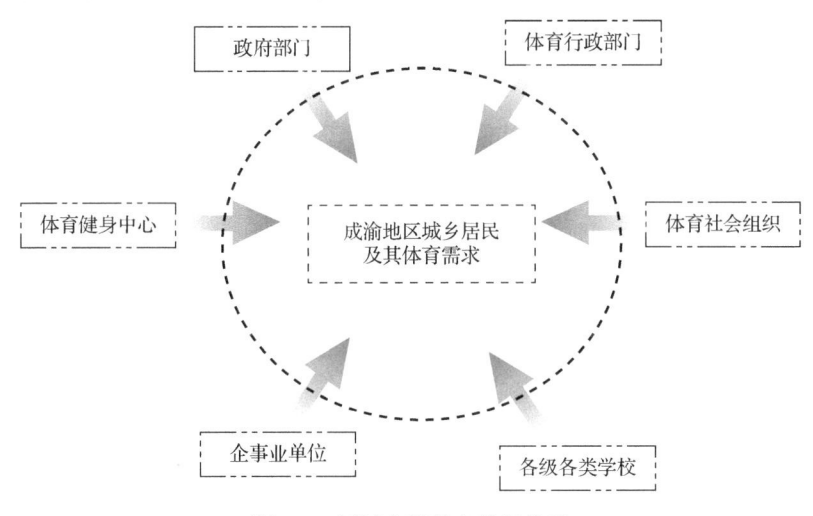

图6-1 区域全民健身组织体系

6.3 促进成渝地区双城经济圈群众体育融合发展的策略

6.3.1 增加体育场地器材供给

进一步增加体育场地器材供给，满足社会大众健身需求，缩小与国内其他同类城市的差距。一是，在体育设施的建设上，做好增量的建设，做好存量的开发与升级，扭转公共健身设施面临的老年人用不了、年轻人不乐意用的尴尬局面。二是，结合乡村振兴战略的推进与实施，围绕各地村容村貌特色，有重点地建设好、维护好体育场地和设施，同时避免千篇一律地建设造成资源浪费。三是，根据群众的运动项目偏好和单项体育场地供给现状，增加周边居民喜闻乐见且紧缺的项目的体育场馆供给，克服体育场地供给"短板"，推进体育场地设施精准供给。2022年部分超特大城市体育场地及相关信息如表6-6所示。

表6-6 2022年部分超特大城市体育场地及相关信息

城市	体育场地数量/个	全民健身路径数量/条	健身步道/千米	人均体育场地面积/平方米	经常参加体育锻炼人数/%	群众性体育赛事活动数量/个
上海	58164	18498	2611	2.51	50.1	15013
北京	42800	12306	2518	2.90	50.2	—
深圳	30411（2021年）	—	3119	1.72	42.9	3000+
重庆	145300	26160	9213	2.08	47.7（2021年）	—
成都	64100	16700	6500	2.4	42.4	6000+

资料来源：根据相关城市体育部门微信公众号、新闻报道等渠道的数据整理所得。

积极拓展体育的发展阵地和发展空间，打造体育发展场景。一是，推进中心城区背街小巷的体育场地设施升级。背街小巷是指城市的一些"背"且"小"的地带。位于城市中心城区、历经长期演化的背街小巷，它关乎市民日常生活，是承载城市生活的"里子"，是塑造城市形象的"面子"，最能体现城市的精细化治理水平。经过精心打造背街小巷，可以活跃社区经济、商业、文化。2023年7月21日，国务院总理李强主持召开国务院常务会议，审议通过的《关于在超大特大城市积极稳步推进城中村改造的指导意见》中明确"鼓励和支持民间资本参与"，这为成渝地区双城经济圈各城市城区背街小巷体育场地设施布局、升级提供了遵循和路径。成渝地区双城经济圈各城市应该着力整合背街小巷、老旧小区等低效空间，见缝插针，将体育场地设施布局到口袋公园、融入绿化及景观空间，赋能背街小巷，壮大体育阵地，满足居民的休闲生活需求。二是，积极打造城市体育发展场景。应该有效结合城市社区特色，在中心城区布局时尚球场、电音滑板、萌童乐园、光影舞动等各类主题社区运动空间，打造具有社区特点的体育景墙、体育雕塑，加强人与体育景观、体育空间的互动交流，产生对体育的认同和情感共鸣。三是，全面整合社会力量和城市道路空间。在中心城区布局更多"回家的路"——社区绿道（步道），促进市民回家最后一公里与体育的融合，营造社区文化体育休闲生活场景和消费场景。综上，通过体育场地、体育景观、回家的路，"串起"城市居民回家的归途、幸福的生活、体育的活力；构建推窗见体育、出门有运动的城市体育文化氛围；用体育丰富城市文化底色、涵养城市体育文化氛围，提升群众获得感和幸福感，积极引导市民选择绿色低碳出行方式。

6.3.2 优化区域公共体育服务供给

现阶段我国城乡关系要走向深度融合，需要政府公共产品供给方式的完善、供给能力的增强[①]。

提升体育场馆设施设备布局精准化水平，避免资源错配和闲置。在数量上，于人口规模大的社区配置更多的公共服务资源，突出社区对城市基本公共服务供给的基础作用和服务能力，实现基本体育公共产品服务的空间优化配置。在质量上，聚焦成渝地区双城经济圈各城市不同社区的常住人口的人群画像，建立与"区—乡镇（街道）—村（社区）"相适应的体育公共设施配置指南，布局与人口结构和需求特征相匹配的体育场地设施设备；明确"15分钟健身圈""10分钟健身圈"内的体育公共服务内容、人员配置、服务方式等，有效提升体育公共服务的精准度、精细度、精益度。在体系上，构建形成"标准+平台+集成+联动"的体育公共服务治理体系，完善体育公共产品与服务的信息共享、统计监测、应用实施等全套标准。

6.3.3 数字赋能成渝地区双城经济圈体育发展

适时将大数据、互联网、物联网、人工智能，甚至云计算和区块链等技术运用于成渝地区双城经济圈体育发展，如运用于寻找运动锻炼场馆、寻找科学运动

[①] 高帆. 从政府-市场到城乡关系：结构联动视域下的中国经济转型[J]. 探索与争鸣，2019（12）：95-103.

锻炼健身指导，提高成渝地区双城经济圈体育公共服务的水平。

及时绘制城市体育供需 GIS 地图。将全城人口总量和人群结构特征、居住空间位置、公共体育场馆设施分布等集中呈现在一张 GIS 地图上，实现全区人口、资源、服务底数"一屏清晰"，对体育场馆、体育公园、社区健身中心、健身路径、健身步（跑）道、绿道等体育公共服务资源进行"精准画像"，实现体育发展诸多要素的集成管理；满足市民对体育健身设施、体育服务的空间数据、资源配置及健身信息查询检索等的需求；实现人口、养老、托幼、场地、项目、功能和服务统筹集成；实现体育公共服务资源"缺不缺""缺什么""缺多少"精准问诊。

加强信息技术在体育治理中的运用。在进场流程、在线预订、智慧人脸识别、智慧体测健身等环节实现全面智慧化升级和平台化服务；用智能化的软硬件结合降低场馆人工服务成本，提升场馆运营管理能力。在智慧化运营平台的基础上，采集到的体质数据和运动参与率数据等又能运用于体育公园及体育场地设施设备的运营维护。在体育公共服务网络中接入社会体育指导员，实现科学运动锻炼的在线展示、现场交流，实现体育公共服务资源"开不开""好用不""怎么用"的精准指导。

6.3.4　提升川渝两地体育公共服务对接共享水平

首先，确保区域体育标准共用、互认。强化体育服务业"标准对接、资格互认"，即确保川渝两地群众体育发展的体育设施建设标准、体育公共服务标准、体育赛事品质标准互认衔接，并积极加强行业指导、服务监督，使体育融合发展及运营管理更加规范高效，服务保障更加坚强有力。其次，鼓励两地群众健身组织的有效运作，鼓励社区体育俱乐部、社区体育队伍建设，并充分发挥这些组织在群众体育活动组织、群众体育赛事及活动策划等方面的作用；加强对体育活动站点工作的组织、管理和指导，发挥区域内高等院校的作用，对川渝两地社会体育指导员加强培训，让区域内的各类体育团体等基层体育组织得到较快发展。再次，积极推行两地体育基础设施一卡共享、扫码共享，引领成渝地区双城经济圈全民健身新气象。利用人工智能、大数据、云计算、区块链等技术，建立健全川渝居民健身及健康数据库，解决各地居民健身及健康信息采集表单不统一、系统不统一、跨地区数据缺失、无法有效同步等问题，实现资源整合、数据共享、互联互通。

成渝地区双城经济圈竞技体育融合发展

竞技体育是我国最重要的体育公共产品之一，一直是我国各省（自治区、直辖市）体育行政管理部门工作的重点领域。各区域都希望为国家输送和培养更多的高水平运动员，使其在奥运会等世界大赛中为国争光；都力争在全运会等全国重大比赛中创造优异成绩。如何深化各省（自治区、直辖市）在竞技体育领域的合作，达到"1+1>2"的效果，是区域体育融合发展普遍关注的问题。成渝地区双城经济圈竞技体育融合发展的探索，可以为其他地区提供参考。

7.1 成渝地区双城经济圈竞技体育融合发展的基础

7.1.1 四川及重庆的竞技实力及面临的形势分析

在国内的全运会等高级别体育赛事体系中，一般按照行政区划组队参赛。自从1997年6月18日重庆升格为我国第四个直辖市之后，因行政管理需要而设立的行政管理体系及其衍生的行政壁垒，导致川渝两地不得不分别组队参赛。统计数据显示，包括业余体校在内的四川竞技体育后备人才队伍规模及数量受到较大影响：四川省内的业余体校数量减少了20%~30%，四川省内参加业余体育训练的青少年人数下降了12.5%[1]。另外，从全运会的成绩中可以清晰地看出，川渝两地竞赛成绩有明显的下滑，四川及重庆在全运会上取得的成绩情况如表7-1所示。

---

[1] 刘晓峰. 加快体育人才资源开发推动我省竞技体育持续发展[J]. 成都体育学院学报，2004，30（1）：1-6.

表 7-1　四川及重庆在全运会上取得的成绩情况

届次	四川 金+银+铜/枚	排名	重庆 金+银+铜/枚	排名	四川+重庆（奖牌数/枚）
第 14 届	22+19+23	9	2+8+2	29	24+27+25
第 13 届	15+18+23	11	3+2+3	21	18+20+26
第 12 届	13+26+27	13	5+3+4	23	18+29+31
第 11 届	13.5+21+26	12	2+0+5	28	15.5+21+31
第 10 届	12+17+19	14	1+3+0.5	27	13+20+19.5
第 9 届	9+16+21	13	1.5+2.5+3	30	10.5+18.5+24
第 8 届	12.5+20.5+18	11	0+2.5+2.5	32	12.5+23+20.5
第 7 届	15+14+22	8			15+14+22
第 6 届	17+19+14	6			17+19+14

在1987年举办的第6届全运会上，四川一共获得了17枚金牌，位列全国奖牌榜第6位；在1993年举办的第7届全运会上，四川一共获得了15枚金牌，位列全国奖牌榜第8位；在1997年举办的第8届全运会上，四川一共只获得了12.5枚金牌，位列全国奖牌榜第11位；在2001年举办的第9届全运会上，四川一共获得9枚金牌，位列全国奖牌榜第13位；在2005年举办的第10届全运会上，四川一共获得了12枚金牌，位列全国奖牌榜第14位；在2009年举办的第11届全运会上，四川一共获得了13.5枚金牌，位列全国奖牌榜第12位；在2013年举办的第12届全运会上，四川一共获得了13枚金牌，位列全国奖牌榜第13位；在2017年举办的第13届全运会上，四川一共获得了15枚金牌，位列全国奖牌榜第11位。1997年10月举办的第8届全运会四川的竞技成绩较之前几届，呈现出明显的下滑特征，足以见得：四川和重庆分别组队参赛后，四川竞技体育的整体实力受到较大削弱。

反观重庆方面，从1997年独立组队参赛以来，在第8、9、10届全运会上的成绩不太理想，只分别获得了0枚（位列全国奖牌榜第32位）、1.5枚（位列全国奖牌榜第30位）和1枚金牌（位列全国奖牌榜第27位）。另外，即使将这三届全运会中四川和重庆的竞技成绩相加，也较之前的第6届和第7届全运会的成绩有明显差距。因此，可以明确的是，行政区划导致的两地分别组队参赛让区域竞技体育整体实力和竞争力下滑。

川渝两地在第 11 届全运会上共获得 15.5 金 21 银 31 铜、在第 12 届全运会上共获得 18 金 29 银 31 铜、在第 13 届全运会上共获得 18 金 20 银 26 铜。显而易见的是，重庆升为直辖市后四川竞技体育的整体实力和竞赛成绩等都遭到削弱，重庆竞技体育的综合竞争力也未能幸免地受到影响。

在第 14 届全运会上，四川共有 737 名运动员参加 33 个大项、369 个小项的竞技体育项目比赛，夺得 22 金 19 银 23 铜共计 64 枚奖牌，奖牌数位列全国第 6 位，比上届提升 4 位；金牌数位列全国第 9 位，比上届提升 2 位。四川参加了全部的 19 个大项（15 个比赛项目、4 个展演项目）的群众体育项目比赛，659 人进入决赛，显现了雄厚的群众基础。在第 14 届全运会上，重庆共派出 231 名运动员，参加田径、乒乓球、跳水等 28 个大项的比赛；共获 2 金 8 银 2 铜；共有 9 人 1 队 12 次 12 项创世界纪录，1 人 1 队 2 次 2 项创亚洲纪录，15 人 7 队 24 次 24 项创全国纪录，获得奖牌和名次的代表团数量较上届大幅度增加。

2004 年 2 月 16 日，在四川省政协九届二次会议上，致公党成都市委副主委杨兴平提出了"以科学的发展观构建川渝经济圈"的构想和建议。

在经济一体化发展、共建成渝经济圈的趋势影响下，成渝地区双城经济圈各地的竞技体育发展应该借势于区域经济一体化和近年来国家体育总局关于全运会等重大赛事的竞赛管理改革中允许"跨省组队参赛"等新趋势，探讨整合四川和重庆各市（区、县、州）现有的各级各类业余体校、传统项目学校、青少年体育俱乐部等竞技体育业余训练资源，以及在各类机构中参训的青少年后备人才资源，通过融合发展的路径，发挥各市（区、县、州）各自的体育资源优势，积极开展合作。目前来看，摆在我们面前的问题是：第一，如何消除制约川渝两地竞技体育发展的后备人力流动行政壁垒，进行竞技体育项目间优势互补，尽最大努力缩小区域内部各城市之间的差距，并着力提升区域竞技体育整体竞争力和整体竞技实力；第二，在广泛发动社会力量参与竞技体育后备人才培养的基础上，优化各层级体校的竞技体育项目布局，并在其中择优培育成渝地区双城经济圈竞技体育领域的优势项目和主导项目；第三，进一步统筹规划成渝地区双城经济圈竞技体育发展战略，从川渝"整体"或"一体"层面布局区域竞技体育短期、中期和长期发展规划。

川渝城市群联合发展竞技体育，联动开发、培养区域竞技体育人才将成渝竞技体育区打造成为西部竞技体育中心，并能在国内竞技体育舞台上具有一定竞争力，实现成渝地区双城经济圈竞技体育可持续发展，使整个区域竞技体育的发展形同一体，共同参与竞争。党的十六大报告指出："创新是一个民族进步的灵魂，是一个国家兴旺发达的不竭动力，也是一个政党永葆生机的源泉。"随着我国竞技体育事业的深入改革，成渝地区双城经济圈欲寻求新的突破与发展，唯有不断创新，才能具有持久生命力。因此，成渝地区双城经济圈要保持目前在西部地区的竞技体育优势，实现竞技体育的可持续发展，后备人才培养"一体化"是必然选择。

从第10届全运会到第12届全运会的奖牌榜中可以看出：每届全运会的东道主占尽天时、地利、人和优势，往往能稳居奖牌总榜榜首；山东、广东、北京、辽宁等省市稳居第一集团。值得关注的是，上海市有着极强的竞争力，但其已经对体育发展战略中心进行了调整，从竞技体育转向群众体育和体育产业领域。四川较西部其他地区有较大优势，西部各省（自治区、直辖市）在第8、9、10届全运会中的实力比较如表7-2所示，但在全国竞技体育竞争格局中，仅位列第二集团的中后位置；四川与第一集团的其他竞技体育实力强劲对手之间的差距十分明显，突出表现在后备人才储备情况、竞技体育项目布局、体育发展文化氛围、区域经济社会发展水平等几个方面。相对而言，重庆的竞技实力和竞赛成绩排名情况则有很大的提升空间。

表7-2 西部各省（自治区、直辖市）在第8、9、10届全运会中的实力比较

地区	第8届全运会 奖牌数/枚	排名（全/西）	第9届全运会 奖牌数/枚	排名（全/西）	第10届全运会 奖牌数/枚	排名（全/西）
四川	12.5+20.5+18	11/1	9+16+21.5	13/1	12+17+19	14/1
广西	12.5+11+7.5	12/2	7+7.5+7.5	20/3	6+8+8	20/2
云南	1+3.5+5	29/8	7+7.5+5.5	21/4	5.5+8+8.5	21/3
陕西	1.5+6.5+1	27/7	8.5+4.5+4	17/2	3+7.5+8.5	22/4
甘肃	4+4.5+6	22/4	3.5+4.5+6.5	24/6	2+4+1	23/5
新疆	3+3+5	23/5	2+5+2	26/7	1+2.5+6.5	25/6
内蒙古	9.5+9+9	15/3	6.5+2.5+5.5	22/5	1+4.5+6	26/7

续表

地区	第8届全运会 奖牌数/枚	排名（全/西）	第9届全运会 奖牌数/枚	排名（全/西）	第10届全运会 奖牌数/枚	排名（全/西）
重庆	0+2.5+2.5	32/11	1.5+2.5+3	30/9	1+3+0.5	27/8
贵州	2.5+3+3.5	24/6	1.5+2.5+4.5	29/8	1+0.5+3.5	29/9
宁夏	0+0+1	34/12	0+0.5+3	35/12	0+1.5+0.5	32/10
青海	0.5+2+0	31/10	0+1+2	33/10	0+0+2	35/11
西藏	1+0+0	30/9	0+1+0.5	34/11	0+0+0	/12

资料来源：根据体育资讯网相关数据整理而得。

在第8届全运会上，四川具有夺金实力的大项有8项，进入前三名的小项共43个，总分为1274.9分，位于总分榜的第7位。在第9届全运会上，四川获得金牌的大项共9项，进入前三名的小项共51个，总分名次与第8届全运会持平，金牌数却比上一届少了1.5枚，（第9届全运会还有1枚奥运会金牌带入），金牌在奖牌中所占的比例也从第8届全运会的21.43%下降到19.35%。在第10届全运会上，四川夺金的大项共7个，进入前三名的小项共44个，总分为1326.25分。这暴露出四川在拥有总分基础实力的同时，存在着竞技能力较弱、"尖子不多，尖子不尖"、有"项目优势"而"优势项目"少等问题。

各省（自治区、直辖市）在全运会、全国青年运动会、青奥会、奥运会等高规格体育比赛中获得的金牌数量，在一定程度上反映了区域最高竞技水平；各省（自治区、直辖市）在这些重大体育赛事中获得的奖牌数，反映了各地竞技体育"攻坚"团队（即地方省队）的整体竞技实力；各省（自治区、直辖市）在这些重大体育赛事中，尤其是在全运会上获得的总分数量，反映了区域竞技体育领域的后备人才储备情况和基础水平情况。据此分析，四川竞技综合实力处于全国中游水平，集团攻坚的实力和竞技发展的基础水平与江苏、北京、上海、辽宁、山东、浙江、福建等省市相比，还有较大差距。在特殊的历史年代和经济社会发展水平下，全运会最开始只在北京、上海、广州这三个经济较为发达的地区之间轮流举办，2005年第10届全运会在江苏南京举办。从奖牌榜看，我国竞技体育领域的竞争格局发生了一些变化。2008年北京奥运会、2022年北京冬奥会、2022年世界大学生运动会等给成渝地区双城经济圈竞技体育发展带来了重要的发展机遇。

四川和重庆要想在之后举办的全运会等高级别体育赛事中获得更佳的战绩，亟须思考竞技体育发展的新模式和新做法。

当前，我国正在纵深推进社会组织与政府部门脱钩等管理改革，体育领域各类与竞技体育发展相关的事业单位改革及体育行政管理部门职能转变也正与之同步进行。竞技体育管理、竞技体育赛事组织等领域的各种体制改革和机制创新在不断推进。"合则两利，分则两败"，在新环境形势下，如果四川和重庆仍然保留着传统的"狭隘"的地方竞技体育利益观念，依然一味"割裂"地开展竞技体育人才培养、一味片面地追求各自省份竞技体育奖牌和金牌等增长，则很难从深层次促进成渝地区双城经济圈竞技体育整体发展。因此，四川和重庆从20世纪坚持到现在的以基层业余体校和省体校为核心的各个运动项目后备人才培养体制和培养模式急需做出调整，否则将很难与我国当前的社会主义市场经济体制相适应，并从根本上阻碍成渝地区双城经济圈竞技体育的整体进步和可持续发展。

7.1.2 成渝地区竞技体育融合发展面临的主要问题

1. 人才流通不畅

20世纪80年代初，为了满足各个省（自治区、直辖市）参加高级别体育赛事的需要，我国开始了区域之间的运动员交流。运动员交流即有潜质或者具有较高竞技水平的运动员在不同的行政区域之间被"引进"或者"输出"。运动员交流需要在运动员本人及其主管教练员、运动员培育单位、运动员培育单位的主管部门、输入机构、输入机构的主管部门等多方面协商一致的前提下进行；本着平等原则将相关运动员与对方"交换"并注册到对方省份，以实现区域之间（官方）优势互补的"协作性的转让"[1]；运动员交流既包括双方的协作，也包括经济行为和体育经纪行为。此外，职业运动员在不同俱乐部之间、在俱乐部与其培养单位之间基于经济行为的"流动"也属于运动员交流。

随着我国优秀运动员注册管理制度的不断完善，运动员的交流行为趋于频繁，

---

[1] 潘慧文, 隗金水, 邹亮畴, 等. 竞技体育人才交流与本土人才培养的关系探讨[J]. 山东体育学院学报, 2004, 20 (4): 16-18.

在一定程度上满足了运动员本人职业发展的需要，也满足了相关方面顺利组队参加比赛及取得优异竞技成绩的需要。但竞技体育除挑战自我、超越自我等精神层面的意义外，还包括锦标、奖牌等物化层面的意义，而锦标、奖牌等则具有排他性和唯一性；因此很多培育单位为了不给自己制造对手，采取一系列限制运动员交流的措施，不仅扼杀了运动员本人的职业发展，还在一定程度上制约了区域竞技体育的整体发展。

各个层级地方政府部门是地区竞技体育的关键利益主体，它们所采取的一系列行政手段在很大程度上限制后备人才流动[1]。例如，各行政区采取有违奥林匹克精神、有损竞技体育从业青少年利益的措施阻碍本地人才跨区域流动，存在钻注册管理等制度的空子、阻碍人才合理流动、采取非正当手段从其他地区挖后备人才等现象。

成渝地区双城经济圈运动员交流领域存在一系列优化空间。一是，缺乏统筹规划，存在无序性。传统的竞技运动员培育思维和以业余体校为核心的运动培养体系的"各行其是的状态"限制了运动员交流，造成一定障碍[2]。四川和重庆的体育行政管理部门需要进一步开展关于各市（区、州、县）业余体校、青少年体育俱乐部、学校等的竞技体育后备人才储备情况摸排；根据各个体育项目的优秀运动员储备情况和项目的区域布局情况，开展川渝两地"跨区域"依托项目及项目布局运动员"定向"交流；最大限度地留住川渝籍运动员，优化区域竞技体育人才供给。二是，进一步完善成渝地区双城经济圈运动员交流的相关法规制度。通过竞技体育后备人才培养奖励办法及成本补贴办法等，吸引更多学校和营利性社会俱乐部等参与运动员培养。

2. 项目布局同构，培养效益低

一个国家或地区的竞技体育能否迅速发展，从宏观上讲，战略布局的科学性和合理性起着非常重要的作用。成渝地区双城经济圈是国家新一轮西部大开发战

---

[1] 戴健，马志和. 论长三角竞技体育后备人才资源一体化发展[J]. 体育科学，2005，25（11）：11-14.
[2] 赵玉亭，罗普磷，蒋志学，等. 我国优秀运动员和后备人才交流方案的研究[J]. 体育科学，2000，20（2）：4-6.

略的关键地区，成渝地区双城经济圈的竞技体育项目布局、发展战略特征等都有可能对西部其他省（区）产生示范效应。

由于缺乏规划和制定惯性，各省（自治区、直辖市）不顾及比较优势，盲目布局与区域资源禀赋和相关要素不符合的体育项目，或者盲目地铺摊子与一味求项目布局"全""广"，导致重复投资、低水平同质化竞争和人才培养效益低下。

四川和重庆参加全运会的体育项目情况如表 7-3 所示，从中能清楚地看到：四川、重庆的项目布局都强调了"多"和"全"，而在更大的区域范围内看则会出现重复建设。四川几乎参加了第 10 届全运会、第 9 届全运会的全部项目，但成绩（金牌数）不理想；重庆参加了第 10 届全运会的 22 个项目，却只获得了 1 金 3 银 0.5 铜。这样不仅使区域内竞技体育资源得不到有效的开发，还造成了巨大的浪费。

表 7-3　四川和重庆参加全运会的体育项目情况

省市	第 8 届全运会奖牌项目	第 9 届全运会奖牌项目	第 10 届全运会奖牌项目
四川	田径、排球、沙滩排球、举重、拳击、皮划艇、自行车、手球、柔道、羽毛球、艺术体操、体操、射击、射箭、赛艇、跳水、足球、武术、垒球、帆板、乒乓球	田径 [女子短跑、男（女）子接力、男子竞走、男子三级跳远]、皮划艇、跳水、赛艇、激流回旋、摔跤、武术、沙滩排球、排球、自行车、射击、射箭、击剑、曲棍球、花样游泳、体操、艺术体操、足球、羽毛球、网球、拳击、垒球、棒球、帆板、乒乓球、短道速滑、现代五项	散打、网球、田径、垒球、举重、手球、射击、跳水、激流回旋、排球、体操、艺术体操、柔道、跆拳道、帆板、花样游泳、曲棍球、棒球、垒球、马术、羽毛球、乒乓球、赛艇、短道速滑
重庆	田径、羽毛球、柔道、举重、跆拳道、摔跤、网球、足球、篮球、赛艇、拳击、射击、射箭、武术、乒乓球、游泳、跳水、蹦床	拳击、皮划艇、击剑、男足、体操、艺术体操、蹦床、柔道、射击、游泳、跳水、水球、跆拳道、举重、摔跤、帆船	田径、拳击、摔跤、花样滑冰、速滑、短道速滑、击剑、花样游泳、跳水、柔道、赛艇、羽毛球、武术套路、跆拳道、帆船、射击、手球、篮球、曲棍球、射箭、散打、水球

资料来源：根据第 9 届全运会、第 10 届全运会官方网站及体育资讯网相关资料整理而得。

在第 14 届全运会上，重庆派出了 231 名运动员，参加全运会田径、乒乓球、跳水等 28 个大项的比赛；重庆在跳水、飞碟、拳击、举重、跆拳道、摔跤等多个项目上具备较强的竞技实力。四川派出了 737 名运动员，参加第 14 届全运会 33 个大项、369 个小项的比赛。

从第 10 届全运会到第 14 届全运会，四川和重庆在跳水、乒乓球等项目上依然存在较强的竞争格局。

3. 人才培养模式及资金来源渠道单一

从成渝地区双城经济圈的整体层面看，隶属于体育行政管理部门的业余体校依然是竞技体育后备人才培养和输送的核心力量。这个模式便于相关部门把控资源投入、体育设施补充建设、教练员管理等区域竞技体育发展基本情况；但这个模式也正在面临业余体校招生难、场地设施大量闲置且社会效益有待提升、学员出路狭窄等制约业余体校发展的现实困境。

（1）业余体校的性质为"公益一类"事业单位，其各方面的管理必须遵循国家的相关管理办法，如事业单位收支"两条线"管理制度。作者在四川和重庆八个市（州）实地考察发现，业余体校场馆资源丰富，既拥有若干项目训练场（馆），也拥有一流的力量训练设备和康复设备，还拥有星级酒店和星级餐馆等配套设施设备，但鉴于其是"公益一类"事业单位，业余体校的闲置体育场馆资源很难被盘活和利用起来。

（2）业余体校面临招生难和后备人才短缺的困境。鉴于业余体校的自身现实，其只能保障青少年从事业余训练，无法或很难为青少年提供其年龄阶段所需要的文化教育，这导致很多青少年要在文化学习和业余训练之间做出取舍，他们往往不得不放弃训练；业余体校的训练场馆因招生难而闲置，业余体校的教练员因学员少而很难满足基本的训练工作量（课时）的要求，面临工资减少的生存困境及职称晋升无望的职业发展困境，不得不另谋生路。

（3）业余体校的运行由于其性质局限，在缺少事业心和变通精神领导的情况下，处于安于现状和"仰仗"政府部门投入的发展"迷局"中。

网球、篮球、足球等市场化程度较高的体育项目，已经涌现出一批营利性体育俱乐部，学校等业余训练提供主体也在积极参与后备人才培养；这些市场或社会主体在开展业余训练过程中，可能存在办学条件简陋、训练质量有待提升等问题。部分社会和市场组织与业余体校或者体育行政管理部门建立了"购买服务"形式的合作关系，但这些规制经济学研究的"政府采购行为"有待进一步规范，以避免"内幕交易""钱权交易"等损害地方利益和社会效益的行为。

另外，成渝地区双城经济圈地处西部，受区域发展非均衡性、二元结构的影响，经济落后于东部发达地区，政府投入竞技体育的资金自然有限。以政府拨款为主的竞技体育投入方式不但使成渝地区双城经济圈财政包袱沉重，造成投入不足，而且导致产权模糊、所有制单一。

4. 缺乏优质精品后备资源

成渝地区双城经济圈竞技体育资源相当丰富。以四川为例，近年来，四川注重青少年体育后备人才培养这个重点，通过在各市（区、州、县）的业余体校广泛开展业余训练、采取一系列措施，积极推进业余体校、传统项目学校、普通中小学、青少年体俱乐部等之间的合作关系，夯实了四川竞技体育的"基础工程"。四川青少年体育俱乐部情况统计如表 7-4 所示，在这些体育俱乐部建设过程中，培养了一批为四川征战全运会、二青会等重大赛事的优秀后备人才，也从源头上壮大了四川高水平运动员队伍。

表 7-4 四川青少年体育俱乐部情况统计

单位	俱乐部/个 国家级	省级	市州级	业训人数/人	开展项目/个	教练员人数/人
成都	34	—	6	32458	33	217
自贡	3	—	—	33700	11	27
攀枝花	1	—	1	523	8	54
德阳	2	—	—	3271	20	61
泸州	6	—	—	11000	20	46
绵阳	7	—	—	5500	12	26
广元	1	—	4	1974	11	16

续表

单位	俱乐部/个 国家级	俱乐部/个 省级	俱乐部/个 市州级	业训人数/人	开展项目/个	教练员人数/人
遂宁	1	—		378	5	10
内江	2	—		800	7	12
乐山	7	—	4	24000	14	28
南充	4	—	4	7400	15	56
宜宾	1	—	—	4500	17	23
达州	1	—	—	5600	17	30
雅安	1	—	—	1000	11	24
广安	1	—	—	—	—	19
巴中	1	—	—	2000	3	3
资阳	2	—	1	552	13	28
眉山	2	—	1	2000	12	15
甘孜	1	—	—	2000	6	7
阿坝	1	—	—	3000	17	27
凉山	1	—	1	200	16	38

资料来源：根据四川省体育局学校体育处相关数据整理而得。

由表 7-4 可以看出，四川竞技体育后备人才培养主体数量多，但缺乏优质资源、缺少精品。究其原因，主要是各市（区、州、县）之间的配合、协调开发和培养不够。

综上，应顺应经济区域化、一体化的发展趋势，积极推进成渝地区双城经济圈竞技体育的区域合作，破除行政壁垒，加快该地区的后备人才培养融合进程。

7.2 成渝地区双城经济圈竞技体育融合发展的系统构成

7.2.1 竞技体育项目布局的互补

竞技体育项目布局的互补即根据四川和重庆各个地市（区、州）的竞技体育发展传统、比较优势，进行高水平运动员培育分工，优化成渝地区双城经济圈竞技体育项目结构,增强成渝地区双城经济圈竞技体育项目设置的科学性、合理性。不能片面追求总分战略,致使川渝两地的竞技体育项目布局"大而全"、广种薄收,以至后备人才成才率低,还会耗费大量的人力、物力、财力。项目布局的一体化,要求川渝两地联合布局竞技体育项目,注重区域内竞技体育各项目教练员、竞技体育后备人才、资金、技术、场地条件等资源的整合与利用,充分发挥人才、技术、资金、信息等要素的聚集效应。

7.2.2 竞技体育人才市场的一体化

消除成渝地区双城经济圈竞技体育合作的各种障碍,是构造实现区域后备人才市场一体化的基础。成渝地区双城经济圈可以尝试建立一个多元主体广泛参与的区域竞技体育人才市场,消除各种形式的地方壁垒,为发挥市场机制配置竞技体育资源的作用创造基础条件。鼓励营利性俱乐部、学校等参与竞技体育后备人才培养,使区域内竞技体育人才培养主体进行充分的、有效的、公平的市场竞争,逐步实现成渝地区双城经济圈共同市场内竞技体育人才资源的高效配置。通过市场的手段使区域竞技体育人才联系得到加强,良好的环境因素能促进区域竞技体育要素资源的有效整合,从而促使区域竞技体育人才由比较优势转化为竞争优势。建立以市场一体化为核心的成渝地区双城经济圈竞技体育市场,其中特别重要的是共建区域性的竞技体育人力资源共同市场、竞技体育产权交易共同市场、竞技体育科技成果共同市场。

7.2.3 竞技体育信息的积极共享

竞技体育信息的积极共享即消除信息封锁现象,强调信息公开、透明,强化信息资源互通共享,降低社会交易成本。传统竞技体育发展模式的高淘汰率使许多青少年对市场化程度低的体育运动项目和传统业余体校望而生畏。因此,未来一段时间内成渝地区双城经济圈竞技体育后备人才的培养不能走盲目铺摊子、盲目上项目的传统发展模式,而应该走集约型发展道路,突出运动训练和选材过程中的科技含量，着力提高后备人才的成才率，这才是区域竞技体育可持续发展的根本出路。要提高成才率，就需要实现运动员、教练员、训科医等信息的共享，更好地服务于区域内竞技体育人才培养和竞技体育发展。

7.2.4 竞技体育发展制度的有效衔接

竞技体育发展制度的有效衔接即规范成渝地区双城经济圈竞技体育政策和制度，提供竞技体育融合发展的制度保障。区域竞技体育后备人才培养一体化进程发展缓慢与缺乏制度保障是密切相关的。要让政策既具有导向作用，又具有规范作用。要统一标准，创新制度，搭建共同的政策平台，规范成渝地区双城经济圈竞技体育政策和制度，为区域竞技体育后备人才培养一体化提供制度规范和保障，实现"无障碍"目标。加强行政协调，联手构建统一的制度框架和实施细则，实现区域竞技体育制度架构的融合；协调各城市竞技体育目标；积极寻求政府的财政支持，制定民族传统体育人才培养的财政投入、社会投资政策。

7.3 成渝地区双城经济圈竞技体育融合发展的可行性

"一体化"是成渝地区双城经济圈经济、社会发展的必然趋势，也是竞技体育可持续发展的必然要求。尽管成渝地区双城经济圈竞技体育后备人才培养一体化还存在诸多困难和障碍，但是随着经济发展、社会发展和体育事业蒸蒸日上，成渝地区双城经济圈各地携手，一体化培养竞技体育后备人才具备天时、地利、人和优势，具体体现在以下几个方面。

7.3.1 成渝两地已经达成了"双赢"合作的共识

成渝地区双城经济圈在西部是最发达的地区，拥有成都和重庆两个特大型核心城市。双方领导都多次提出要联合发展成渝经济区，共同实现大发展。双方都意识到：成渝地区双城经济圈需要合作，要淡化"中心""枢纽"之争；研究各自经济的特点，突出互补性；克服体制上的障碍，按照市场经济原则，实行紧密合作。成渝两地体育行政管理部门已经携起手来，并确立了"协同布局，互惠互利，共建共享"的融合发展原则，确定了加快构建成渝经济走廊、努力开拓区域合作的思路。

竞技体育是一定区域内城市综合实力的重要反映[①]，竞技体育发展水平将会影响一个地区（城市）的知名度和美誉度。因此，成渝地区双城经济圈各市（区、州、县）应该积极参与并更好地融入区域竞技体育统筹发展战略中，共同发力。

另外，近年来，为了备战城运会（全国青年运动会）、全运会等国内赛事，成渝两地在人才交流等方面展开了合作，这为双方的进一步合作——一体化培养区域竞技体育后备人才提供了现实参考模式。

7.3.2 川渝两地竞技体育文化具有同一性

地理上毗邻且有较长历史渊源的四川和重庆在文化上存在很强的同一性[②]。两地地域相邻、人缘相亲、文化相通，在1997年重庆挂牌成为中国的第四个直辖市之前，四川、重庆本是"一家"。四川、重庆同处巴山蜀水，两地历来联系紧密，巴蜀文化同根同源，两地居民交往频繁、生活习惯相近。"关起巫山峡，巴蜀是一家"，两地在社会、历史、资源等诸多方面有着十分紧密的依存和互补关系，这为一体化的竞技体育后备人才培养打下了良好的合作基础。

7.3.3 川渝两地竞技体育资源具有互补性

重庆自训的体育健儿在"十五"期间共夺得53个全国冠军、4个世界冠军（含非奥项目）[③]；建设的摩托围棋队取得"全国围甲联赛"五连冠等佳绩。

重庆拥有一批优秀运动员，如跳水世界冠军田亮、前国家足球队队长马明宇、"猎豹"姚夏、在德国汉堡世界杯柔道比赛获得女子48公斤级冠军的龚华及众多

---

① 姜海银，邓光庆. 发展区域性竞技体育对加快城市发展之研究[J]. 安徽体育科技，2005，26（2）：15-16，19.
② 吕飞，张龙. 重庆和成都区域旅游合作研究[J]. 重庆师范大学学报（自然科学版），2004，21（4）：62-66.
③ 范天亮. 重庆体育期待丰收"十一五"[N]. 重庆晚报，2006-02-09（22）.

在中超赛场上征战的球员；有"全国羽毛球之乡"美誉的万盛区，近年来，涌现出张亚雯、李雪芮等羽坛名将；万州区则为国家队输送了举重运动员钟国顺、牟娟，以及游泳运动员方艺等。另外，优秀年轻运动员不断涌现：在第22届世界大学生运动会上获得径赛冠军的陈丽莎、田径100米冠军选手胡凯、三级跳新星王颖、第10届全运会英雄刘瑛慧、女子百米小将王雯珊，以及拳击选手石金高、李斌等。

四川从改革开放以来，共夺得80个世界冠军、141个亚洲冠军、777个全国冠军，破、超世界纪录46项、亚洲纪录39项、全国纪录82项。四川竞技体育人才资源开发潜力巨大，后备人才辈出。在多哈亚运会上，四川选手共获得15枚金牌，金牌数占中国代表团金牌总数的9.1%。在体操项目上先后涌现出邹凯、冯喆、邹敬园等世界冠军、奥运冠军；在跳水项目上先后涌现出高敏、任茜、杨健等世界冠军、奥运冠军。

纵观四川、重庆具备一定竞争优势的各项目，不难发现两地在这些项目上具备一定的互补性。重庆运动员的竞争优势项目主要是田径短跑、柔道、拳击、羽毛球等；四川运动员的竞争优势项目主要是田径短跑、射击、体操、艺术体操、跳水、武术、赛艇等。此外，和田亮一样，众多重庆运动员有被川籍教练员发现、曾由四川训练与培养的经历（田亮10岁进四川省队）。这充分说明，成渝地区双城经济圈在这些项目上具有潜在的竞技体育人才资源，具备合作开发的可能性，并且开发潜力较大。

因此，川渝两地可以以这些互补项目作为"区域后备人才培养一体化"的突破口，把投入产出机制引入竞技运动项目评估，调整项目布局，传承区域竞技体育传统项目，走一条有成渝地区双城经济圈特色的竞技体育"精兵""强将"之路。

7.3.4　川渝合作是区域竞技体育发展的客观趋势

推进成渝地区双城经济圈经济融合发展进程是我国重要的战略布局，促进成渝地区双城经济圈竞技体育后备人才培养一体化是成渝地区双城经济圈在新的背景下扮演新角色的需要,是主动融入这一发展战略的必然取向。

"打虎亲兄弟,上阵父子兵"。在市场经济、竞技体育竞争日益激烈的今天,川渝更应该像兄弟一样携手前行与合作。联合培育竞技体育后备人才、一体化开发区域内竞技体育资源是一种不以人的意志为转移的区域竞技体育发展客观趋势和规律。两地联合,必将产生"1+1>2"的竞技体育发展聚合效应。

7.4 成渝地区双城经济圈竞技体育融合发展的模式

在重大体育比赛中取得优胜是竞技体育的重要表征。参加全运会等重大国内比赛需要以省(自治区、直辖市)为单位组队参赛。因此,鉴于竞技体育的排他性,成渝地区双城经济圈竞技体育的融合发展是竞争中包含融合的发展。

7.4.1 成渝地区双城经济圈竞技体育融合发展的理论模式

合竞模式(Cooperation Competing Model,CC 模式)即竞争中有合作,合作中有竞争,合作应存在于竞争中,竞争的时代也是催生合作的时代。合竞模式原本是地理位置临近、旅游资源禀赋相近或相似的区域之间的旅游发展模式[1]。竞技体育发展的合竞模式实质上是依托有序的市场竞争的区域竞技体育后备人才联合培育,即积极推进成渝地区双城经济圈在当前的双重约束条件下、在区域竞技体育后备人才培养中以市(区、州、县)的利益为基础的积极合作,通过区域之间的竞争与合作,建设富有吸引力的区域后备人才高地,实现区域竞技体育可持续、协同发展。合竞模式有助于形成成渝地区双城经济圈竞技体育后备人才融合培育格局。

竞技体育发展合竞模式下的竞争应该是规范、有序、合法、健康的竞争;竞

---

[1] 李晓光. 长三角都市旅游圈一体化模式探讨[J]. 特区经济,2005(10):176-177.

技体育发展合竞模式下的合作应该是成渝两地共谋区域竞技体育的整体发展、建设西部竞技体育高地的深层次的合作。竞技体育发展合竞模式指成渝地区双城经济圈根据竞技体育后备人才合作培养的广阔空间,联合、共同把区域竞技体育发展的"蛋糕"做大。

7.4.2　成渝地区双城经济圈竞技体育融合发展的运作模式

1. 政府部门主导的运作模式

成渝地区双城经济圈竞技体育发展需要充分发挥政府部门的主导作用。因为当前成渝地区双城经济圈竞技体育发展过程中布局的体育项目中有很大比例的体育项目属于在区域内及我国市场化程度较低且在社会上普及度不高的项目,这些体育项目现阶段的发展还不能仅仅依靠社会力量的投入。

政府部门主导成渝地区双城经济圈竞技体育融合发展,一要让四川和重庆各市(区、州、县)体育行政管理部门优化对基层业余体校的管理,充分发挥基层业余体校在业余训练及后备人才培养中的作用;二要让各市(区、州、县)进一步加强合作,对有潜质的后备人才进行联合培养;三要让各市(区、州、县)进一步主导并做好业余体育赛事组织等工作,为广大参加业余训练的青少年提供丰富的参赛机会,以赛代练,进一步培养青少年体育兴趣爱好的同时,通过丰富的形式提升业余训练效果。

政府部门主导的成渝地区双城经济圈竞技体育合作发展的核心在于体育行政管理部门引导作用的发挥,体育行政管理部门可以通过保障青少年跨区域的文化教育、逐渐优化竞技体育经费投入等形式发挥作用。成渝地区双城经济圈竞技体育后备人才培养一体化需要突破行政区的禁锢,以区域现有竞技体育资源为背景,以区域现有竞技体育项目为纽带,针对竞技体育发展的特点,推出精品化、特色化的竞技体育产品。推进成渝地区双城经济圈竞技体育人才培养合作,政府部门可以比较小的区域合作为抓手,根据项目布局或者地理位置相邻区域构建若干项目不同、功能互补的竞技体育发展板块,如重庆竞技体育区、成都竞技体育区、川南竞技体育区、成德眉资竞技体育区、成内渝竞技体育区、万州水上项目发展区、川西北攀岩户外运动项目发展区等。

2. 体育协会主导的运作模式

各级体育协会承担了运动项目在某一地域内的普及与推广任务，肩负着组建某一项目各年龄组别竞技人才队伍的职责。因此，作为区域体育重要的管理者，体育协会在成渝地区双城经济圈体育融合发展过程中应该承担更为重要的职责。

四川和重庆各个体育协会通过协会层面的合作，建立社会组织层面的协作网络，并发挥体育协会的专业组织作用，在川渝两地联合开展业余训练管理、业余体育赛事组织、U系列队伍组建等方面的工作；积极在川渝两地联合开展基层教练员技术技能培训和级别晋升的相关活动，为成渝地区双城经济圈培养更多优秀的教练员，为竞技体育发展提供人才支持；积极在川渝两地联合开展某一项目的普及宣传工作，营造良好的运动项目发展氛围，增加运动项目参与人口，培育运动项目产品和服务供给主体及需求市场，促进区域内某个运动项目发展繁荣。只要所有体育协会都行动起来，做好以上几个方面的工作，竞技体育发展就会被推向深入。

3. 学校积极协同的发展模式

四川和重庆的各类学校在竞技体育发展中发挥的作用越来越明显。一方面，两地的学校中不乏与体育行政管理部门积极合作的传统项目学校，这些学校为地方某一个或者某些体育项目输送了大量优秀人才，通过持续开展某些体育项目的课余体育活动或赛事等培育了一定数量的体育人口。另一方面，部分中小学为了提升学校的知名度和美誉度、塑造良好学校形象等，纷纷组建某一个或者某一些体育项目的"校队"，积极开展业余体育训练，这些参训青少年中不乏有潜质并被输送至高级别队伍中的优秀人才。

四川和重庆的学校之间可以通过组织"校际"体育赛事（活动）等形式，积极开展交流合作，为在校在训青少年提供参赛机会和展示平台；积极开展跨校选材等其他形式的交流合作,确保有潜质的青少年顺利完成升学,满足学生升学的诉求,同时确保青少年业余训练的持续开展,避免有潜质竞技体育后备人才的流失。

4. 以局部合作推进的组团模式

成渝地区双城经济圈通过局部区域之间的协作带动更广范围合作的模式得以深入推进。竞技体育后备人才培养板块,要充分依托成都和重庆这样的核心城市的作用,让其更好辐射成德眉资同城化区域、川渝两地地理毗邻的川东渝西地区及成渝地区双经济圈内其他更广泛的区域。

以局部合作推进的组团模式需要树立大品牌。树立大品牌,一体化开发区域竞技体育资源,协作培养区域竞技体育后备人才,有利于树立、强化成渝地区双城经济圈为西部竞技体育强区的整体形象,有利于优化区域竞技体育项目布局和改善竞技体育产品及服务结构。成渝地区双城经济圈竞技体育后备人才培养一体化,可以考虑以成都、重庆两个极核为中心,打造区域竞技体育品牌。四川和重庆两省市的其他地区,形成各区域之间充分发挥各自优势并实现优势互补、取长补短的多赢局面。这一模式还需要推进小板块开发。

川渝竞技体育后备人才培养组团及其辐射效应如图 7-1 所示。

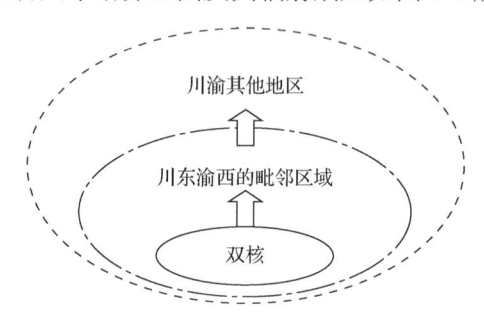

图 7-1　川渝竞技体育后备人才培养组团及其辐射效应

7.5 成渝地区双城经济圈竞技体育后备人才一体化培养的策略

7.5.1 推进理念创新，树立协同与融合的后备人才培养理念

实行成渝地区双城经济圈竞技体育融合发展，各市（区、州、县）及各级体育行政管理部门要形成"协同""融合""互补"的思维，要进行规范、有序、合法、健康的竞争；成渝两地要共谋区域竞技体育的整体发展，建设西部竞技体育高地。

具体而言，要做到以下几个"一体化"。①制度一体化：规范各地竞技体育发展政策和制度，形成共同遵守的区域竞技体育公约和法规，为区域竞技体育后备人才培养一体化提供制度规范和保障。②市场一体化：消除区域竞技体育合作的各种障碍，夯实实现区域竞技体育后备人才培养一体化的基础。③项目一体化：注重区域内竞技体育项目布局优化，在后备人才、资金、技术、场地等层面整合利用项目发展资源，发挥运动项目发展所需的人才、技术、资金等要素的聚集效应。④信息一体化：消除竞技体育信息封锁现象，强调信息公开、透明，强化竞技体育信息资源互通共享。

7.5.2 加强政府合作，建构体育行政管理部门间的合作机制

1. 良好的制度环境：制度基础的完善与体制的改革

制度是保障地区经济社会及体育事业发展的基础规则[①]。成渝地区双城经济圈

---

① 科斯,阿尔钦,诺斯,等.财产权利与制度变迁——产权学派与新制度学派译文集[M].上海：上海三联书店,1994.

竞技体育融合发展需要优化和完善相关制度环境。①积极推进法治建设，促进区域竞技体育人才市场的形成与发展，使竞技体育市场要素无障碍流动。②建立科学的体育行政管理部门竞技体育发展绩效评价体系，创新成渝地区双城经济圈竞技体育行政管理绩效考核指标体系和考核评价体系。③优化体育行政管理部门及其附属业余体校和其他事业单位在竞技体育发展中的作用方式及作用领域，减少体育行政管理部门对参加竞技体育发展的社会团体与单位的不必要的行政干预，引导社会资源介入竞技体育发展。一是，通过明确产权、加强内部管理，鼓励社会力量及其他各类后备人才培养单位参与竞技体育后备人才培养。二是，调控区域竞技体育后备人才市场，打破属地关系和壁垒[1]，促进有潜质青少年人才流动。竞技体育后备人才走向市场是大势所趋[2]，竞技体育是一个特殊的行业，具有较强的专业性，建立与完善自身的行业人才市场体系是极为重要的。④促进政府职能的转变。在当前条件下，我国竞技体育的发展紧密依靠政府和政策。只不过，在这个过程中，政府应当对如何发挥作用及主要在哪些方面发挥作用做出基本定位，也就是明确政府在成渝地区双城经济圈竞技体育人才合作培养中哪些事情该管、哪些事情不该管。那么，要使政府在成渝地区双城经济圈后备人才培养一体化模式中发挥充分的、良好的作用，则首先需要明确地方政府在这种合作模式中的基本职能。因此，成渝地区双城经济圈各层级体育行政部门在竞技体育后备人才培养一体化过程中扮演重要的角色。未来，地方政府的体育行政部门的职能是制定区域竞技体育发展战略，即像西方发达国家的政府那样"不管竞技体育"、只是服务于竞技体育。具体而言，需要做好整合区域竞技体育资源、协调区域矛盾的工作。一体化开发区域竞技体育资源和联合培养竞技体育人才，最忌讳的就是合作的双方各自为政，不仅不协调合作，还互为对手、恶性竞争，最终导致项目的重复布局和资源的不合理利用。

---

[1] 武恩均, 赵国杰. 职业化进程中我国运动员流动的经济学研究[J]. 体育科技文献通报, 2006, 14（7）: 63-64.
[2] 刘庆山, 周洪珍, 吴燕波, 等. 广东省竞技体育后备人才的现状分析与对策研究[J]. 北京体育大学学报, 2004, 27（10）: 1413-1415.

2. 合理的组织安排：完善制度化的多层级体育组织领导机构

区域政府竞技体育后备人才培养一体化合作机制要得以真正建立，必须在中央政府、地方政府和市场中介组织三个层面上形成制度性的组织机构，实行多层面的协调互动。①组建区域竞技体育协调管理委员会。组建一个跨区域的、多方参与的竞技体育发展协调管理委员会，对成渝地区双城经济圈竞技体育发展过程中的重大事项进行协商协调；对涉及相关方面重要利益的重大事件进行协商协调。②组建跨区域的竞技体育协调管理机构。组建一个由各市（区、州、县）体育行政管理部门竞技体育处（科、室）处长（科长）、重点项目学校负责人等组成的竞技体育协调管理机构，布局区域竞技体育项目、培育区域竞技体育人才、调解区域竞技体育发展中的各种矛盾与纠纷。③建立跨区域的民间协调机构。建立由各市（区、州、县）项目协会负责人等组成的成渝地区双城经济圈竞技体育发展民间协调机构。单项运动协会体制的成熟与否是成渝地区双城经济圈体育社会化发展能取得多大成效的关键，因此，建立适应社会主义市场经济体制、具有成渝地区双城经济圈特色的社团属性的单项运动协会管理体制至关重要。积极推进运动项目协会实体化，进一步完善区域性单项运动协会的组织机构、工作机制和规章制度，明确协会的职责和权利。

3. 完善的合作规则：建立完备的利益分配和约束机制

促进竞技体育人才交流。成渝地区双城经济圈竞技体育后备人才培养一体化需要以政府为主导，必须有与之相适应的区域政府合作机制，这既是现有体制下实现区域竞技体育后备人才合作培养的动力机制，也是后奥运时期区域竞技体育人才培养所必然产生的制度效应的体现。成渝地区双城经济圈竞技体育要想真正走向深度融合和区域一体化，需要建构一个新型的政府竞技体育治理模式，建立新型利益分配机制，成渝地区双城经济圈在协调、互补、双赢的合作思路下培育区域竞技体育后备人才。

成渝地区双城经济圈需要在项目布局上坚持互补，有偿交换后备人才；对于两地同构布局的项目，双方共同参与竞争。在利益分配时，人才交换到哪个省（市），则奖牌、总分就计入该省（市），对方给予人才输送省（市）一定数额的补偿，再由该省（市）分配给下级体育部门及人才来源地（单位）。除了物质激励，还必须有其他种类的精神激励，调动区域各级竞技体育后备人才培养单位的积极性。

7.5.3 培育主导项目，推进区域竞技体育项目布局优化

在坚持"一体化"的前提下，优先保证重点项目、发挥重点优势，实现重点突破的"一体化"。也就是说，把有限的人力、物力、财力用在刀刃上，努力造就精品体育人才，杜绝区域精品项目断档，杜绝精品项目后备人才青黄不接的现象；巩固原有的优势项目，拓展更多新的优势项目；着力打造区域主导性的体育项目，完善项目布局，突出重点、培养精品、提高成功率，全力保证重点人才脱颖而出。

主导项目就是在竞技体育项目中起主导作用的项目，是指那些为区域竞技体育作出突出贡献的、在赛事中所得的金牌数（总分）占该区域金牌总数（总分）比重较大的、含金量比较高的并具有一定发展潜力的对其他项目的发展具有引导作用的项目[1]。通过分析奥运会成绩排名前列的国家可以得出，竞技体育的发展在很大程度取决于主导项目的发展。无论是国外竞技体育强国，还是竞技体育强省，都有自己的主导项目。竞技体育主导项目的培育是当前摆在成渝地区双城经济圈体育行政管理部门面前的首要任务。

（1）区域竞技体育主导项目的选择。一是，紧抓薄弱环节，把弱项作为重点，把瓶颈项目作为地区的主导项目，如以"三大球"项目为代表的集体项目，在西部经济比较落后的情况下，发展人多、投入资金多的竞技项目往往成为竞技体育发展的瓶颈项目。二是，将现有项目布局中具有区域优势的支柱项目作为主导项目，如四川的田径短-跨-跳等。三是，动态把握区域体育项目的整体变化趋势，如四川的重竞技项目等。四是，将奥运会项目中成绩收效（产值）比重大的项目作为今后地区竞技体育发展的主导项目，如"119"项目（田径、游泳、划船）。

---

[1] 陈林会，刘青. 我国区域竞技体育"主导项目"培育的研究[J]. 西安体育学院学报，2006，23（3）：13-16.

成渝地区双城经济圈主导竞技项目的选择需要考虑以下因素：少数民族天生就具有强健的体魄，又有热情、开朗、粗犷、豪放、勇猛等气质，可以力争在新增奥运会比赛项目上实现突破；四川有丰富的自由式小轮车项目后备人才，具有丰富的小轮车越野赛项目发展经验，比较优势明显①。

（2）区域竞技体育主导项目的培育。成渝地区双城经济圈培育竞技主导项目，需要坚持项目发展的增量推动和存量调整并举。优势项目为先，培养群众基础雄厚为先，重点发展地区优势明显项目。体育行政管理部门应该在基层业余体校里合理布局，突出地方特色，针对性培养地方优势项目，增量推动主要包括峨眉武术、盘破门武术在内的成渝地区双城经济圈特色的项目群和成渝地区双城经济圈少数民族体育项目的发展；要以IOC公布的奥运会正式比赛项目为指引，及时对接我国奥运战略，调整或新增设轮滑等体育项目；或出台相关政策，引导社会力量参与轮滑、霹雳舞等新增设的奥运会比赛项目优秀运动员的培养。此外，要加强政府间的交流，促进竞技体育资源的进一步整合，变资源优势为竞争优势，促进后备人才联合培养的进程。整合体育资源和教育资源，发挥各方能动性，释放体育教育的社会价值，培养竞技体育优秀后备人才；建立体育与教育部门之间长效的竞技体育发展合作机制，打破行业之间的壁垒建立多方面的协商机制。

积极配合实施"东引西出"战略等②，以促进成渝地区双城经济圈竞技体育发展。发挥资源优势，以优势项目为先导；整合地区资源，引导群众基础雄厚、地区优势明显项目的发展。体育行政管理部门要积极开展充分的市场调研，以合理布局和突出地方特色为原则，针对性培养地方优势项目。例如，绵阳三台县业余体校就可借助当地足球发展优势，以足球培训为主，积极建设足球训练基地，努力打造当地足球品牌；万州及三峡库区等的体育行政管理部门可以联合当地其他部门，合作打造出"体育+旅游""文化+旅游""体育+娱乐"形式的新产品和新业态。

积极拓宽优秀运动员出路。一是，要加快运动员升学体系的建设，运动员出

---

① 李建英. 中国经济欠发达地区学校培养竞技体育后备人才的研究[J]. 体育科学，2005, 25（10）：3-11.
② 王君侠，张丽，王志莉. 西北地区奥运战略思考[J]. 西安体育学院学报，2003, 20（1）：1-3, 7.

路一直是家长和运动员比较关心的问题，与高校合作，建立健全学生升学体系，拓宽运动员出路。二是，为高校学子去业余体校实习和训练创造条件，既解决高校实习问题，又能参与业余体校专业性训练。三是，政府部门应当积极宣传曾经为国家体育事业作出贡献的业余体校和运动员，以此为榜样打消运动员后顾之忧。四是，鼓励退役运动员创新创业，并给予相关政策的支持，为退役运动员更好参与区域竞技体育及群众体育创造条件。

7.5.4 整合区域资源，夯实区域竞技体育后备人才基础

整合资源，积极培育各项目后备人才。成渝地区双城经济圈地域特点明显、体育资源丰富，"十四五"时期及未来一段时间内，应充分整合利用这些资源。要充分整合利用区域内适宜进行运动训练的基地和众多适宜进行运动训练、开展竞赛的体育场馆，开展业余训练、寒暑假训练营，既可盘活资源又可为青少年成长成才提供支持。要充分调动区域内高水平教练员众多（很多曾服务于国家队）的专业人才队伍的积极性，为国家、地区竞技体育后备人才培养作出突出贡献。要充分利用区域资源优势，培养民族传统体育人才。成渝地区双城经济圈聚居着50多个少数民族，共有少数民族人口约585万人。四川省内有我国最大的彝族聚居区凉山州、第二大藏区甘孜州，四川是我国唯一的羌族聚居区；重庆酉阳、秀水、彭山、黔江等地区是土家族主要的聚居地。各民族创造和传承了划龙舟、抛绣球、打扁担、竹竿舞、投镖、叼羊、"上刀山下火海"、射箭、赛马、摔跤、舞龙舞狮等丰富多彩的区域特色体育项目。

完善的竞赛体系可以为筛选优秀运动员、丰富竞技体育项目文化等服务。当前，成渝地区双城经济圈体育竞赛体系主要以体育部门为主导，参加比赛的运动员必须是在体育部门注册的运动员，没有注册的运动员不能参加相应比赛。未来，需要进一步建立健全成渝地区双城经济圈青少年体育竞赛体系。首先，充分发挥教育部门和体育部门的作用，密切配合，精心筹办好学生（青年）运动会，在竞赛组别设置、组织实施、赛制安排等方面积极创新，满足各年龄段、不同学训背

景的青少年体育赛事参与需求和成长成才需求。其次，积极发挥各层级教育部门和体育行政管理部门的积极性，借鉴全国学生（青年）运动会的模式，筹办各层级学生（青年）运动会，组别设置及竞赛管理具体事宜由赛事组委会研究确定。再次，充分发挥各层级运动项目协会的作用，与教育部门及其他相关机构密切合作，组织各项目青少年U系列赛事，满足青少年成长成才、检验训练成效、兴趣爱好培育等方面的需求；运动员及青少年在其成长成才的过程中，有多个运动项目可供选择。最后，充分发挥政府、社会组织和市场机制的作用，协同提升青少年本土赛事的影响力和知名度。

7.5.5 优化科研合作，提高竞技体育后备人才的培养效益

成渝地区双城经济圈竞技体育后备人才培养粗放经营，使得在大赛上夺取奖牌的难度越来越大。竞技体育的淘汰率高，后备人才的培养不能再走盲目铺摊子、上项目的传统道路，应该加大科研支持力度以促进体育事业发展。

（1）发挥四川省体育科学研究所和重庆市体育科学研究所在竞技体育医务监督、反兴奋剂等领域的作用，发挥国民健康大数据中心、成都体育学院附属体育医院（三甲）等服务于区域竞技体育发展、竞技体育医疗保障、成渝地区双城经济圈高水平运动员队伍的能力，提升运动训练和运动康复中的科技含量。

（2）发挥成渝地区双城经济圈拥有的高等院校64所及其科研院所的功能与作用，积极利用这些高校体育院（系）的学科优势，开展教练员培训、裁判员培训，为成渝地区双城经济圈体育发展提供人才支持；发挥这些高校的作用，在有条件的学校组建不同技术等级的高水平队伍，为成渝地区双城经济圈培养各个项目的高水平运动员。利用这些高校的师资等，通过科普讲座、知识传授、学术研讨等形式在成渝地区双城经济圈传授运动训练新理论、新方法。

（3）充分利用成渝地区双城经济圈各地高校、专家智库和协同创新平台，积极开展竞技体育科学研究，收集整理区域竞技体育信息和竞赛数据，为成渝地区双城经济圈竞技体育发展及运动项目发展提供基础数据支撑。

促进成渝地区双城经济圈体育融合发展的政策建议 8

8.1 促进成渝地区双城经济圈体育融合发展的政策逻辑

研制促进成渝地区双城经济圈体育融合发展政策时需要重点关注以下几个方面。

8.1.1 要转变观念，树立融合和创新的区域体育发展思维

（1）要树立融合发展理念。川渝各市（区、州、县）的政府部门及参与体育发展的每类主体都应该意识到融合发展是提升成渝地区双城经济圈体育整体实力和竞争力的重要路径。参与区域体育发展的每类主体，都要形成"协同""互补""共建""共享"的思维，让川渝各市（区、州、县）都主动在成渝地区双城经济圈体育融合发展的大局中寻找发展机会，使川渝各市（区、州、县）共享成渝地区双城经济圈体育融合发展红利。要在成渝地区双城经济圈建设大局中谋划区域体育融合发展大局。要在区域体育融合发展思维引导下积极开展跨区域体育融合发展规划，推进相关融合发展举措，避免各种形式的各自为政、各种形态的相互孤立。

（2）要树立创新发展思维。川渝各市（区、州、县）的政府部门及参与体育发展的每类主体都要明确各种形式的创新是促进成渝地区双城经济圈体育融合发展的必由之路。成渝地区双城经济圈各类体育发展主体要积极创新：要创新发展

动力,让政府部门、体育社会组织、企业、学校等积极参与区域体育融合发展,实现发展动力结构优化;要创新体育发展方式,通过体育科技创新,提升互联网、物联网、人工智能、大数据技术等在区域体育融合发展中的利用水平;要创新区域体育产品的形式与内容,尤其是要设计与人口老龄化、新型城镇化等国家经济社会发展趋势等高度契合的体育产品和服务,满足居民各类体育需求。

(3)要引导和促进区域体育发展观念转变。从深层次上来说,成渝地区双城经济圈体育融合发展有赖于体育发展氛围的营造及体育发展的"民情"及"文化"土壤。现阶段,成渝地区双城经济圈具备了发展职业体育所需的人口规模、投资意愿、互联网技术及普及程度、政府行动能力[1]等有利条件,但职业体育及竞赛表演等体育服务业发展水平较低,经济效益和社会效益不明显;居民体育消费仍以"实物型"消费为主,"参与型"和"观赏型"消费水平都偏低。因此,人们的体育消费意识不强是制约我国体育服务业发展的根本原因。公众体育消费意识不够强,体育消费尚未成为普通民众生活性消费的必要组成部分,体育服务消费动力不足。另外,大众体育消费动机的产生和体育消费习惯的形成需要较长的时间。营造产业发展氛围,就是要积极开展宣传教育活动,让体育成为社会大众的基本生活方式;生活方式影响和制约着人们的体育消费行为。社会大众体育消费心理和消费习惯不仅与物质财富相关,还与体育社会大众的生活方式、意识形态、价值观念、行为规范等相关,影响体育产业及体育竞赛表演业的发展。营造体育产业发展氛围,要让公共体育空间成为社会大众思想观念转变的重要载体。发挥体育场馆、公园绿地、健身步道等物理体育空间涵养体育文化、培养体育氛围的作用,引导社会大众体育消费思维方式、人生态度等的转变,并诱发他们体育价值意识结构的深刻变化和体育实践行为的发生。

8.1.2 要超越边界,健全区域体育融合发展协调联动机制

要站在成渝地区双城经济圈、我国经济社会发展重要增长极的高度来破除阻

---

[1] 江小涓. 职业体育与经济增长:比赛、快乐与GDP[J]. 体育科学,2018,38(6):3-13.

碍成渝地区双城经济圈各市（区、州、县）体育融合发展的行政壁垒，提升跨区域体育资源配置效率；要化解和协调好区域体育发展过程中各种形态和形式的"冲突"及"矛盾"；要避免重复建设，在成渝地区双城经济圈层面规划地区体育场馆建设。根据城市群、都市圈等更宏大的区域空间格局来科学规划"大区域"体育场馆布局和体育场馆数量；尤其是要推进城市与城市、城镇与城镇之间在体育基础设施建设等领域的"相向而行"，实现"大区域"内部体育资源的共建共享共赢，既做到很好满足区域居民各类体育场馆需求，又能够避免体育资源的闲置与浪费。

鉴于成渝地区双城经济圈体育发展实践，需要充分利用各层级体育行政管理部门，让它们成为成渝地区双城经济圈体育融合发展的推动者、实践者。要发挥川渝各市（区、州、县）政府部门的作用，对区域间"断头路"等交通基础设施进行完善，进一步提升交通基础设施共联共通水平及区域体育场馆和资源的共享共用水平。要发挥成渝地区双城经济圈各市（区、州、县）政府部门的作用，对区域间存在的其他形态的"断头路"或者是堵点等进行疏通，破除阻碍体育资源跨区域流动的体制机制障碍。

8.1.3 要释放活力，发挥市场在区域体育资源配置中的作用

体育的可持续发展需要政府部门和市场微观主体的协同推进，因此成渝地区双城经济圈各市（区、州、县）要积极推进市场强化的政府职能转变，以更好地服务于体育领域内的供给侧结构性改革。

市场强化的政府职能转变，就是要强化地方政府在优化体育领域营商环境中的作用，对业余体校、体育俱乐部等每类主体在区域体育发展中的作用领域、作用边界进行明确划定；避免市场和社会微观体育参与主体的生存与发展机会被体育行政管理部门及其下属事业单位、下属国有企业等挤占。推进市场强化的政府职能转变，就是要进一步让体育行业协会与政府部门脱钩等落到实处，促进体育协会等社会体育组织可以更好地参与区域体育发展，为体育社会组织的发展壮大提供基本的体育公共产品与服务的保障。推进市场强化的政府职能转变，就是要

对各级体育行政管理部门的行为方式和工作内容等进行监督，提升体育行政管理部门的体育治理规范化水平，优化对体育行政管理部门的监督机制，提升相关采购项目的规范化水平，避免区域体育发展中的内幕交易和不公平市场竞争。

8.1.4 要创新机制，推进区域体育融合发展体制机制创新

借鉴国际有益经验，以体制机制创新激发市场主体活力，建立健全体育产权制度和要素市场化配置机制；更好发挥政府作用，营造各类市场主体公平有序竞争的发展环境。一是，推进增强型政府建设。曼瑟•奥尔森（Mancur Olson）提出建设"市场增强型政府（Market-Augmenting Government）"[①]，推进市场增强型政府建设的关键是要消除体育资源在市场化配置规程中存在的公共产品和信息不对称现象、规制资源垄断行为，解决市场的外部性问题。因为，政府有为是市场有效的前提[②]，市场机制配置资源的决定性作用的发挥，需要营造公平竞争的环境。体育行政部门垄断体育资源、与市场争利等问题如果得不到根本性改变，则市场配置资源的决定性作用不可能得到发挥[③]；从公共政策实践看，很多政策边界模糊，政府与市场的作用没有厘清，很多省（自治区、直辖市）错将扶持引导当作主导发展，忽视了市场配置体育资源的决定性作用。二是，积极推进体育产业发展的体制机制创新。体育产业政策将推动发展，还会因信息不对称或利益集团阻挠而起不到作用。从深层次上看，只有新的制度建设才可以确保体育产业政策及相关政策的作用发挥。体制、激励机制创新，不仅要将政府的职能从投资导向转变为提供优质的公共服务，降低体育服务业的进入门槛和垄断性，提升体育服务业的国际竞争力；还要完善相关保障机制，取消商业性体育赛事和群众性体育赛事的审批等，理论上可以有效促进体育竞赛表演业的发展。然而这些赛事不审批后，

[①] OLSON M. Power and prosperity: outgrowing communist and capitalist dictatorships[M]. Oxford: Oxford University Press, 2000.
[②] 朱紫雯，徐梦雨. 中国经济结构变迁与高质量发展——首届中国发展经济学学者论坛综述[J]. 经济研究，2019，54（3）：194-198.
[③] 王家宏. 我国体育资源配置市场化改革中政府职能作用的实现路径[J]. 体育学研究，2018，1（3）：5-14.

办赛却面临更多难题，亟须体制机制领域的创新及设计优化，探索建立体育、公安、卫生等多部门对商业性和群众性体育赛事活动联合"一站式"服务机制。

8.2 成渝地区双城经济圈体育融合发展的推进路径

正如"冰雪运动走红既得益于国家政策的积极引导，也得益于我国人均消费能力的不断提升"[1]，成渝地区双城经济圈体育融合发展，既需要市场力量的引导，又需要政策的引导和推动。近年来，相关部门加大了体育行业的政策支持力度，陆续推出了包括财政支持（补贴）政策、产业政策、税收优惠政策在内的具有重要意义的政策、法规性文件及发展规划，为我国体育结构演进与产业发展奠定了较为坚实的政策基础，但这些政策也存在诸多不足。首先，成渝地区双城经济圈各地体育合作发展政策的撬动作用不强。成渝地区双城经济圈体育各领域发展还处于发展的初级阶段，对资金的需求量大，但我国的财政投入依然主要针对体育行业本身或某个领域发展合作政策（如重庆市体育局和四川省体育局签署的《川渝两地体育公共服务融合发展框架协议》），还停留在"就事论事"阶段，不但不能满足经营活动对资金的巨大需求，而且协同效应不明显；更关键的是区域体育融合发展看似由政府或相关部门的主导，却因为各个部门之间合作积极性和可持续性不足受影响。相对于政府层面的合作文件，成渝地区双城经济圈社会和企业的合作经营活动更趋多元化，"非扶持企业涉入受扶持行业的多元化经营弱化了非产业政策扶持引致的资源受限"[2]。除了地方政府或部门层面出台的相关政策、规划等，川渝两省市还纷纷出台了促进体育融合发展的地方性文件，尝试通过设立省级体育产业投资基金和体育产业发展引导资金、组建省体育产业集团等体育产

---

[1] 常理. 燃起冰雪消费热情[N]. 经济日报，2021-11-14（6）.
[2] 杨兴全，尹兴强，孟庆玺. 谁更趋多元化经营：产业政策扶持企业抑或非扶持企业？[J]. 经济研究，2018，53（9）：133-150.

业"旗舰企业"等形式促进区域体育产业发展，但这些措施形式上的"抓大放小"或"扶大放小"在本质上设置了行业进入壁垒，导致体育资源垄断，严重限制了市场机制配置体育资源作用的发挥，并阻碍公平竞争环境的形成。此外，国内已有体育产业政策存在政策不完善、不匹配、落地难、效果差等问题。

地方政府的合作共识是消除国内市场分割的前提，而制度层面的整合是消除国内市场分割的关键[①]；优化成渝地区双城经济圈体育融合发展的政策设计，可以从以下几个方面开展工作。

8.2.1 让市场机制主导体育资源配置

制定成渝地区双城经济圈体育融合发展政策过程中，应该以提升市场在体育资源配置中的能力为核心。发挥市场配置资源的决定性作用，不仅载入了我国执政党纲领性文件，还在全球理论界形成了广泛共识。以市场机制主导体育资源配置要做到以下几点。首先，要减少政府干预。必须分拆成渝地区双城经济圈各地体育行政管理部门的体育经济职能，把它们逐步交给协会、企业、俱乐部等体育市场主体，让体育行政管理部门专司非营利性的体育社会公共职能，即体育行政管理部门应将发展重点放在各类体育基础设施建设、体育消费新场景营造等提高区域体育发展环境"硬实力"方面，为体育社会组织及体育产业企业开展跨地区生产活动塑造良好的外部生存环境和发展条件。发挥市场在成渝地区双城经济圈体育融合发展过程中对体育资源配置的决定性作用，就是要减少政府干预，破除行政权力对社会力量进入成渝地区双城经济圈体育融合发展资源配置的种种障碍，加快构建统一透明、有序规范的成渝地区双城经济圈体育市场环境，吸引民间资本进入成渝体育市场；充分发挥市场的优胜劣汰机制，促进成渝地区双城经济圈体育市场有效竞争和体育行业发展。其次，要发挥成渝地区双城经济圈各地各级运动项目协会的作用。以推进运动项目市场化改革、提升其商业化运动能力为基本手段，发挥运动项目协会等社会组织机构在成渝地区双城经济圈体育资源

---

① 刘志彪，孔令池. 从分割走向整合：推进国内统一大市场建设的阻力与对策[J]. 中国工业经济，2021（8）：20-36.

配置过程中的作用。通过运动项目协会实体化运作，建立集成赛事资源、有机连接政府与市场，助力成渝地区双城经济圈体育融合发展；通过运动项目协会的作用，繁荣区域内各级各类体育赛事、业余联赛等。再次，要发挥各类市场主体的作用。体育发展急需有实力、有竞争力的"骨干企业""示范企业""示范项目"，更需要默默耕耘的体育类小微企业。发挥市场配置体育资源的作用，就需要为成渝地区双城经济圈各类体育产业提供良好竞争环境，除要将体育部门对省属、市属体育投资集团的直接扶持和补贴降到最低外，还要推进中小企业与大企业、大集团配套协作，提高专业化分工和社会化协作水平，促进体育中小企业生存和发展。

8.2.2 减少选择性的地方主导型体育发展政策

除行政区划和利益驱动的制度安排外，为增长而竞争的激励机制是造成市场分割的更深层次原因。因此，需要减少选择性地方政府主导型成渝地区双城经济圈体育发展政策。促进成渝地区双城经济圈体育融合发展，区域内体育发展政策应该从政府主导的"增长型"体育发展政策转向鼓励竞争、追求发展效率、支持创新的"功能型"体育发展政策。一是，要废除成渝地区双城经济圈域内现存的限制地区间各类体育资源和要素自由流动的政策及规定，从根本上破除传统的体育行政管理部门主要掌控体育资源配置模式的束缚。二是，积极探索建立一系列由成渝地区双城经济圈各地各级政府共同执行的政府体育发展行为准则、体育行政管理部门体育发展行为原则和域内体育市场游戏规则，加强地区间常态化体育发展联系，促进区域内常态化体育发展合作，实现区域间体育资源及优势互补。三是，成渝地区双城经济圈联合完善区域体育发展综合政策体系，着力提升成渝地区双城经济圈内各层次、各类别体育发展政策间的统一性、协调性；着力提升成渝地区双城经济圈体育发展政策执行过程中的权威性和有效性，努力避免出现体育发展政策执行尺度差异导致的政策执行偏差或政策碎片化问题。四是，推动建立成渝地区双城经济圈体育融合发展的实施、监督、评价和考核体系，在深入融合的"一体化"意义上推进成渝地区双城经济圈各地体育融合发展。例如，将完成成渝地区双城经济圈统一的体育发展规划布局情况、城乡一体化的体育基础设施与体育融合发展重大平台建设情况、区域体育人才流动与引进情况、区域体育发展创新要素互相开放与共享情况等的相关指标，纳入成渝地区双城经济圈各地体育行政管理部门的日常行动、激励机制和业绩考评体系，真正从"施政"层面促进成渝地区双城经济圈体育融合发展甚至是高质量的"一体化"发展。

8.2.3 优化保障体育产业高质量发展的政策设计

进一步优化保障成渝地区双城经济圈体育融合发展的政策设计如下。

（1）体育发展政策的精细化调整。"产业政策是中国政府工具箱中居于中心地位的政策工具"[1]，对成渝地区双城经济圈体育融合发展乃至经济发展有重大影响。政策扶持是体育发展初期尤为重要的部分。另外，从新一轮全球竞争趋势及各国政府采取的策略看，政府引导产业发展已经成为国家主要工具选项，其实施影响的初衷无疑是帮助产业发展。体育发展政策的精细化调整，就是在当前更加特定的理论情境和现实环境下讨论产业政策应当如何设计及实施；为市场主导的产业发展提供服务，不是为了保护相关企业免受激烈的市场竞争，而是帮助企业更好地直面市场竞争的挑战。

（2）多种政策相互配合，即实现体育政策与货币政策等其他政策的配合。除了保持宏观政策的稳定性和连续性，还要加强体育发展相关的各类财政政策、货币政策与其他政策的协调配合。

（3）提升体育政策质量，政策设计必须合理，做到政策方向不出偏差、政策力度恰到好处、节奏精准适度。

（4）要确保政策执行和监管到位，避免科学的体育发展设计和现实脱离。

（5）提升政策间的协调性，传统扶持性产业政策较适用于技术路线和商业模式确定条件下对体育服务企业投资的促进和激励。

---

[1] 吴敬琏. 反思产业政策[J]. 比较，2016（6）：260-279.

8.2.4 提升成渝地区双城经济圈体育政策的耦合度

要完善制度，出台鼓励成渝地区双城经济圈体育融合发展的政策。既要确保川渝各市（区、州、县）体育发展政策之间的耦合度，又要确保两地在体育发展过程中做到资源共享、风险共担、利益共享。在成渝地区双城经济圈体育融合发展规划、战略框架等的统摄下，实现各市（区、州、县）体育市场监管政策、体育税收减免政策、体育经营管理奖补政策等的同一性，实现成渝地区双城经济圈体育发展政策之间的高度协同性和相融性，提升体育行业的协同治理水平，形成区域体育发展大市场。出台成渝地区双城经济圈体育产业分工协作政策，尤其要确保川渝各市（区、州、县）在体育场馆建设用地、体育产业项目用地、体育产业重大项目投融资等重要领域的政策耦合度。提升成渝地区双城经济圈体育融合发展政策的科学化水平，吸纳体育行政管理部门、专家智库、高校科研团队、区域有影响力体育从业者等参与成渝地区双城经济圈体育融合发展政策研制，确保相关政策既能够起到引导行业发展、规范行业行为的作用，又能够很好地服务于体育行业发展及满足体育行业微观主体的相关诉求，以营造区域特色体育消费场景，培育区域体育内循环。

8.2.5 提升成渝地区双城经济圈体育政策的协同度

注重成渝地区双城经济圈体育融合发展政策协同，需要成渝地区双城经济圈各层级体育行政管理部门、各层级运动项目协会、各类体育产业企业等区域体育融合发展行动者根据其在成渝地区双城经济圈体育融合发展整体网络中的具体位置进行研判。既可以探索建立成渝地区双城经济圈统一编制、联合报批、共同实施的都市圈体育发展规划及管理体制机制；也可以通过以"联合发文"为代表的政策建设，形成区域体育融合发展影响力并建立互相之间的信任，协调处理区域体育发展中不确定性强、风险较大的公共事务；还可以主动融入成渝地区双城经济圈国土资源、农业农村、旅游与文化、教育、医疗卫生、就业等其他领域的融合发展，以提升某一局部区域（体育领域）与成渝地区双城经济圈整体发展规划的契合程度；同时有效降低各类体育资源及体育融合发展所需相关资源流动的交换成本，提升成渝地区双城经济圈体育融合发展政策学习的速率。也就是说，依靠区域与区域、体育发展领域彼此之间的异质性为本区域（本领域）带来新的发展政策红利和融合发展协同红利。

8.2.6　深化区域体育融合发展体制机制改革创新

（1）打破行政区划藩篱，解决跨域体育发展公共事务。以区域体育发展中的基础设施建设、消费市场培育、体育文化氛围营造等公共问题的跨域协作为导向，以规模效益所带来的高质量发展为目标，着力推进各级体育融合发展联盟的建立，并使各类体育融合发展联盟的工作走深走实。

（2）鼓励成渝地区双城经济圈建立和完善跨域达成推进一体化发展的相关公共政策体系，从教育、医疗、就业等多个领域布局，延展成渝地区双城经济圈体育以外的其他领域（行业）的协同发展深度。

9 研究结论与展望

9.1 研究结论

党中央、国务院持续强调区域融合发展的重要性，先后制定了一系列推动区域一体化发展的重大国家级规划。建设成渝地区双城经济圈、促进川渝两地体育融合发展，是推动川渝区域各领域高质量发展的重要战略举措，也是"十四五"时期助力川渝经济社会发展的重要抓手。然而，区域体育融合发展既需要加强顶层设计，提高政策的协调性和有效性，又离不开现代公共生活的发育和生长，即要让体育全面融入川渝区域居民日常生活，建构生活体育文化，源源不断地为区域体育融合发展提供内生于社会和群众的动力。

成渝地区双城经济圈的城市协同发展布局，意味着区域城市定位和发展理路的转向，呼唤着城市间新的发展逻辑框架、概念模型、动力机制和转型策略。本书尝试对成渝地区双城经济圈体育融合发展的思路、资源整合及实施方案等进行系统盘点和全新思考；分析新时代体育及体育产业空间形态如何突破传统行政边界，在成渝地区双城经济圈形成多个体育资源共聚而成的体育及体育集群综合体，逐步形成以成都和重庆两个核心城市为枢纽、多城市协同发展的体育发展空间新格局。此外，希冀以体育的区域融合发展为案例，为成渝地区双城经济圈经济社会各领域统筹协调发展提供参考，助推成渝地区双城经济圈建设。

促进成渝地区双城经济圈体育融合发展，关键是要做到以下几点。

（1）创新成渝地区双城经济圈体育融合发展的顶层设计。宏观的区域顶层设计可以确保体育进一步融合发展，要积极融入成渝地区双城经济圈建设的区域发展顶层设计，要破除阻碍成渝地区双城经济圈体育融合发展的各种壁垒与障碍，沟通协调好成渝地区双城经济圈各类利益关系，建立并维系均衡利益格局；从中观层面来说，要让四川和重庆的体育发展战略、发展布局、发展规划实现"对接""协同""错位"布局，并确保川渝各市（区、州、县）与区域层面的体育融合发展规划更好融入区域整体规划；区域体育融合发展的纵深推进，要积极发挥川渝各市（区、州、县）体育行政管理部门的协同作用，通过建立体育行政管理部门之间的沟通交流平台、完善体育行政管理部门之间的协商协调机制、完善川渝各地体育发展制度、创新在区域体育资源配置等方面的优势，在区域内形成"各具特色、合理分工、相互支撑、有机耦合"的体育发展体系。

（2）深入推进区域体育产业联动。要优化成渝地区双城经济圈体育产业发展的"一体化"布局，需要前瞻性地考虑成渝地区双城经济圈体育产业发展方向，考虑成渝地区双城经济圈体育产业发展中的产业布局、重点产业部门选择、区域间协同程度提升问题。因此，成渝地区双城经济圈各市（区、州、县）体育行政管理部门，要出面共同编制区域体育产业融合发展规划，围绕体育产业链优化和区域体育产业价值链升级发展的方向布局区域体育产业，围绕成渝地区双城经济圈区域一体化发展方向布局体育产业发展，围绕成渝地区双城经济圈体育产业资源禀赋及体育市场需求现状进行区域之间的差异化布局。成渝地区双城经济圈还要推进以核心城市和都市圈为支撑平台的体育增长网络建设。

（3）加快推进群众体育融合发展。①要增加体育场地器材供给，构建绿色生态健身设施网络。增加川渝城乡体育场地器材供给，需要坚持供给侧结构性改革，让体育场馆设施及公共服务供给内嵌于我国高质量发展的需要，使其客观上发挥扩大内需、促进增长的作用。另外，从引导健康生活方式视角出发，以城乡居民运动休闲设施供需衔接为基础，调整城乡体育公共设施供给和生产依据，优化建成体育环境要素结构、功能、品质、细节。②要加快推进川渝两地全民健身"数字新基建"建设。我国基础设施投资已由传统基础设施投资部分转向5G、人工智能、工业互联网和物联网等新型基础设施投资。③要努力提升成渝地区双城经济圈公共体育产品和服务供给水平。要通过共享川渝两地的全民健身知识宣讲体系及经验,让体育服务向川渝两地基层延伸,为川渝两地的街、镇、社区、乡村等提供与体育运动相关的产品和服务。④要提升川渝两地体育公共服务对接共享水平。确保区域体育标准共用、互认,即确保川渝两地群众体育发展的体育设施建设标准、体育公共服务标准、体育赛事品质标准互认衔接,并积极加强行业指导、服务监督,使体育融合发展及运营管理更加规范高效、服务保障更加坚强有力;鼓励川渝两地群众健身组织的有效运作;积极推行川渝两地体育基础设施"一卡"共享、"扫码"共享,引领成渝地区双城经济圈全民健身新气象。

(4)加快推进竞技体育后备人才合作培养进程。竞技体育后备人才培养及竞技体育管理部门要根据成渝地区双城经济圈体育发展的历史规律和面临的全运会比赛取消奖牌榜、跨省组队参赛等新情况,转变传统的以行政区划各自为阵的传统竞技体育发展理念,形成"共赢""协同""互补"的思维,统筹成渝地区双城经济圈竞技体育后备人才培养的重大事宜,制定各市(区、县)地方性竞技体育发展战略和项目布局规划,使局部性规划、项目发展规划与整体性规划有机衔接。

(5)打造区域特色体育名片。在了解区域体育内部空间结构、体育行业体系、体育发展资源禀赋的前提下,根据体育高质量发展及体育与相关产业融合发展的客观需要,促使具备投入产出依赖与消费市场依赖等共聚条件的体育行业体系及体育产品形态间共聚的"从无到有",并组织相关部门参与体育"对标"提升专项行动,提升成渝地区双城经济圈体育影响力和知名度。

(6)创新区域体育发展政策。创新成渝地区双城经济圈体育融合发展的政策,既要促进成渝地区双城经济圈体育融合发展的政策逻辑转变,也要促进成渝地区双城经济圈体育融合发展的政策创新。未来一段时间内,设计促进成渝地区双城经济圈体育融合发展政策时,应积极转变观念,树立融合和创新的区域体育发展思维;应努力超越边界,健全体育融合发展协调联动机制;应设法释放活力,发挥市场在区域体育资源配置中的作用；还应开拓创新机制，推进区域体育融合发展体制机制创新。优化成渝地区双城经济圈体育融合发展的政策，关键是让市场机制主导体育资源配置，减少选择性的地方主导型体育发展政策，优化保障体育产业高质量发展的政策设计，提升成渝地区双城经济圈体育政策的耦合度，提升成渝地区双城经济圈体育政策的协同度，深化区域体育融合发展体制机制改革创新。

9.2 研究展望

在后续区域体育融合研究中，可以扩大成渝地区双城经济圈体育融合发展个案研究的数量，或者进一步采用问卷调查法、纵横向拉开档次法、Kernel 密度估计法、熵值法等精确测度成渝地区双城经济圈体育融合发展水平及障碍因素，以增加区域体育融合发展研究结果的科学性与客观性，提升区域体育融合发展研究结论的完整性与合理性。本书课题组考虑增加对区域体育融合发展的定量分析。具体设想有以下几点。

（1）探究成渝地区双城经济圈体育融合发展特征及其演化。在对成渝地区双城经济圈体育融合发展脉络进行梳理的基础上，进一步总结成渝地区双城经济圈体育融合发展在发展过程中的空间功能、政策设计、文旅资源三个方面的演化，掌握成渝地区双城经济圈体育融合发展在发展过程中的历史变迁及线性特征规律。

（2）尝试构建体育融合发展评价指标体系。根据资源、区域、行业三个层级的要素，对编码分析的诸多指标进行筛选、分层，初步得出成渝地区双城经济圈体育融合发展评价要素；通过多轮次专家访谈与问卷调查，以及客观熵值赋权，构建成渝地区双城经济圈体育融合发展评价指标体系。

（3）进行成渝地区双城经济圈体育融合发展评价。对成渝地区双城经济圈有代表性区域的体育融合发展现状及程度进行整体评价；系统测度成渝地区双城经济圈体育融合发展在条件性、主体性、发展性层面的资源利用效率与协同整合程度;判断各地区的文旅资源冗余情况,以把握成渝地区双城经济圈体育融合发展的整体情况和内部差异。

(4)完善成渝地区双城经济圈体育融合发展理论。通过引入、修正、建立经济学模型等,尽可能地将成渝地区双城经济圈体育融合发展研究引向深入,增加对体育融合发展理论的边际贡献。例如,进一步识别成渝地区双城经济圈体育产业布局合理度,明确区域体育市场需求空间特征及增进人力资本积累等因素对区域体育产业布局的影响,使得研究真正服务于区域发展战略和经济社会发展需要。

主要参考文献

[1] 陈秀山，张可云. 区域经济理论[M]. 北京：商务印书馆，2003.
[2] 林凌. 共建繁荣：成渝经济区发展思路研究报告——面向未来的七点策略和行动计划[M]. 北京：经济科学出版社，2005.
[3] 习近平. 决胜全面建成小康社会 夺取新时代中国特色社会主义伟大胜利[M]. 北京：人民出版社，2017.
[4] 习近平. 习近平谈治国理政. 第一卷[M]. 2版. 北京：外文出版社，2018.
[5] 习近平. 习近平谈治国理政. 第三卷[M]. 北京：外文出版社，2020.
[6] 戴健，张林，马志和，等. 江、浙、沪地区高水平竞技体育后备人才培养现状与发展对策研究[J]. 体育科学，2004，24（1）：13-16，26.
[7] 郭克莎. 中国产业结构调整升级趋势与"十四五"时期政策思路[J]. 中国工业经济，2019（7）：24-41.
[8] 黄群慧. 论构建新发展格局的有效投资[J]. 中共中央党校（国家行政学院）学报，2021，25（3）：54-63.
[9] 江小涓. 体育产业发展：新的机遇与挑战[J]. 体育科学，2019，39（7）：3-11.
[10] 姜长云. 生活性服务业现状、问题与"十四五"时期发展对策[J]. 经济纵横，2020（5）：87-99.
[11] 刘志彪. 长三角更高质量一体化发展的三个基本策略问题分析[J]. 江苏行政学院学报，2019（5）：38-44.
[12] 田国强. 机制设计理论对中国改革的借鉴意义[J]. 中国中小企业，2016（11）：62-63.
[13] 田国强，陈旭东. 制度的本质、变迁与选择——赫维茨制度经济思想诠释及其现实意义[J]. 学术月刊，2018，50（1）：63-77.
[14] 杨继瑞. 成渝地区双城经济圈：成都的作为与担当[J]. 先锋，2020，605（4）：37-39.
[15] 张可云. 区域协调发展新机制的内容与创新方向[J]. 区域经济评论，2019（1）：5-9.
[16] HIRSCHMAN A O. The strategy of economic development[M]. New Haven: Yale University Press, 1958.
[17] NORTH D C. Institutions, institutional change and economic performance[M]. Cambridge: Cambridge University Press, 1990.
[18] BUCHANAN J M. The demand and supply of public goods[M]. Indianapolis: Liberty Fund, 1999.
[19] LAFFONT J J, TIROLE J. A theory of incentives in procurement and regulation[M]. Cambridge: MIT Press, 1993.
[20] TIROLE J. The theory of corporate finance[M]. Princeton: Princeton University Press, 2005.
[21] STIGLITZ J E. Freefall: America, free markets, and the sinking of the world economy[M]. New

York: W. W. Norton & Company, 2010.
[22] FRIEDMANN J. Regional development policy: A case study of Venezuela[M]. Cambridge:MIT Press,1966.
[23] HIRSCHMAN A O. Investment policies and "dualism" in underdeveloped countries[J]. The American economic review, 1957, 47(5): 550-570.
[24] MASKIN E. Nash equilibrium and welfare optimality[J]. Review of economic studies,1999, 66(1):23-38.
[25] MASKIN E, TIROLE J. Markov perfect equilibrium: I. observable actions[J].Journal of economic theory, 2001, 100(2): 191-219.
[26] PERROUX F. Note sur la notion de pole de croissance[J]. Economie appliquée,1955(8):307-320.
[27] STIGLER G J. The theory of economic regulation[J]. The bell journal of economics and management science, 1971,2(1): 3-21.
[28] HURWICZ L. The design of resource allocation mechanisms[J]. American economic review, 1973, 63(2): 1-30.
[29] LAFFONT J J, TIROLE J. The regulation of multiproduct firms: Part I: Theory[J]. Journal of public economics, 1990, 43(1): 1-36.
[30] WILLIAMSON J G. Regional inequalities and the process of national development: a description of the pattern[J]. Economic development and cultural change, 1965, 13(4): 1-84.
[31] PORTER M E. Clusters and the new economics of competition[J]. Harvard business review, 1998, 76(6): 77-90.
[32] HART O, MOORE J. Contracts as reference points[J]. The quarterly journal of economics, 2008, 123(1): 1-48.
[33] KRUGMAN P. First nature, second nature, and metropolitan location[J]. Journal of regional science, 1991,33(3740): 129-144.
[34] PELTZMAN S. Peltzman on regulation and politics: reply[J].Public choice, 1982, 39(2): 299-300.
[35] STIGLITZ J E. Markets, market failures, and development[J]. The American economic review, 1989, 79(2): 197-203.
[36] MASKIN E, SJOSTROM T. Implementation theory[C]//ARROW K J, SEN A K, SUZUMURA K. Handbook of social choice and welfare: volume 1. London: North Holland, 2002: 237-288.
[37] HURWICZ L. Optimality and informational efficiency in resource allocation processes [A]//ARROW K J, KARLIN S, SUPPES P. Mathematical methods in the social sciences. Stanford: Stanford University Press, 1960: 27-36.

附　　件

附件1：2020—2023年川渝两地合作情况统计

附件2：成渝地区双城经济圈体育合作情况统计

附件3：成都市体育场馆资源情况

附件4：上海市体育场地资源情况

附件5：2021年上海市举办的体育赛事及数量情况

附件6：近几届全运会奖牌榜

后　　记

本书是根据我主持的 2020 年四川省社科规划重点研究基地重大项目"成渝地区双城经济圈体育融合发展研究"（SC20EZD006）的研究成果和我近年来公开发表在《经济体制改革》《成都体育学院学报》等期刊上关于成渝地区体育创新发展系列成果，经修改、提炼、完善成册的；最终定名为《成渝地区双城经济圈体育融合发展的理论与实践》。

感谢四川省哲学社会科学规划办公室的资助，感谢成都体育学院天府国际体育赛事研究院程林林院长对我的关心和扶持，感谢成都体育学院经济管理学院夏成生教授的无私帮助，感谢成都体育学院科研处许传明处长、葛其云博士、杜传佳博士对项目研究提供的帮助和支持，感谢上海体育大学宋昱教授的帮助和关怀，感谢研究生朱宏锐、柴生多、刘梦雅在项目研究中付出的努力。

在撰写本书的过程中，我学习、借鉴和参考了大量的相关资料、文献及研究成果，在此对这些参考文献的作者们表示感谢。

尽管本着严谨的治学态度，但受限于个人能力和学术水平，书中难免存在疏漏与不足之处，恳请专家、读者加以批评指正。

陈林会

2022 年 9 月